Ma Thanegi

Pilgerreise in
Myanmar

Zu diesem Buch

Eines Tages fasst Ma Thanegi den Entschluss: Jetzt ist es Zeit, das eigene Land kennenzulernen. Sie bucht eine der populären Pilgerreisen im Bus: 29 Städte und 60 berühmte Pagoden in achtzehn Tagen. Als die Reise beginnt, erlebt die westlich orientierte Journalistin aus der Hauptstadt ihre Heimat Burma ganz neu.

»Das Sprichwort ›Beim Huldigen in der Pagode Ausschau nach Schildkröteneiern halten‹ bringt den Charakter der Pilgerreise zum Ausdruck, wonach Religion, Urlaub und auch Geschäfte Teil davon sind. Meine Pilgerfahrt brachte mir zahlreiche wertvolle ›Schildkröteneier‹ ein, zu denen nicht zuletzt die Wärme und Freundschaft von Fremden sowie Einblicke in ihre Lebensumstände gehören.« *Ma Thanegi*

»Ma Thanegi sieht ihr Heimatland mit neuen Augen – und zeigt es dem Leser mit liebevoller poetischer Ironie. Eine Reisebeschreibung mit Tagebuchcharakter, aber auch eine Erlebniserzählung, stets mit spöttelndem Blick auf sich selbst und die Mitreisenden.« *St. Galler Tagblatt*

Die Autorin

Ma Thanegi, in Myanmar geboren und aufgewachsen, ist Malerin, Schriftstellerin und Journalistin und schreibt regelmäßig für die *Myanmar Times*, eine Wochenzeitschrift in englischer Sprache, die in Yangon erscheint. 1988 bis 1989 war Ma Thanegi Mitarbeiterin der Oppositionspolitikerin und Friedensnobelpreisträgerin Aung San Suu Kyi und verbrachte nach der Zerschlagung der Oppositionsbewegung drei Jahre im Gefängnis.

Mehr über Buch und Autorin auf *www.unionsverlag.com*

Ma Thanegi

Pilgerreise in Myanmar

Aus dem Englischen von
Diethelm Hofstra

Unionsverlag
Zürich

Die Originalausgabe erschien 2000
unter dem Titel *The Native Tourist* in Yangon.
Die deutsche Erstausgabe erschien 2002
im Horlemann Verlag, Berlin.

Im Internet
Aktuelle Informationen,
Dokumente, Materialien
www.unionsverlag.com

Unionsverlag Taschenbuch 590
Mit freundlicher Genehmigung des Horlemann Verlags, Berlin
© by Ma Thanegi 2000
© by Unionsverlag 2012
Rieterstrasse 18, CH-8027 Zürich
Telefon 0041-44-283 20 00, Fax 0041-44-283 20 01
mail@unionsverlag.ch
Alle Rechte vorbehalten
Umschlagkonzept: Heinz Unternährer
Umschlaggestaltung: Martina Heuer, Zürich
Umschlagfoto: Galyna Andrushko
Druck und Bindung: CPI – Clausen & Bosse, Leck
ISBN 978-3-293-20590-1

Danksagung

Den Begriff »Gemeinschaftspinkeln« prägte meine Freundin Vicky Robinson, die ihre persönliche Pilgerfahrt durch Myanmars Südwesten im Februar 1996 unternahm, während ich im Nordosten unterwegs war. Außerdem bin ich ihr zu Dank verpflichtet, weil sie meine eigenwillige Tempuswahl und fehlerhafte Rechtschreibung korrigierte.

Mein Dank gebührt auch Wendy, Ko Sonny Nyein und anderen mir nahestehenden Menschen, die das Erscheinen dieses Buches ermöglichten. Besonders Steve war (wie immer) ein starker Rückhalt in schwierigen Zeiten.

Inspiration

Alle trägen Sommertagträume, die durch die Werke von Martha Gellhorn, Gavin Young, Paul Theroux, Bruce Chatwin, Pico Iyer und anderen genährt wurden, hatten sich über die Jahre hinweg zu dem immer stärker auf mir lastenden Druck aufgehäuft, die Bücher zusammen mit allen nichtigen Problemen meines Lebens wegzuwerfen und einfach nur aufzubrechen.

Doch wohin? Ich besaß weder die Geldmittel noch den nötigen Pass, um durch Afrikas Wildnis oder die endlosen Weiten Asiens zu streifen. Und um ehrlich zu sein: Wahrscheinlich wäre ich ohnehin schon bei meinem ersten Aufenthalt auf einem internationalen Flughafen auf dem Weg zum Klo verloren gegangen und zwei Wochen lang nicht wieder aufgetaucht, denn ich gehöre zu der Gattung Menschen, die eine ganze Weile über den Unterschied zwischen links und rechts nachdenken müssen. Die Beantragung eines Passes mag in manchen Staaten nur fünfzehn Minuten dauern, doch in meinem Land, das sich gerade erst aus drei Jahrzehnten selbst auferlegter Isolation löst, sind dazu zahlreiche Formulare auszufüllen, die nach den persönlichen Daten von Großeltern, Eltern früherer Ehemänner und eigenen Lebensdaten wie etwa dem Wo und Wann des ersten Kindergartenbesuchs fragen. Dazu sind alle möglichen anderen komplizierten Unterlagen einzureichen, wie etwa die Antragsformulare und Bewilligungsschreiben verschiedener Dienststellen, die auszufüllen meine bescheidenen Fähigkeiten bei Weitem übersteigt – ich bin eine pragmatische Frau, die sich ihrer Grenzen vollauf bewusst ist.

So entschloss ich mich zu einer Reise, die meine Landsleute bereits seit Jahrhunderten antreten: Zu einer Pilgerfahrt über die einheimische Touristenstrecke. Zumindest in der Nähe großer Städte war man längst nicht mehr in den geschlossenen Waggons aus früheren Zeiten unterwegs, obwohl diese noch immer das bevorzugte Transportmittel der Menschen vom Lande sind, wenn sie gemeinsam in großer Zahl zu Pagodenfesten reisen.

Pagodenfeste und religiöse Organisationen dienen als soziale Treffpunkte myanmarischer Frauen. Abgesehen von Veranstaltungen, in deren Mittelpunkt die Meditation steht, sind religiöse Zeremonien keinesfalls formelle und stille Anlässe. Zeremonien anlässlich spezieller Gedenk- oder Feiertage, die Vergabe von Nahrungsmitteln an die Mönche oder der Beitritt eines Familienangehörigen zum Orden werden lebhaft gefeiert und sind glückselige Zeiten für Frauen, da sie zu diesen Festen einkaufen gehen, kochen, alle möglichen Dinge arrangieren, Bekannte einladen und sich neu einkleiden.

Pilgerfahrten sind Urlaubsreisen, die Frauen gruppenweise mit Nachbarn, Freunden und Verwandten unternehmen. Nur selten reist eine Frau allein – selbst dann nicht, wenn sie in leitender Position mit einer wichtigen Geschäftsangelegenheit betraut ist. Dies darf in einer Kultur, in der ein »braves« Mädchen nach Einbruch der Dunkelheit nicht allein zum Laden an der Ecke geht, nicht überraschen. Die Menschen meines Landes sind überwiegend konservativ und bringen den traditionellen Werten unseres Volkes höchsten Respekt entgegen.

Seit mehreren Jahren bieten verschiedene Unternehmen Reisen an, bei denen Verpflegung, Unterkunft und Transporte im Preis inbegriffen sind. Sie fahren mit recht klapprig aussehenden Bussen, die zuvor jahrzehntelang in Japan oder Frankreich in Betrieb waren. Die verblichenen Schilder, die mit Wörtern der dortigen Sprachen beschrieben sind, bleiben uns recht unverständlich, doch mit Englisch können viele inzwischen ein wenig umgehen. Für eine gewisse Spannung sorgt die Tatsache, dass die Türen der Fahrzeuge in den fließenden Verkehr münden, da in jenen Ländern Rechtsverkehr und bei uns Linksverkehr herrscht, sodass man beim Aussteigen aus den großen

Kästen Vorsicht walten lassen muss, um nicht wie eine Wanze zerquetscht zu werden.

Ich schickte mein Dienstmädchen los, um das Ticket für die 18-tägige Rundreise zu kaufen, die mich laut Zeitungsannonce in nicht weniger als 29 Städte, zu über 60 berühmten Pagoden, zu einigen außerordentlichen Sehenswürdigkeiten (Brodelnde Drachenhöhle, Schwankende Schirmpagode, Schlangenpagode), zu herausragenden Landschaftswundern (Inle-See, der See in den Bergen des Staates Shan; Gärten von Pyin Oo Lwin) und – was besonders aufregend war – in eine chinesische Stadt jenseits der Grenze im Norden führen würde. OHNE Pass. Und alles zusammen inklusive Mittagessen und Abendessen sowie äußerst einfachen Übernachtungen in Klöstern für nur 7000 Kyat, die zum realistischen Wechselkurs von Anfang 1996 ungefähr 60 amerikanische Dollars wert waren. Für dieses Geld brachte mir das Mädchen zwei Dokumente zurück: das Ticket und eine Liste mit Vorschriften. Auf dem Ticket stand eine Mitteilung:

»Verehrter Freund der noblen Welt des Großen Buddha. Aufgrund Deiner Verdienste im vergangenen Leben wurdest Du in diesem Abschnitt Seiner Existenz als Mensch wiedergeboren. Durch Seine Gnade und die Gelegenheit, bei dieser Reise in den berühmtesten Pagoden zu huldigen, wirst Du vielleicht alsbald aus der zum Leiden führenden Abfolge der Wiedergeburten erlöst werden und ins Nirwana einziehen können.«

In der von Sorgen umschatteten Hoffnung, dass jener Aufbruch ins Nirwana kein unabdingbarer Bestandteil des Reiseprogramms sein möge, lenkte ich meine Aufmerksamkeit von dem frommen Wortlaut ab und fand zu der Überzeugung, dass ich mit meinem Glauben allein wohl keine Moskitos würde abwehren können. Deshalb nahm ich eine große Tube Insektenschutzmittel ins Gepäck, und um sicherzustellen, dass mein Aufbruch in eine bessere Welt nicht erfolgte, bevor ich endgültig darauf vorbereitet war, packte ich außerdem Medikamente, Erste-Hilfe-Material und genügend Lomotil ein.

Unten auf dem Ticket stand die Anmerkung, dass Kinder unter sieben Jahren nur die Hälfte des Preises zahlen müssen, wenn sie auf dem Schoß eines Erwachsenen sitzen. Ich hatte bis dahin noch nie darüber nachgedacht, dass auch Kinder an einer Rundreise zu alten Pagoden teilnehmen könnten, doch nun rückte mir die uralte Gewohnheit meiner Landsleute ins Bewusstsein, Kinder überall hin mitzunehmen, außer zu Begräbnissen. Ich flehte inständig darum, nicht achtzehn Tage lang zusammen mit niedlichen kleinen Kindern im Bus sitzen zu müssen.

Das andere Dokument listete die heiligen Stätten und Sehenswürdigkeiten auf und stellte die Regeln vor, die ordentliche Pilger beachten müssen. Sie lauteten:

1. Da Automobile Maschinen sind (wie wahr), sind Pannen möglich (aha!); die Pilger werden gebeten, in solchen Fällen Geduld zu üben und sich nicht zu beschweren, sondern mit Fassung auf den Mechaniker zu warten, der den Schaden behebt. (Jeder Buddhist wird bestätigen, dass Geduld die nobelste aller Tugenden ist.)

2. Im Falle von Katastrophen wie Erdbeben, Erdrutschen oder Überschwemmungen wird eine alternative Route befahren, über die DAS MANAGEMENT entscheidet. (Ein Mitspracherecht war also ausgeschlossen.)

3. Der Pilger soll eigene Teller, Tassen und Löffel mit sich führen. Mittagessen und Abendessen werden von der Gesellschaft serviert.

4. Übernachtungen und Mahlzeiten in Gästehäusern hat der Pilger selbst zu bezahlen. Bei Aufenthalten in Klöstern oder Rasthäusern muss er nur eine kleine Spende für die Instandhaltung und Pflege der Einrichtungen hinterlassen.

5. Im Bus ist pro Person nur eine Tasche erlaubt; überzähliges Reisegepäck wird auf dem Dachgepäckträger untergebracht.

6. Es ist strikt untersagt, Schweinefleisch und Rindfleisch mit in den Bus zu nehmen; auch bei den im Reisepreis inbe-

griffenen Mahlzeiten werden diese Fleischsorten nicht angeboten.

7. Es ist den Pilgern strikt untersagt, über voraussichtliche Ankunftszeiten zu diskutieren.

Die beiden letzten Regeln basierten auf Aberglauben. Es heißt, dass manche Distrikte von Geistern namens *Nat* »regiert« werden, welche die genannten Fleischsorten nicht dulden. Reiseerzählungen aus Myanmar sind voll von Geschichten über schreckliche Unfälle, die Personen erlitten, welche diese Regeln nicht beachtet oder gar an heiligen Stätten gespottet hatten. In den Garküchen am Straßenrand darf man die verbotenen Speisen jedoch konsumieren, ohne mit gefährlichen Folgen rechnen zu müssen, aber mitnehmen darf man sie nicht. Einheimische Reisende führen immer Proviant mit sich, den sie zu Hause vorsorglich zubereitet haben, da sie nicht auf beste Verpflegung vonseiten der Garküchen und Reiseunternehmen vertrauen. Was die Mahlzeiten anbelangt, sind selbst die ärmsten Menschen selten nachlässig.

Da ich mich aus Bequemlichkeit und zu meiner vollsten Zufriedenheit oft tagelang nur von trockenem Brot, Möhren und rohen Eiern ernähre, war es mir vollkommen gleichgültig, dass sich das Busunternehmen um den Speiseplan kümmerte.

Hintergrund der letzten Regel war ein anderer Volksglaube: Wenn man laut über voraussichtliche Ankunftszeiten diskutiert, fordert man das Schicksal heraus, was Verspätungen bewirken kann. Zu den schlechten Vorzeichen gehören zum Beispiel Schlangen, die vor einem Fahrzeug über die Straße kriechen. Es verstößt gegen die Umgangsformen, eine Schlange als Schlange zu bezeichnen – man nennt sie Lange Kreaturen, denn ihr unbotmäßiges Erscheinen bewirkt, dass sich die Reise in die Länge zieht. In derselben ausweichenden Art werden Mäuse als Langschwänze bezeichnet, da sie denjenigen, die sie grob als Mäuse titulieren, zornig Löcher in die Kleidungsstücke nagen. Das Kind beim rechten Namen zu nennen, trifft in meinem Land nicht auf Schlangen und Mäuse zu; wer es dennoch wagt, tut es auf eigene Gefahr.

Der Aberglaube bestimmt die Hälfte des Lebens der einfachen Bevölkerung Myanmars; über die andere Hälfte wachen die Mütter oder Schwiegermütter.

Es war nicht nur pure Reiselust, die mich auf den Weg trieb, denn ich war davon überzeugt, dass die Pilgerfahrt eine gute Gelegenheit sein würde, die konservativen, traditionell eingestellten und verwurzelt lebenden einheimischen Menschen, denen ich zweifellos begegnen würde, richtig kennenzulernen. Ich konnte zu meinen eigenen Wurzeln finden, denn war ich nicht wie eine Möhre im Erdboden? Mein Geburtsort war Shwebo, eine Stadt im Landesinneren, doch bereits im Alter von acht Monaten hatten mich meine stark westlich orientierten Eltern mit in die Hauptstadt genommen, wo ich aufwuchs. In meiner Kindheit hatte ich wenig Gelegenheit, die Mehrheit meines Volkes, die in den ländlichen Gebieten und Kleinstädten lebt, kennenzulernen.

Zum Glück hatte ich in meinen späten Teenagerjahren ernsthaft zu malen begonnen und durch diese Tätigkeit zahlreiche Künstler und Schriftsteller aus allen Landesteilen kennen- und respektieren gelernt, die mich gelehrt hatten, den Geist und Stil des wahren Myanmars zu würdigen und den Reichtum des kulturellen Erbes meiner Nation zu entdecken. Nach vielen Jahren eines behaglichen Lebens, in dem ich mich mit den Künsten befasste und eine Ehe mit einem myanmarischen Diplomaten führte, die nach einigen Jahren gütlich aufgelöst wurde, war ich nun ohne geregelte Tätigkeit und hatte viel Zeit zur Verfügung.

Nur packen musste ich noch. Da wir in Klöstern übernachteten, benötigte ich Bettzeug, das ich leicht zusammenrollen konnte. In eine Tasche wanderten deshalb eine dünne Isoliermatte und ein Moskitonetz, das ich mit einer leichten Decke umhüllte, und in eine andere packte ich genügend Kleidung und Unterwäsche für achtzehn Tage, an denen ich nur wenige

Dinge waschen konnte, denn es ziemt sich (ganz besonders in Klöstern) nicht, Frauenkleidung öffentlich zum Trocknen aufzuhängen, was vor allem für Büstenhalter und Slips gilt.

In eine kleinere Tasche, die ich mit in den Bus nehmen konnte, wanderten ein Plastikteller, eine Tasse, ein Löffel, kleine Päckchen mit löslichem Kaffee, Beutel mit Suppen, Süßigkeiten, Medikamente, Kosmetikartikel, Seife, Shampoo, Zahnpasta, Zahnbürste, Notizbücher, Kugelschreiber, Klopapier, Kamera, Filme, Zeichenblöcke, Pinsel und Farben.

Meine Freundin Marlar Tin, eine Schauspielerin, die wie ein fuchsroter Engel durch den Raum schwebte, wollte unbedingt, dass ich schick wirke. Ich selbst hingegen wollte lieber wie eine echte Pilgerin aussehen. Zwei Tage lang räumten wir Kleidungsstücke aus den Schränken und wieder hinein, bis wir mit bequemer und einigermaßen zeitgemäßer Kleidung einen Kompromiss gefunden hatten. Mir war vollkommen klar, dass ich mit meinen kurzen Haaren und dem roten Lippenstift nach durchschnittlichem Pilgerstandard nicht allzu dezent aussehen würde. Kurze Haare sind ab einem gewissen Alter und in gewissen Berufen wie denjenigen des Lehrers oder Professors nicht akzeptabel. Doch immerhin entfernte ich den roten Nagellack von meinen Zehen – mit stillem Gruß an Miss Gellhorn.

Mein Freund war ungehalten, dass ich ihn einfach so für achtzehn Tage verlassen wollte und vergaß dabei geflissentlich (typisch Mann), dass er mich erst kürzlich vierzig Tage lang allein gelassen hatte, doch er brachte mir schwermütig eine große Tüte mit klebrigen Orangenbonbons, die ich so gerne mochte.

Meine besten Freundinnen, die sich unter Urlaub lediglich Faulenzen am Strand vorstellten, waren davon überzeugt, dass ich als totales Wrack heimkehren würde. Marlar, die nicht nur Schauspielerin war, sondern auch Unterricht zur Körperertüchtigung gab, versprach mir, mich wieder in Form zu bringen, falls ich lebendig zurückkehren sollte. Yan Yan leistete das heilige Versprechen, mich mit ihrer guten Küche verhätscheln zu wollen, und die Gesundheitsfanatikerin Yi Yi überreichte mir mit der Empfehlung, alles das unbedingt mitzunehmen, eine lange Auflistung von Vitaminen und Reformkost. Die mir sehr vertraute Bankangestellte Wendy schob mir ein dickes Bündel Banknoten zu. Die anderen stöhnten nur *O nein! O nein! –* was ich zuvor schon oft genug gehört hatte. Auf Cocktailpartys überschütteten mich ausländische Freundinnen mit Reaktionen wie: »Toll« oder: »Meine Güte. Achtzehn Tage? Im Bus? Bist du verrückt geworden?«

Mein Dienstmädchen nörgelte, es müsse unbedingt mitkommen, denn wer würde sich sonst um die gnädige Frau kümmern? Da ich mir völlig sicher war, dass keiner der berühmten Reisenden jemals eine Magd mitgenommen hatte, lehnte ich ihr Angebot rundweg ab und brach an einem Freitagabend im Februar 1996 um 23 Uhr Richtung Bahnhof auf. Der Bus sollte um Mitternacht abfahren, um früh am nächsten Morgen unser erstes Ziel Pyay (Prome) zu erreichen.

Die Regel »Jeder nur eine Tasche im Bus« konnte man vergessen. Etliche Taschen standen übereinandergestapelt auf dem Gepäckgestell oben auf dem Bus, doch Berge von anderen Gepäckstücken blockierten den Gang. Überall standen geflochtene Bambuskörbe mit Süßigkeiten, Plätzchen, Dosenfrüchten, Kürbiskernen, Chips und Lebensmittelkonserven. Große, oben zugebundene Plastiktüten wirkten wie düstere Klumpen, in denen frisch geschlachtete Opfertiere verborgen waren – doch nein, auf einer Pilgerfahrt konnte das nicht sein. Ich fand nicht heraus, was in diesen Tüten versteckt war. Wahrscheinlich handelte es sich um Waren aus dem Süden, die im Landesinneren verkauft werden sollten, denn auf halber Strecke wurden sie durch Taschen mit Waren aus dem Landesinneren ersetzt, die offenbar zum Verkauf im Süden bestimmt waren. Myanmars Frauen (die geschäftstüchtigsten Lebewesen westlich der Wall Street) werden unweigerlich vom Sprichwort *Beim Huldigen in der Pagode Ausschau nach Schildkröteneiern halten* geprägt.

Langsam begann sich der Bus zu füllen. Die Sitznummern waren auf Papierfetzen geschrieben, die jemand an die Oberkante der Sitze geklebt hatte. Da der Klebstoff die Tinte hatte zerlaufen lassen, gab es ein wenig Konfusion, bis alle Passagiere rund zwei Minuten vor der Abfahrt endlich Platz genommen hatten.

Mein Adoptivsohn Kyaw Thura, der mich zum Bahnhof gebracht hatte, verließ mich nur widerstrebend, nachdem er mich im Bus abgeliefert hatte. Ich musste ihn fortscheuchen wie eine aufgeregte Henne ihr Küken. Er blickte finster und besorgt drein, als er ging, und ich hörte ihn undeutlich murmeln, dass seine alte Mutter wieder zu ihren früheren Schrullen zurückgefunden habe. Myanmars moderne Jugend wandte sich rasch den Werten der Yuppies zu und hegte ein tiefes Misstrauen gegen die sorglosen Geisteshaltungen der älteren Generation, die von einer einzigartigen Kombination aus Hippiedenken und Sozialismus geprägt war, die es wohl nur in den Reihen von Myanmars Intellektuellen gibt.

Auf den Sitzen neben dem Vorderausgang saß ein Paar. Die finster und kolossal wirkende Frau trug eine wuchtige glitzernde Goldkette, die ihr auf die Brust baumelte, sowie schwere Armreifen, die sie bis hinauf zu den Ellenbogen gestreift hatte. Ein schmächtiger älterer Mann saß still an ihrer Seite und schaute starr nach vorn. Die Frau drehte sich um und inspizierte mit funkelnden Blicken die Personen auf den Sitzen hinter ihr, darunter auch mich. Ich bemerkte, dass ihre ausladenden Hüften breit genug waren, um allen anderen Passagieren im Falle eines Feuers auf effektive Weise den Weg zu versperren. Der Hinterausgang, der rund zehn Sitzreihen von mir entfernt war, befand sich hinter dem schier unüberwindbaren Hindernis des schmalen und voll bepackten Ganges. Ich prüfte das Fenster durch Hin- und Herschieben der dicken Glasscheibe für den Fall, dass ich hastig nach draußen gelangen musste.

Den beiden gegenüber saß hinter dem Fahrer, dessen Sitz sich natürlich auf der falschen Straßenseite befand, eine elfköpfige Familie, zu der zwei Mädchen mit vorstehenden Augen im

Alter von sechs oder sieben Jahren gehörten. Mit ihren großen Augen, den langen Wimpern und dem weichen gekräuselten Haar, das ihnen in Locken auf die Schultern fiel, wirkten sie wie zierliche Puppen, doch sie turnten bereits auf ihren Plätzen herum. Zumindest aber waren sie still – auch für kleine Gnaden musste man dankbar sein.

Hinter den drei Sitzreihen, die jene Familie in Beschlag nahm, saßen sechs Mädchen, die ihrem Akzent zufolge offensichtlich aus Dawei (Tavoy) stammten, einer Stadt an der südlichen Küste von Taninthayi (Tennessarim). Hinter ihnen folgte eine dreiköpfige Familie, die aus Vater, Mutter und einer artigen jungen Tochter bestand, die dunkel und hübsch war. Auch ihr Akzent ließ darauf schließen, dass sie von der Taninthayi-Küste stammten. Später stellte sich heraus, dass sie aus Myeik (Mergui) kamen, das noch weiter südlich als Dawei liegt.

Ich erkannte im Verlauf der Reise, dass solche Pilgerfahrten in erster Linie von Einwohnern aus dem Süden gebucht werden. Die Menschen aus Zentral- und Obermyanmar haben in den meisten Städten Freunde oder Verwandte, bei denen sie unterkommen und so lange bleiben können, wie sie wollen. Deshalb ziehen viele von ihnen es vor, kein Geld für organisierte Reisen zu »verschwenden«.

Die dreiköpfige Familie hinter jenen Dreien stammte ebenfalls aus Dawei. Mit ihrem südlichen Akzent klang unsere gemeinsame Sprache in meinen Ohren nahezu fremd und zunächst sogar fast unverständlich, bis ich mich an ihre Aussprache gewöhnt hatte.

Auf den folgenden Sitzen saßen einige allein reisende Männer, von denen einer ständig die Perlen seiner Gebetsschnur zählte und nur selten mit anderen sprach. Auch die anderen beiden waren sehr ruhig und schienen äußerst desinteressiert, jedoch aus einem offensichtlichen Grund: Während der gesamten langen Reise tranken sie ständig Schnaps aus einer Flasche, die sie in einer Stofftasche versteckt hielten. Sie zeigten wenig

Interesse an Pagoden und schienen überhaupt kein Interesse für ihre Mitreisenden aufzubringen. Ich konnte mir nicht erklären, warum um alles in der Welt sie diese Reise unternahmen. Sie ignorierten jeden, und jeder ignorierte sie, sodass alle miteinander in Frieden waren.

Auf der hintersten Sitzreihe waren weitere Gepäckstücke gestapelt, doch es blieb dort etwas Platz für die jungen Schaffner und einen älteren Mann, der sich später als der Koch entpuppte.

Auf den Sitzen vor mir hatten eine mollige Frau mittleren Alters, die ein nettes rundliches Gesicht hatte, sowie drei junge Mädchen Platz genommen. Später erfuhr ich, dass es sich um ihre beiden Nichten und ein Mädchen aus ihrer Nachbarschaft handelte. Hinter mir saßen eine Mutter und ihr Sohn, der Mitte zwanzig war. Beide sahen attraktiv aus und waren zurückhaltend – perfekte Beispiele für Angehörige der konservativen Mittelschicht. Die Mutter hatte früher als Regierungsangestellte gearbeitet, und zwar als kleine Beamtin in Auditing. Der Sohn war Leutnant in der Armee und stand kurz vor der Entlassung.

Hinter mir entstand ein Tumult, weil sich zwei Mädchen über ihre Sitzplätze aufregten, da diese angeblich nicht diejenigen waren, die sie ursprünglich gebucht hatten. Nach einigem Hin und Her erhielten sie ihre richtigen Sitze, auf denen sie zufrieden Platz nahmen. Hinter ihnen saßen zwei junge Burschen im Alter von achtzehn oder neunzehn Jahren sowie zwei Paare, die ich zunächst für Brüder und Schwestern hielt, weil sie einander so ähnlich sahen.

Neben mir nahm eine resolut wirkende kleine alte Dame Platz, die zu der Sorte gehörte, der man in altmodischen Romanen begegnet. Sie hatte hübsche dunkle Augen und zierliche Gesichtszüge, was darauf schließen ließ, dass sie in ihrer Jugend eine Schönheit gewesen sein musste. Nun war sie ein wenig gebeugt und mager, doch sie huschte hurtig über die Gepäckstücke, die den Gang verstopften.

Als sich die Türen zischend schlossen, lehnte ich mich erleichtert zurück – endlich allein! Keine Freundinnen, keine Familie und kein Dienstmädchen, die mich durch ihr Geplauder ablenkten. Und ich dachte: Nun kann ich in den Tag hinein träumen, an meine Arbeit denken, über mein Leben nachsinnen und meine Beziehungen bewerten.

Ich hatte vollkommen vergessen, dass Bürger meines Landes, die sich als Fremde begegnen, innerhalb von nur fünfzehn Minuten gute Freunde werden und fortan ununterbrochen miteinander plaudern. In weniger als fünfzehn Minuten wusste ich über den Stammbaum meiner Nachbarin Bescheid, hatte erfahren, dass ihre Tochter Ärztin und sie selbst verwitwet war, und wurde, nachdem sie die Frau vor ihr (die Mollige mit dem netten Gesicht) angestoßen hatte, über folgenden Sachverhalt informiert: »Das ist Daw Saw. Wir besuchen dasselbe Meditationszentrum, doch wir sind dort sozusagen beide nur Tagesmenschen. Wir bleiben nachts nie dort, sondern gehen morgens hin, abends wieder nach Hause und bringen unser Mittagessen mit. Wir haben uns angefreundet, weißt du, und deshalb sind wir beide jetzt auch hier. Erst vergangene Woche erzählte sie mir, dass sie auf Pilgerfahrt gehen wolle, und sagte, ich solle doch mitkommen, und ich sagte: Warum nicht? Und meine Tochter sagte ...«

Punkt Mitternacht begann der Motor des Busses zu brummen. Ich konnte das Gesicht des Fahrers im Rückspiegel sehen. Er wirkte jung, vielleicht Anfang zwanzig. Er war hager und machte aufgrund seiner dicken schwarzen Augenbrauen und dünnen Lippen einen etwas finsteren Eindruck. Durch das blaue Tuch, das er sich um den Kopf geschlungen hatte, sah er aus wie ein Apache, der in die Schlacht zieht.

Als der Bus langsam auf die fast verlassene Straße rollte, stand vorn ein recht junger stämmiger Mann auf, dessen vom Betel rot gefärbte Lippen gegen sein dunkles Gesicht abstachen. Er bat um Aufmerksamkeit und stellte sich in ruhigem Tonfall mit dem Namen Ko Tu vor.

»Er ist der Eigentümer dieses Unternehmens«, zischte die Dame neben mir deutlich hörbar, während sie mir mit dem Ellenbogen einen kräftigen Stoß versetzte. Noch bevor wir richtig unterwegs waren, keimte in mir die Hoffnung auf, diesem spitzen Ellenbogen ohne Verletzung entkommen zu dürfen. Der Mann bat darum, »dass gegen Morgengrauen bitte niemand nach der genauen Zeit fragt, zu der wir in Pyay ankommen werden«.

Wir pressten die Lippen zusammen, damit uns keine unseligen Fragen entfleuchen konnten.

»Währenddessen«, fuhr er fort und hielt ein Blatt in die Höhe, »habe ich hier die rituellen Texte, die beim Zählen der Perlen der Gebetsschnur in der Wünsche Erfüllenden Pagode von Bagan rezitiert werden ... wer Interesse hat, kann damit jetzt schon beginnen, damit bei unserer Ankunft schon ein Teil des Programms abgeleistet ist ... aber wirklich nur, wer Interesse hat. Mein Manager Paw Paw wird die Kopien austeilen, und für den Fall, dass jemand keine Gebetsschnur mitgebracht hat, schenken wir jedem von euch diesen Miniatursatz.« (Ein kompletter Satz besteht aus 108 Perlen, ein Miniatursatz aus nur neun Perlen.)

Anschließend wurden weiße Baseballmützen mit der Aufschrift *Golden Pot* und dem Logo der Gesellschaft verteilt. Aufschrift und Logo waren in Gold gehalten, und an den Mützen waren kleine weiße Plastikspangen befestigt. Der Mann ermahnte uns: »Bitte achtet darauf, dass die Spangen nicht mit den Sarongs von Frauen in Berührung kommen, denn sie sind von einem berühmten Mönch gesegnet worden, um eine sichere Reise zu gewährleisten.«

Wir drückten den neu gewonnenen Talisman mit pochenden Herzen an uns. Der Mann wies darauf hin, dass der Bus hin und wieder an bestimmten Stellen zwischen den Städten halten werde, um uns Gelegenheit zu geben, an einem versteckten Platz unseren menschlichen Bedürfnissen nachzukommen. Der Fahrer werde die Stellen auswählen, da er wisse, wo es am sichersten sei. Als er von Sicherheit sprach, realisierte ich, dass es dabei eher um den Zorn der Geister als um die Gefahr von Unfällen oder um Banditen ging. Sich an einem Baum oder in dessen Nähe zu erleichtern, ist für den dortigen Baumgeist Grund genug, dem Frevler auf den Schädel zu schlagen oder bei noch schlechterer Laune den Bus verunglücken zu lassen.

Ich schaute das Sutra sorgfältig an. Es handelte sich um die wohlbekannten Verse der neun Glorien des Buddha, die einst in der antiken Schrift Pali verfasst worden waren und die man rezitiert, um Unannehmlichkeiten oder Gefahren abzuwenden oder einfach nur das Schicksal zu beeinflussen, doch das Ritual erfordert, gewisse Wörter an gewissen Tagen in einer gewissen Häufigkeit zu rezitieren. Es ist sehr kompliziert, und nur der Himmel weiß, ob man nicht etwa unwiderruflichen Schaden auf sich lädt, wenn man die Zeiten verwechselt. Da ich außerdem zu der Sorte von Menschen gehöre, die das gesamte Alphabet aufsagen müssen, wenn sie einen Namen im Telefonbuch suchen, beschloss ich, erst gar nicht mit der Lektüre zu beginnen.

Als Ko Tu, der nach seiner kurzen Rede einen erschöpften Eindruck machte, wieder Platz genommen hatte, ertönte Musik aus den Lautsprechern. Es war ein klassisches Lied zur Huldigung Buddhas, das schrill durch den Bus klang. Ich riss einige Fetzen von meinen Papiertaschentüchern ab, steckte sie mir in die Ohren und sank in einen unruhigen Schlaf. Beim nächsten Lied fuhr ich wieder hoch. Es handelte sich um ein Duett aus den 70er-Jahren mit dem Refrain: »Unterwegs zum Honeymoon, eine Pilgerfahrt zu den Pagoden, wie schön! Zwischendurch wollen wir Verwandte besuchen, wie schön!«

Da die myanmarische Umschreibung für *Honeymoon* »Auf einer Reise verschütteter Honig« lautet, hielt ich es für sehr gescheit, dass der Lyriker sich für die phonetische Übertragung *han-nee-mun* entschieden hatte statt für die zähen Wörter.

Erster Tag

Eine Pagode auf einem Hügel und ein gurgelnder Wasserlauf

Als der Bus abrupt anhielt, erwachte ich und schielte sofort auf meine Armbanduhr.

Es war 1.55 Uhr, Samstagmorgen. Die Lautstärke der Musik war irgendwann heruntergedreht worden, und die Beleuchtung, die während meines Schlummers gedämpft worden war, leuchtete nun wieder hell auf. Es konnte doch wohl unmöglich das Morgengrauen sein, das unsere Ankunft in Pyay ankündigte? Mir war bewusst, dass der durchschnittliche myanmarische Bürger den Tag früh beginnt, doch zwei Uhr morgens war in dieser Hinsicht wohl mehr als nur ein wenig übertrieben. Hinten im Bus rief einer der Schaffner: »Körperliches Wohlbefinden! Körperliches Wohlbefinden! Kümmert euch um euer körperliches Wohlbefinden!«

Ein toller Ratschlag, dachte ich mit wachsender Irritation, zumal ich mitten in der finstersten Nacht dazu aufgerufen wurde, nach draußen zu gehen, doch als ich die anderen Passagiere schlurfend in Richtung der Ausgänge gehen sah, schloss ich mich ihnen an ... Es war Zeit zum ersten Gemeinschaftspinkeln.

Ich erkämpfte mir meinen die Knochen zermürbenden Weg über Bündel und vorbei an fetten Hüften und torkelte hinaus in die frische Luft. Draußen war es so finster, dass ich mich blind fühlte. Ich war so plötzlich im Düsteren verloren, dass ein Anflug von Panik meine Kehle umschnürte. Dann aber erhellte

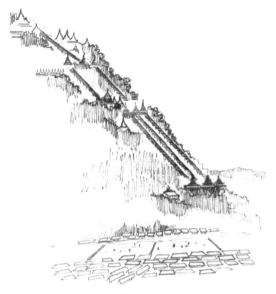

Shewsettaw

sich allmählich mein Gesichtsfeld, und ich gewahrte, dass der Himmel von einem Meer funkelnder Sterne überzogen war. Im ersten Augenblick war ich mir überhaupt nicht dessen bewusst, was ich sah, und ich hatte das Gefühl, durch den Anblick des Schimmerns, das den Himmel überspannte, die Orientierung zu verlieren. In Yangon wurden die Sterne von den Lichtern der Stadt überstrahlt, nur die hellsten und größten Sternbilder waren dort zu erkennen – und sie waren mir dort immer gewaltig genug erschienen. Ich traute meinen Augen nicht, als ich die Anzahl dieser funkelnden und glitzernden und pulsierenden Lichtpunkte sah, die so unvorstellbar dicht zusammengedrängt war ... es gab keine treffendere Beschreibung als die Wiederholung der uralten Worte, dass eine Million Scheffel Diamanten am Himmel ausgestreut sind. Und diese Diamanten schienen nur so von Leben zu strotzen, so als ob sie einander mit den Ellenbogen verdrängen wollten.

Meine Augen gewöhnten sich an die Dunkelheit. Intensiver als ich sie sah, spürte ich die Gruppen von Menschen, die sich nach Geschlechtern getrennt in die Büsche schlugen. Zögernd folgte ich den mir vorausgehenden Frauen und betete inständig darum, weder große noch kleine Kreaturen zu stören oder von ihnen gestört zu werden. Ich setzte meine Schritte ebenso behutsam wie die anderen Mitreisenden, um nicht auf frisch durchnässte Stellen zu treten, und kauerte mich schließlich wie alle anderen um mich herum hin, wobei ich meinen Sarong langsam bis zu den Hüften heraufzog.

Alsbald waren wir wieder unterwegs. Ein eisiger Wind blies schräg durch den Spalt, den ich im Fenster geöffnet hatte, und wirkte auf mich wie eine Berieselung mit reinem Sauerstoff.

Ich presste meine Nase gegen das Glasfenster und starrte zu den Sternen hinauf. Die breite Fläche der Fensterscheibe reflektierte die helle Erleuchtung des Innenraums. Die Leute plauderten, teilten untereinander Imbisse aus und knabberten Melonensamen – aufmerksam lauschte ich den leisen knackenden Geräuschen. Die Dame vor mir bot mir Süßigkeiten an und lächelte dabei scheu. Ich hatte solche Süßigkeiten niemals zuvor probiert und fand sie köstlich, und außerdem hatte ich das Gefühl, auf äußerst wohlschmeckende Weise meinen Koffeinbedarf befriedigen zu können, wonach ich mich aufrichtig sehnte.

Dann döste ich ein und träumte im Halbschlaf. Gegen 4.30 Uhr hielt unser Fahrzeug vor den Toren der Shwesandaw-Pagode in Pyay. Ein älterer Wächter informierte uns, dass die Tore um 5 Uhr geöffnet würden und klammerte sich verbissen an die Stangen des Eisengatters, hinter dem er stand, als er hinzufügte: »Und keine Minute früher!«

In der Nähe gab es einige mit Bambusmatten ummantelte Wasserbecken, und etwas weiter entfernt befanden sich (wie Aufschriften besagten) die Klos für Mönche, Männer und Frauen. Die Nonnen teilten sich die Einrichtungen offensichtlich mit den Frauen. Ich tastete in meiner Toilettentasche herum, die ich unter meinem Sitz verstaut hatte, und fand Becher, Seife und Zahnbürste, jedoch keine Zahnpasta. Die kleinen Läden ringsum begannen ihre Pforten zu öffnen, und die Ladenbetreiber gähnten mit weit aufgesperrtem Mund, während sie die Planken vor der Vorderseite entfernten.

Ich kaufte eine kleine Tube Zahnpasta – die erste von vieren während der Reise – und steuerte auf eine Stelle zu, an der eine Gruppe Mädchen, die auf den Fersen hockten, an einem engen Abflussrohr emsig mit Zähneputzen beschäftigt war. Der Boden ringsum weichte rasch auf.

Die Klos waren sauber. Neben jeder Einrichtung gab es ein kleines Wasserbecken, auf dessen Rand eine Blechbüchse stand, und an der grauen Wand standen die mit Kohlestift geschriebenen Worte: *Freund, benutze weder Reisig noch Papier, sondern trage dazu bei, die Anlage sauber zu halten.* Wie in allen asiatischen Toilettenanlagen waren auch hier die Abwasserrohre zu eng für Papier. Und Menschen vom Land benutzen auch heute noch Reisig, doch es entzieht sich meiner Kenntnis, warum, geschweige denn, dass ich wüsste, wie.

Innerhalb nur einer Minute sahen die Frauen frisch und sauber aus, nachdem sie sich geschwind *Thanakha*-Paste oder -Pulver ins Gesicht gerieben und ihr verwuscheltes Haar mit einem Kamm geglättet hatten. *Thanakha* ist eine Paste oder ein Pulver aus einer wohlriechenden Baumrinde, die mit etwas Wasser im Mörser zerrieben wird, kühlend wirkt und nach jahrtausendealter Tradition sowohl bei Königinnen als auch bei bürgerlichen Frauen beliebt ist.

Ältere Frauen kämmten ihr bis auf die Hüfte wallendes Haar mit Kokosöl, bis es weich und seidig war, bevor sie es um große hölzerne Kämme legten. Mit fein säuberlich gewickelten Sarongs warteten wir darauf, dass sich die Tore der Pagode öffneten. Es war noch sehr dunkel, kalt und still. Schimmernd reflektierende Lichter auf dem Stupa verfinsterten das Licht der Sterne.

Der Wächter stand wie angewurzelt an seinem Platz und

schaute aufmerksam auf eine große Wanduhr, die nicht die einzige ihrer Art im Eingangskorridor war. Wanduhren sind beliebte Objekte für Spenden an Klöster und Pagoden. Es spielt überhaupt keine Rolle, ob schon andere Uhren an derselben Wand hängen, und es stört auch niemanden, dass sie alle um einige Minuten voneinander abweichende Zeiten anzeigen.

Als der Wächter um Punkt fünf Uhr die Metallgatter seitwärts nach hinten schob, traten wir hintereinander ein und gelangten in ein hölzernes Rahmengestell, das sicherstellte, dass niemand aus der Reihe ausbrechen konnte, und geradewegs zu einem Aufzug führte, neben dem ein Kasten mit gläserner Vorderscheibe stand, in dessen hölzerner Oberseite sich ein Schlitz befand. Der Kasten war zur Hälfte mit kleinen Banknoten gefüllt – es war der Spendenkasten für die Instandhaltung des Aufzugs. Unter den stechenden Blicken des Wachhabenden stopften wir alle im Vorübergehen unterwürfig eine Kyat-Note in den Schlitz.

Der kleine Aufzug fasste höchstens acht Personen. Wir standen steif und gerade, um einander nicht zu berühren. Das Gerät knarrte mit schleifenden Geräuschen langsam nach oben und schien ein ums andere Mal ins Keuchen zu geraten.

Die Brücke zur Terrasse der Pagode war nass vor Tau und wirkte unter unseren nackten Füßen unangenehm kalt. Die Pagode erhob sich still und dunkel vor uns in den Himmel, und nur das Schimmern des Lichts der Glühbirnen, die nach oben bis hinauf zur Spitze des Stupa führten, wirkte auf uns ein. Lichter auf einer Pagode haben für Burmesen eine tiefere Bedeutung als bloße Illumination: Licht ist ebenso ein Opfer wie Blumen oder Obst, und man glaubt, dass ein Lichtopfer sogar zu besserer Einsicht und mehr Wissen führt als jene. Wenn im März die Zeit der Prüfungen naht, flammen die Terrassen der Pagoden vor Lichtern.

Einige von uns hatten bereits damit begonnen, Kerzen an den Ecken ihrer Geburts- beziehungsweise Planetenpfosten zu entzünden, die an die Wochentage gebunden sind. Es gibt deren acht, da der Mittwoch in den Morgen und Nachmittag unterteilt ist. Jeder Wochentag hat sein eigenes Tierzeichen. Die elementaren Grundlagen des Charakters und des Schicksals eines Menschen sowie der erste Konsonant seines Namens werden nach dem Tag seiner Geburt gedeutet und bestimmt.

Die goldene Spirale der Shwesandaw-Pagode schimmerte weich im Licht der langsam aufkeimenden Dämmerung. Die Flammen der Kerzen flackerten. Angeblich wird im Fundament dieser Pagode eine Haarreliquie des Buddha aufbewahrt. Die Pilger knieten zum Gebet nieder oder wandelten mit bedächtigen Schritten umher. Ich schlenderte zum Rand der Terrasse hinüber, doch es war noch sehr dunkel: Die tiefblaue Dunkelheit war mit dunstigem Nebel durchsetzt, der wie grauer Chiffon in der Luft hing – ein grandioser Anblick. Die Pagode wirkte wie ein isoliert in dunklem Raum stehender zauberhafter Goldpalast.

Als ich mit dem knarrenden Aufzug wieder zum Fuße des Hügels zurückgekehrt war, bemerkte ich, dass inzwischen mehrere kleine Garküchen geöffnet hatten, die von Öllampen beleuchtet wurden. Als ich mich hinunter zu meinen Sandalen beugte, die ich am Eingang hatte stehen lassen, gewahrte ich ein merkwürdig schlurfendes Geräusch neben mir. Mit sich mir auf der Kopfhaut sträubenden Haaren schaute ich auf und erblickte zu meiner enormen Erleichterung eine lange Reihe von Mönchen, die am Eingang vorbeikamen und mit den Händen schwarze Lackschalen umklammerten. Ihre Augen waren auf den Boden gerichtet, während sie mit weichen, jedoch schnellen Schritten barfuß an mir vorbeieilten. Offenbar war ihre Aufstellung nach dem Alter geordnet, denn am Ende der langen Schlange kamen die kleinen Novizen, die kaum zehn Jahre alt waren und ihre würdevollen Schritte fortwährend unterbrachen, um mit Hüpfern und Sprüngen Schritt zu halten. Ich blieb stehen, um alle vorbeiziehen zu lassen, denn es wäre ein fürchterliches Sakrileg gewesen, zwischen ihnen hindurchzuschlüpfen. Sie waren mindestens zu hundert.

Nachdem sie im entfernten Schatten verschwunden waren, nahm ich an einem Stand Platz, um zu frühstücken. Das »Geschäft« bestand aus einer umgedrehten Lattenkiste und verkaufte *Let-thoke* (Fingermischmasch), ein ganztägig angebotenes Gericht, das als Haupt- oder Zwischenmahlzeit gegessen wird. Grundlage können Reis, Nudeln oder Vermicelli sein, die mit gebratenem Knoblauch, Knoblauchöl, geröstetem Bohnenpulver, gekochten Kartoffelscheiben, geschnetzeltem Kohl, fein geschnittener grüner Papaya, zerstoßenen getrockneten Garnelen, gerösteten Chilischoten, Tamarindenmus und einem Spritzer Fischsauce angereichert werden. Myanmarische Frauen lieben das Gericht, denn es vereint ihre bevorzugten Geschmacksrichtungen Würzigkeit, Salzigkeit und feurige Schärfe, die je nach Lust und Laune individuell abgestimmt werden können.

Die Verkäuferin knetete die Zutaten geschickt zwischen den Fingern, wischte den verschmierten Rand des Tellers mit dem Daumen ab und schob mir die Mahlzeit zu. Sie schmeckte köstlich. Ich spülte mit einer auf der Zunge brennenden klaren Suppe nach, die offensichtlich nur aus heißem Wasser, gepresstem Knoblauch, Fischsauce und Pfeffer sowie einigen Kohlstreifen bestand.

Ich befragte die Frau nach den Mönchen, und sie erläuterte mir, dass eine religiöse Gemeinschaft ihnen jeden Morgen zum Sonnenaufgang in einem nahen Gästehaus ein Frühstück spendete. Dies ist gängige Praxis in den zentralen binnenländischen Teilen unseres Landes, besonders in wohlhabenden konservativen Orten wie Pyay, Mandalay, Pakokku und Monywa. An den Straßenecken entdeckt man Schilder, die alt und ramponiert aussehen und besagen: *Bitte kommt und nehmt sonntags eine Essenspende entgegen* (oder entsprechend den Vereinbarungen mit ähnlichen Organisationen auch an anderen Tagen). Solche Sätze werden mit Wörtern gebildet, die man ausschließlich im Umgang mit Mönchen verwendet, und da die Mönche nur vor der Mittagsstunde Nahrung zu sich nehmen dürfen, ist damit zugleich eine Einladung zum Mittagessen verknüpft.

Wir verließen Pyay um 5.30 Uhr. Ich versuchte, ein wenig zu dösen, doch aus den Lautsprechern röhrte wieder Musik, die Lampen leuchteten grell, und die Mitreisenden schwatzten, schlossen Bekanntschaften und boten einander kleine Imbisse an.

Um 6.10 Uhr erreichten wir das Ufer des Ayawaddy (Irrawaddy). Wir fuhren durch eine Landschaft, die in bläuliche Nebel gehüllt war, was in mir ein Gefühl von Einsamkeit hervorrief und eine Sehnsucht nach *je ne sais quoi* weckte. Das bamarische Wort für dieses Gefühl lautet Lwan – es wird sehr häufig in Gedichten und Liedern genannt und unter Freunden und Verliebten in der Bedeutung von *Ich vermisse dich* verwendet. Einsame Pagoden auf isolierten Bergspitzen werden *Lwan*-Pagoden genannt, und natürlich besagt die Überlieferung, dass solche Bauwerke von untröstlichen Prinzessinnen errichtet worden sind, die von ihrem Geliebten getrennt wurden.

Wir mussten den Ayawaddy auf einer Fähre überqueren, die in etwa einer halben Stunde vom anderen Ufer zurücksein sollte. (Anmerkung: Heute überspannt eine Brücke den Fluss.) Es war ein lebendiger Aufenthaltsort, denn es gab viele kleine Stände sowie zahlreiche Verkäuferinnen, die Körbe in den Händen und auf dem Kopf trugen. Uniformierte Beamte, die als Aufsichtspersonen fungierten, trugen Trillerpfeifen um den Hals, die an schmuddeligen Kordeln hingen. In langen stummen Reihen warteten beladene Lastkraftwagen, die unter ihrer Last schief zur Seite geneigt waren. Alle meine Mitreisenden stiegen aus und spazierten zu den Ständen, die Knabbereien, Sonnenblumenkerne, eingelegtes Obst, Tee und süße Brötchen im Angebot führten. Nur ich blieb im Bus, wo ich den forschenden Blick des Fahrers ignorierte, mich auf dem Rücken auf meinem Sitzplatz und dem freien Nachbarplatz ausstreckte und den Kopf auf eines der sperrigen Bündel im Gang bettete. Es war eine Qual gewesen, in aufrechter Sitzhaltung zu dösen, und nun tat es soooo gut, sich für eine kurze Zeit flach auf dem Rücken auszustrecken. Innerhalb von nur zwei Minuten war ich eingeschlafen, und nach 45 Minuten wachte ich erfrischt auf. Wir waren noch auf derselben Uferseite, doch ich sah, dass die Fähre bereits vertäut war und beladen wurde. Noch immer war ich die einzige Passagierin im Bus.

Der Fahrer schickte sich an, sein Fahrzeug Richtung Rampe rollen zu lassen, die nur aus zwei wackligen Holzplanken bestand, welche hinauf auf die Fähre führten. Mit angespanntem Gesichtsausdruck manövrierte er die schwerfällige Karosse über die schmalen Planken, während von allen Seiten Empfehlungen geschrien wurden und die Luft nahezu unaufhörlich schrill von der Trillerpfeife durchschnitten wurde. Als der Bus endlich auf dem Deck der Fähre stand, betrug der Abstand zu den Bussen und Lastwagen auf beiden Seiten jeweils nur wenige Zentimeter. Mit einem erleichterten Grinsen bleckte der Fahrer seine vom Betelkauen geröteten Zähne.

Die anderen Passagiere hatten die Fähre zu Fuß bestiegen und zwängten sich nun durch die Hintertür in den Bus. Sie waren mit allen möglichen Einkäufen beladen und knabberten, kauten oder teilten irgendwelche Leckerbissen. Ich drückte mich durch die Hintertür nach draußen und schob mich zwischen Autos, Menschen und Händlern hindurch in die Richtung der Reling. Das Schiff schlingerte und bewegte sich, scheinbar ohne die Wellen auch nur zu kräuseln, doch die kleinen Boote, die am Ufer vertäut lagen, begannen rasch im Nebel zu verschwinden. Der Himmel war lila, und die langsam aufsteigende Sonne sah aus wie ein sehr bleicher Eidotter. Als ich die scharfen Stiche der kalten Brise spürte, straffte ich den Pullover um meine Brust und atmete in tiefen Zügen, die meinen Körper wie eine kalte innere Dusche durchfluteten. Den Verkäufern – jungen Burschen und Mädchen – schien die schneidende Kälte nichts auszumachen, obwohl sie sich ihrer mit Sicherheit bewusst waren, denn sie trugen nur dünne verschlissene Kleider. Sie schienen gelernt zu haben, sich nicht um die Kälte zu kümmern, oder zumindest nicht zu zeigen, dass es sie gab. Heiter boten sie ihre Waren feil: Hart gekochte Eier, getrocknete Bananen, Zigaretten, Betel und kleine Imbisse. Die meisten von ihnen waren noch im Teenageralter – dünne Kinder mit schmutzigen Gesichtern und strahlenden Augen, vergnügt und alles andere als gelangweilt oder depressiv. Ich kaufte eine große Tasche getrocknete Bananen ein, denn ich liebte ihren vollen Geschmack, ihr Aroma und ihren Nährwert.

Als ich mich an das Geländer lehnte und die Verkäufer beobachtete, die einander inbrünstig erzählten, wie schlecht ihre Verkaufsziffern waren, bemerkte ich ein äußerst ausgezehrtes Huhn, das auf dem Hintersitz eines mit Segeltuch überspannten Kleinlastwagens nistete. Sein Bein war mit einer langen Schnur an den Rahmen des Fahrzeugs gebunden. Aus dem dunkleren Innenraum streckte sich plötzlich eine Frauenhand, die sanft über die Federn des Huhns streichelte. Es waren die schönsten Hände, die ich jemals gesehen habe – die Finger waren lang und schmal, und die Nägel waren in sanftem Rosa lackiert. Zwischen zwei Fingern steckte elegant ein dünner grüner Zigarillo, und dahinter erkannte ich einen Ärmel aus weichem, gelbem Musselin, der bis ans Handgelenk reichte. Das Gesicht oder den Körper der Frau konnte ich nicht sehen, doch ich versuchte es auch gar nicht erst, denn diese schlanken Finger, die langsam über das schwarze Gefieder eines sich putzenden Huhns streichelten, waren für sich selbst bereits ein zu perfektes Bild.

Am anderen Ufer erreichten wir die wohlhabend wirkende Kleinstadt Sinte (Elefantenhütte). Die Häuser aus Teakholz standen auf Pfeilern aus ganzen Baumstämmen, von denen sie hoch genug in die Luft gestützt wurden, um darunter einen schattigen und stets sauber gekehrten Lebensraum zu belassen. Die Häuser wirkten zwar alt, doch sie waren sehr gepflegt.

Halb im Boden vergraben standen unter den Traufen große Martaban-Krüge, deren glasierte Oberflächen in der frühen Morgensonne schimmerten. Was mochten sie enthalten? Wasser? Öl? Pökelfisch? Ich hatte nicht die geringste Vorstellung, sondern wusste nur, dass sie das myanmarische Äquivalent der kühlen Keller westlicher Bauernhöfe waren. Sie sehen aus wie achtlos ins Unkraut geworfene dicke braune Eier.

Wir passierten einen Polizeiposten, neben dessen Tor sich ein hellblau angestrichener Kontrollstand befand. Ein Schild trug die in grellem Lila verfasste Aufschrift: *Können wir Ihnen helfen?* Rings um das Tor wuchsen in üppiger Pracht weiße und malvenfarbene Immergrünpflanzen. Es machte auf mich einen durchaus charmanten Eindruck, dass das Schild einer Polizeibaracke in den Farben Lila und Blau leuchtete.

Als wir die Stadt hinter uns gelassen hatten, sahen wir zu beiden Seiten der Straße ausgedehnte Felder mit goldenem Nassreis. Ich spürte das heftige Verlangen, die eingebrachte Ernte sicher in Lagerhallen trocknen zu sehen, doch offenbar war Regen in diesen Landesteilen etwas so Seltenes, dass sich niemand ernsthafte Sorgen über Unwetterschäden zu machen schien, obwohl es in der vergangenen Woche an mehreren Tagen nahezu aus dem blauen Himmel heraus heftig geregnet hatte. Zumindest aus dem vorbeifahrenden Bus heraus hatte es den Anschein, dass die Reispflanzen unversehrt und die Menschen unbesorgt waren.

Um 9.50 Uhr hatten wir die Division Magwe erreicht. Da der für die Jahreszeit ungewöhnliche Regen die Blätter vom Staub gereinigt hatte, glänzten die Pflanzen in frischem Grün, und immer wieder säumten ausgedehnte Gebüsche prachtvoller Bougainvilleen in den verschiedensten Farben die Straße. Ihre Farben waren so reichhaltig, satt und vielfältig, dass ich am liebsten aus dem Bus gesprungen wäre, um einige Pflanzen auszustechen und mitzunehmen. Auf der gesamten Fahrt durch diesen Landesteil nagten Neid und Eifersucht an meinem Herzen.

Als wir auf der Weiterfahrt durch ein Dorf kamen, gerieten wir in eine Gruppe junger Menschen, die ihre silbernen Schalen rüttelten und schüttelten und auf diese Weise ein klingendes Geräusch erzeugten, das eher von Steinen als von Münzen herzurühren schien, denn metallene Münzen waren schon lange nicht mehr im Umlauf. Hinter ihnen saß ein Mönch in einem Sessel, und die gesamte Szene wurde von Parolen begleitet, die mithilfe eines konisch geformten Lautsprechers über den Platz geschmettert wurden. Ein Mann, der äußerst geschmeichelt über den Umstand zu sein schien, seine eigene Stimme in stark erhöhter Lautstärke zu hören, saß mit fest umklammertem Mikrofon auf einem Stuhl und forderte in lauthals tönender Weise Spenden für eine Schule ein. Ko Tu stand auf und bat darum, dass wir einige kleine Banknoten hinauswerfen sollten, da »wir uns nicht auf einer der üblichen Busrouten befinden und sie deshalb nicht viel erwarten«. Ich warf eine Fünf-Kyat-Note hinaus und dachte bei mir, dass ich gerne noch mehr geben würde, wenn ich dadurch umgehend ein geringeres Maß an Lärm bewirken könnte.

Das Maß an Lärm, das Menschen tolerieren – oder sogar schätzen –, steht (so glaube ich) in enger Beziehung zu ihrem Bedarf an Gesellschaft, zu ihrer Abneigung oder ihrem Unverständnis gegenüber des unbedingten Erfordernisses einer Privatsphäre sowie zu einer *joie de vivre*, die offenkundig durch Lärm hinaus in die Welt posaunt werden muss, und zwar je lauter desto besser. Das traditionelle Orchester spielt eine Musik, die dem Uneingeweihten unter Umständen wie Donnergrollen erscheinen mag, doch unsere Ohren sind gerade deshalb von Geburt an darauf eingestimmt, Melodien und Rhythmen durch ein Chaos hindurch zu erfassen.

In ländlichen Regionen muss jede Zeremonie durch Lautsprecher verkündet werden, die wie Trompeten geformt sind, denn es wäre ein arger Gesichtsverlust, den mehrere Kilometer im Umkreis gelegenen Nachbardörfern nicht mitzuteilen, dass Familie Soundso eine aufwendige Hochzeit für die Tochter finanziert oder die Söhne mit einem großen Fest, das »die Küchenfeuer des gesamten Dorfes zum Verlöschen bringt«, als Novizen in den Orden überstellt.

Wir durchfuhren nun Landschaften, die wie Kalenderfotos eines Herbsttages wirkten – eine Jahreszeit, die es in unserem Land überhaupt nicht gibt. Bei uns werden die Blätter im Sommer gelb, unmittelbar bevor mit dem aufkeimenden Regen bereits die neuen Blätter sprießen. Die Landschaft nahm eine fast schon zu trivial wirkende Schönheit an ... Smaragdenes Gras auf geschwungenem Land und rollenden Hügeln, die mit gelben und rostfarbenen Blättern übersät waren ... In den Himmel ragende Bäume, an denen orangenfarbene Blätter wie Schmetterlingsflügel im Wind zitterten ... Dunkelgrüne Büsche mit bleichen gelben Blüten, die ihre nach oben gekehrten Kelche wie die Gesichter kleiner Kätzchen in die Luft reckten.

Wir näherten uns Minbu. Draußen flogen einige Schilder mit der Aufschrift *Baumwolle zu verkaufen* vorbei. Eine dieser Aufschriften war in Bamarisch verfasst. Die in riesigen Lettern geschriebenen Wörter, deren Sinn ich auf Anhieb nicht begriff, standen an einem großen Tor. Noch lange, nachdem wir den Ort hinter uns gelassen hatten, murmelte ich die einzelnen Silben vor mich hin ... *Soo-par-min* ... *Soo-par-min* ... Ach ja, natürlich! Es handelte sich um die phonetische Übertragung des englischen Namens der Superman Rice Mill ins Bamarische! Der mächtige Fremde hat seine Anhänger überall platziert! Flüchtig kam mir ein mit Kreide geschriebenes Schild in den Sinn, das ich in den 8oer-Jahren in einem Friseurgeschäft am Straßenrand gesehen hatte: *Die-yin-nar haircut here! Ks. 1 only!* Klar, Lady Di war der Liebling der gesamten Welt und ihre Frisur war berühmt. Und *Dit-sa Ko* wurde zum vertrauten Wort, das man an den Seitenwänden von Rikschas und Pferdegespannen sowie an den Kotflügeln von Lastwagen las, nachdem Travolta sein Debut gegeben hatte.

Es war Mittag. Der Bus hatte in der Mitte eines Niemandslandes gehalten, und die Kalenderfotos waren Bildern gewichen, die trockenen Staub und braunes Gebüsch zeigten. Die Pause war als weiterer Stopp für das körperliche Wohlbefinden gedacht. Obwohl mir das Buschwerk viel zu karg erschien, folgte ich willfährig den anderen Frauen, die sich auf die eine Seite der Straße schlugen, während sich die Männer die andere Seite zum Ziel nahmen. Mit voneinander abgewandten Gesichtern waren beide Geschlechter füreinander faktisch unsichtbar. Auch dies ist ein Aspekt der myanmarischen Volksseele: Die Fähigkeit, ganz einfach zu ignorieren, was man nicht wahrnehmen muss oder wahrnehmen will. Die Sonne brannte heiß vom Himmel, es war warm und staubig. Ich fühlte mich schlapp, doch der tiefe kurze Schlummer am Morgen hatte mir wirklich gutgetan. Unwohl fühlte ich mich nicht.

Nach mehreren Kilometern erreichten wir eine Kreuzung. Die eine Straße sah frisch geteert aus, und ein Schild besagte: *Dreizehn-Kilometer-Straße*. Sie verschwand mit einer scharfen Kurve hinter einer Anhöhe und führte offensichtlich dorthin, wo sich hügeliges Land zu befinden schien. Die andere Straße erweckte den Anschein, als gebe es sie bereits seit fünfhundert Jahren. Der Straßenbelag war an vielen Stellen aufgerissen, doch die Wegführung verlief schnurgerade und (was noch besser war) führte durch flaches Land.

Zwei Männer saßen schweigend im Schatten einer kleinen Hütte, die hoch auf einer anderen Anhöhe stand. Wir tauschten Blicke mit ihnen aus, und auch der Fahrer und Ko Tu schauten sich an. Unvermittelt sprang Ko Tu auf und rief in den Bus hinein: »Die alte Straße ist viel kürzer und geradliniger. Wir nehmen die alte Straße.«

Nach rund fünf Kilometern erreichten wir einen Fluss, über den sich so etwas wie eine Brücke spannte, doch in meinen Augen handelte es sich eher um ein verfilztes Stück Kartonpapier, das sich in der Mitte nach oben gewölbt hatte. Die Passage bestand aus flachgehämmerten Bambusteilen, die mattenförmig ineinander verflochten waren und ein Balkengestell aus kurzen Holzstämmen bedeckten. Und ich hatte recht: Sie WAR in der Mitte gewölbt.

»Die Brücke ist unpassierbar!«, hörten wir jemanden rufen. Wir warfen spähende Blicke in die Umgebung, um den Rufenden zu entdecken. Er saß in einer Hütte, die sich nahezu versteckt hinter einem großen Gebüsch befand.

»Fahrt zurück und nehmt die Dreizehn-Kilometer-Straße! Haben die Jungs euch denn nichts gesagt?«

»Welche Jungs? Niemand hat etwas gesagt!«, rief Ko Tu sichtbar erzürnt. Er, die Schaffner und Manager Paw Paw sprangen aus dem Bus und gaben dem Fahrer aufgeregte Handzeichen, um ihm beim Wenden des Busses an der eingeengten Stelle behilflich zu sein. Der Fahrer knirschte mit den Zähnen. Endlich stand das Fahrzeug mit der Frontseite in die Richtung, aus der wir gekommen waren. Ko Tu spie eine Serie von Schimpfwörtern aus, die mich davon überzeugten, dass es kein übler Gedanke sei, meine Aufmerksamkeit auf die Jagd nach Moskitos zu richten.

Während wir über die Wegstrecke zurück zur Kreuzung rumpelten, saßen Ko Tu und Paw Paw neben der offenen Vordertür und murmelten aufgeregt miteinander. Ihre Unterhaltung wurde von erbosten Atemzügen begleitet. Als wir die Kreuzung erreicht hatten, marschierte Ko Tu zum Fuß der Anhöhe hinüber und schrie etwas zu den beiden Männern hinauf, die teilnahmslos dort oben saßen und weder eine Antwort gaben noch in irgendeiner Weise erkennen ließen, dass sie Notiz von einem dunkelhäutigen und stämmigen jungen Mann nahmen, der mit den Armen fuchtelte, aufgeregt auf und ab hüpfte und mit vom Betel geröteten Lippen etwas zu ihnen hinaufrief. Wir alle fühlten uns sehr unsichtbar. Vielleicht sind wir unsichtbar, dachte ich verunsichert. Hatten böse Geister bewirkt, dass wir vor den Augen anderer verborgen blieben? Waren wir mit einem Fluch belegt worden?

Entnervt kletterte Ko Tu wieder in den Bus, und alsbald glitten wir über den ebenmäßigen Asphalt der neuen Straße,

die äußerst kurvenreich war – oder besser gesagt: Sie führte in
ständigem Auf und Ab unentwegt nach links und sofort wieder nach rechts. Der Bus rumpelte wie ein betrunkener Elefant
dahin. Ich war froh, dass ich nur einige getrocknete Bananen
gegessen hatte, doch ich fühlte mich seekrank, klammerte mich
an die Lehne des Vordersitzes und presste die Lippen für den
Fall zusammen, dass sich die Bananen ihren Weg aus den Tiefen
meines Magens nach oben suchen sollten. Dann jedoch führte
die Straße plötzlich geradeaus. Wir befanden uns nun auf einer
ebenen Sandbank. Über die Mitte der Straße war ein hoher
Bambusbogen gespannt, der geschmackvoll mit roten und grünen Streifen bemalt war. Hinter diesem Bogen fuhren wir an
aufeinanderfolgenden Reihen von Hütten aus frisch geschlage-
nem Bambus vorbei, die an den Ufern eines rasch fließenden
Flusses hochgezogen worden waren.

Wir hatten den Ort Shwesattaw *(Goldener Nobler Fußstap-*
fen) erreicht, der Zentral-Myanmars *Pagodenfest im Wasserloch-*
Urlaubsressort ausrichtet. Die Uhr zeigte 13.30 Uhr. Shwesattaw
besitzt zwei Pagoden: Diejenige am Fuße des Hügels heißt Untere Settawya-Pagode, und das oben auf dem Gipfel stehende
Bauwerk ist die Obere Settawya-Pagode. Unten um den Hügel
herum windet sich der Fluss Mann.

Der Überlieferung zufolge hinterließ Buddha bei seinen Reisen durch Südostasien auf die Bitten von Mönchen, Königen
und mythischen Schlangen hin an diesen Stätten seine Fußab-
drücke. Um sie für ewige Zeiten als heilige Reliquien verehren
zu können, hatten die Menschen sie später in Zement gegossen
und mit Blattgold überdeckt, und in ihrer Nähe hatten sie Pagoden errichtet. Diese Bauwerke gehen auf das 10. Jahrhundert
zurück, doch sie gerieten über lange Zeiten hinweg in Vergessenheit, bis ein Mönch einen Traum hatte und den Ort mithilfe eines Jägers und dessen schwarzem Hund wiederfand. Die
Legende berichtet, dass die Schreine in jenen verlorenen Jahren von verschiedenen *Nat*-Geistern, Riesen, Drachen in der
Form mythischer Schlangen, die Menschengestalt annehmen

können, sowie zwei übersinnlichen Pagodenwächtern in der Gestalt von Bruder und Schwester behütet wurden. Die Burmesen glauben, dass in allen großen Pagoden sogenannte *Oke-sar-saunt* – Behüter der Schätze – anwesend sind, die über das Gold und die Juwelen wachen, die ins Fundament eingegraben sind.

Geschichten über solche ätherischen Wesen haben stets eine besondere Faszination ausgeübt, die für myanmarische Kinder mit einem Anflug von Angst verbunden ist. Sie sind die denkbar besten Gutenachtgeschichten. Solche Kreaturen werden keineswegs als bloße Fantasiegestalten betrachtet, denn der myanmarische Glaube hält sich nicht an die engen Grenzen der bewiesenen Fakten. Die meisten Menschen in unserem Lande sind davon überzeugt, dass solche Wesen existieren – und warum auch nicht, da es doch Augenzeugenberichte »von jemandem, der jemanden sehr gut kannte« gibt.

Für mich selbst könnte ich vielleicht behaupten, dass ich nicht an *Nat* oder Wächtergottheiten glaube. Doch immerhin besteht eine vage Möglichkeit, dass es sie gibt, die ich nicht in Abrede stellen will, denn schließlich könnten sie mir in diesem Fall Schaden zufügen. Möglicherweise sind meine Überzeugungen in solchen Angelegenheiten sehr unausgegoren. Die *Oke-sar-saunt* sind in der Regel wunderschöne junge Mädchen, die Jahrhunderte lang leben, ohne auch nur um einen einzigen Tag zu altern. Sie verbringen ihre betörende Lebenszeit in prachtvollen goldenen Palästen, die für das menschliche Auge unsichtbar sind. Es gibt unter ihnen nur wenige Männer, die immer nur die Brüder der Mädchen und niemals deren Gatten sind.

Zuweilen werden diese übernatürlichen Wesen in die Welt der Menschen entlassen, um eine Weile unter ihnen zu leben, doch sie werden mit Stummheit belegt, damit sie den Meistern der Schwarzen Magie nicht verraten können, wo sich die Schätze befinden. Spastische Kinder gelten gewöhnlich als *Oke-sar-saunt*, die als Menschen geboren wurden, und man glaubt, dass sie Glück auf die Familie herabbeschwören können. Man kümmert sich liebevoll um sie, denn sie könnten ihren Angehörigen schließlich eines Tages solide Goldklumpen »in der Form von Tamarindenfrüchten« (fingerlange knollige Hülsen mit Samenkernen) bescheren. In diese Form wurde das Gold traditionell gegossen und aufbewahrt – als solide goldene Tamarindenfrucht, jedoch niemals in die größere Form einer Banane, Mango oder Durian. In meiner Kindheit dachte ich oft gründlich über diese Gewohnheit nach, jedoch stets eher aus Gefräßigkeit als aus gewinnsüchtiger Gier.

Das Fest von Shwesattaw dauert vom frühen Februar bis zum myanmarischen Neujahr, das in die Mitte des Aprils fällt. In jener Zeit säumen zahlreiche neue Bambushütten die Ufer des Flusses Mann, und viele hohe Ladenstände werden aufgestellt, an denen man Waren aus dem gesamten Land findet. In Myanmar hat jede Pagode ihr spezielles Jahresfest, und alle Veranstaltungen finden in sorgfältig abgestimmter Reihenfolge statt. Alle zeitweiligen Stände und Häuser bestehen aus frischen Bambusgeflechten.

Es war vorgesehen, dass wir zwei Nächte lang hierbleiben sollten, und da es keine Klöster oder Rasthäuser gab, mussten wir für unsere Unterkunft bezahlen. Die zierliche Frau, die im Bus neben mir saß, unterbreitete den Vorschlag, dass wir zu mehreren zusammen ein Zimmer belegen und die Kosten teilen sollten. Ich warf einen Blick in ein Zimmer, das gerade einmal die Größe von zwei mal drei Metern hatte.

»Zu mehreren?«, fragte ich behutsam. Es war mir klar, dass es mich in den Wahnsinn treiben würde, zusammen mit ihr und ihrem ewigen Geplapper in einem Zimmer eingepfercht zu sein. Im Bus hatte ich häufig genug den pietätlosen Gedanken gefasst, sie einfach aus dem Fenster zu werfen, bevor ich den Dreh herausgefunden hatte, sie zum Schweigen zu bringen.

»Also, da bist du, da bin ich und da sind Daw Saw, die drei Nichten, Daw Kyaing aus der Reihe hinter uns und ihr Sohn –

das macht ... warte einen Augenblick ... acht Personen. Wenn wir dreihundert durch acht teilen, zahlt jeder weniger als ... äh ... 40 Kyat.«

»Acht Personen, darunter ein Mann?«

»Der schläft an der Tür«, erwiderte sie resolut.

Mir war klar, dass jemand, der so still und höflich wie jener junge Mann war, unbedingt darauf bedacht sein würde, nur ja niemandem lästig zu fallen. In den Hallen der Klöster schliefen Männer und Frauen ohnehin im selben offenen Bereich, allerdings in gehörigem Abstand zueinander. Und ich machte mir auch nicht die geringsten Sorgen über Vergewaltigung oder Belästigungen. Was mir zu schaffen machte, war die Vorstellung, eine von acht Sardinen zu sein, von denen die meisten mit Sicherheit nicht ruhig sein würden. Ich entschuldigte mich so höflich, wie es mir möglich war, mietete das Zimmer nebenan und ließ die anderen mit der Verblüffung stehen, dass jemand bereit war, eine so hohe Summe zu zahlen, nur um allein zu sein.

Der Bus und die Armbereifte

Ich verteilte ein einschmeichelndes Lächeln, zog meine Taschen hinter mir her und huschte in mein Zimmer. Der abgetrennte Raum war einer von Dutzenden in einer aus frischen Bambusgeflechten gebauten hohen Halle. Der Bambus verströmte einen wundervollen frischen Duft, doch er war natürlich nicht robust und bot keine sichere Abgeschiedenheit. Überall gab es Löcher, so dass potentielle Voyeure nicht erst welche zu bohren brauchten. Die größeren Löcher verstopfte ich sofort mit hellblauem Toilettenpapier, was dem Ambiente des Innenraums eine dekorative Nuance verlieh.

Die Trennwände waren in der Höhe einer Armlänge über dem Kopf offen, was eine gute Ventilation sicherstellte, sofern die Winde mitspielten und nicht aus unerfindlichen Gründen, die nur ihnen selbst bekannt waren, von unten durch die offenen Rippen des Bambusbodens nach oben wehten. Ich konnte den Wasserspiegel unter dem Fußboden sehen, der sich nur etwa sechzig Zentimeter unter meinen Füßen befand.

Da sich die Tür zu einem gewissen Grad schließen, jedoch nicht abschließen ließ, schnitt ich ein Stück von der blauen Plastikschnur ab, die mein Hausmädchen in der Form eines Knäuels in mein Gepäck gestopft hatte, um die Tür am Eckpfosten, der wie ein frisch abgeschnittener Schössling aussah, festzubinden. Mit Stücken derselben Schnur befestigte ich mein Moskitonetz und spannte eine Wäscheleine, bevor ich das Bett richtete und meine Taschen ordnete. Anschließend vergaß ich mich in meiner Glückseligkeit, denn als ich mich flach mit dem Rücken aufs Bett warf, brachte ich die gesamte Baustruktur zum Schwanken. Ich blinzelte hinauf zum Moskitonetz und ließ glücklich die Zehen tanzen. Da der Fußboden äußerst wacklig war, schien es durchaus angebracht, bewegungslos in horizontaler Haltung zu verharren. Das blaue Betttuch, das blaue Moskitonetz, die blauen Schnüre und das blaue Klopapier, das in Fetzen aus den Fugen der Wände heraushing, verliehen dem Raum meinem Empfinden nach eine Atmosphäre, die viel zu elegant war, um sie in Worte kleiden zu können.

Ich döste für fünfzehn Minuten ein, und als ich aufwachte, verspürte ich Hunger und stechenden Durst. Ich war an diesem Tag mehr als vorsichtig gewesen, was die Sorge um mein körperliches Wohlbefinden anbetraf, und deshalb hatte ich unterwegs wenig gegessen und noch weniger getrunken.

So setzte ich die weiße Baseball-Mütze auf, die mir als dürftiger Schutz gegen Zentral-Myanmars stechende Mittagssonne diente, und traf Anstalten, mein Zimmer zu verlassen. Ich schnürte die Tür auf und verschloss sie auf der anderen Seite mit einem zerbrechlichen Schloß, das mir irgendjemand mitgegeben hatte. Ein kleiner Kater hätte es mit einem spielerischen Tatzenschlag öffnen können. Unten umspülte der rauschende Fluss in weniger als einem halben Meter Entfernung den Plankenweg, der das Gebäude umschloss. Die Spaß und Vergnügen verkündenden Rufe, die ich drinnen vernommen hatte, gingen auf durchnässte Urlauber zurück, die sich auf aufgeblasenen Reifen an den Häusern vorbeitreiben ließen. Noch fröhlicher und spitzer wurden ihre Schreie in den Stromschnellen, die ein weithin hörbares Gurgeln verbreiteten – es waren erstaunlich laute Geräusche für einen Wasserlauf, der eher seicht und schmal wirkte.

Oberste Ziele waren nun für mich Essen und Trinken. In unmittelbarer Nähe sah ich einen tragbaren Verkaufsstand, der Werbung für seinen Zitrusfrüchte-Salat machte. Es handelte sich um das Fruchtfleisch einer recht sauren Limonenfrucht, welche die Größe einer Pampelmuse hat. Ein solcher Salat wird nach üblicher myanmarischer *Let-thoke*-Art mit allen möglichen anderen Zutaten vermischt und oft zusammen mit einer gepfefferten Nudelsuppe aus dem Plastikbeutel angeboten, die mit Hühnerfleisch, Knoblauchwürze und einigen Trockenpilzen angereichert ist. Die Tragödie aber war … es waren keine Früchte mehr da, weil das Geschäft am Morgen äußerst gut gelaufen war. Also machte ich mich auf in die Richtung der Restaurants, die nur eine kurze Distanz entfernt waren. Ko Tu hatte bekanntgegeben, dass wir heute selbst für unsere Verpflegung sorgen mussten. Sein Unternehmen kümmerte sich um das Essen und das Feuerholz für den kommenden Tag.

Ich spazierte an Händlern und Verkäuferinnen vorbei, die im Staub kauerten und sich in die schmalen Schatten der Bauwerke drückten. Ihre Warensortimente bestanden aus getrockneten Bambusschösslingen, einigen seltenen Beeren, bunten Blumen sowie Kräutermedizin in der Form von Wurzeln, Nüssen und Zweigen. Überall sah ich säuberlich geordnete Haufen *Thanakha*, Zweige und Scheite. *Thanakha*, die dicke aromatische Barke, die zu einer Paste oder einem Pulver zerrieben wird, die als kühlendes Make-up dienen, ist tiefer im Herzen einer myanmarischen Frau verwurzelt als alles andere. Die Gesichter der Verkäuferinnen waren dick mit getrockneter *Thanakha*-Paste bedeckt, die wie gelblicher Lehm aussah. Myanmarischen Frauen dient diese Paste als äußerst effizienter, wenngleich schaurig aussehender Schutz gegen die pralle Einstrahlung der Sonne. Dünn aufgetragen ist sie ein kühlendes und die Poren straffendes Make-up.

Einige meiner Mitreisenden, die ich schon von Weitem an ihren weißen Mützen erkannte, prüften bereits die zum Verkauf stehenden *Thanakha*-Scheite, indem sie an ihnen rochen oder eine winzige Ecke abnagten, um das authentische Aroma zu prüfen. *Thanakha* ist ein teures Holz, und oft werden Fälschungen angeboten, die von Stämmen mit ähnlich verkrusteter und dicker Barke stammen. Falsche Hölzer können in *Thanakha*-Paste getaucht worden sein, um ein authentisches Aroma vorzutäuschen, doch Abschmecken ist eine gute Art der Überprüfung, denn richtiges *Thanakha* hat einen bitteren Geschmack.

Meine Mitreisenden kauften erschreckende Mengen getrockneter Bambusschösslinge ein, die vor dem Kochen in Wasser aufgeweicht werden müssen. Aus diesen Schösslingen lässt sich eine Mahlzeit zubereiten, die ich von Herzen liebe, doch sie achtzehn Tage lang mit mir herumzuschleppen war etwas, was weit jenseits meiner Vorstellungskraft lag. Da es jedoch ganz offensichtlich nicht die Vorstellungskraft der anderen Frauen übertraf, würde ich wohl noch einige Lektionen über ihre Kaufsucht zu erlernen haben.

Die einzelnen Restaurants unterschieden sich nicht im Geringsten von den üblichen hohen Bambusverschlägen anderer Orte, die zu drei Seiten hin offen sind. Zum Glück waren die Bereiche zur Küche hin abgetrennt, sodass ich die dortigen Zustände nicht sehen konnte und mein Appetit deshalb nicht beeinträchtigt wurde. Da 11 Uhr die gängige Zeit zum Mittagessen ist, herrschte nicht mehr viel Betrieb, und so hatten die Restaurantbesitzer alle Zeit der Welt, um mich schreiend auf ihr Lokal aufmerksam zu machen.

Wie stets in solchen Situationen überkam mich das Gefühl, dass ich alsbald leibhaftig irgendwo sitzen würde, um etwas vorgesetzt zu bekommen, was mir zutiefst zuwider ist, wie zum Beispiel Hühnerfrikassee mit Curry. Und wie stets in solchen Situationen stand ich plötzlich wie vom Schock gerührt auf der Stelle, da ich nicht die geringste Vorstellung davon hatte, in welches Lokal ich denn nun eigentlich gehen sollte ... geschweige denn eine Vorstellung, was ich essen sollte. Inmitten dieses ganzen Handgemenges hätte ich wahrscheinlich noch nicht einmal meinen Namen gewusst, wenn mich jemand danach gefragt hätte. Eine der schrillsten Stimmen hatte eine chinesische Frau, deren breites Lächeln und glitzernder Goldzahn mir ins Auge stachen. Mich überkam das Gefühl, dass sie längst von der Zeit überholt worden war, und ich fand die gesamte Situation so faszinierend, dass ich ohne weiteres Nachdenken ihr Lokal betrat.

Hinten saß an einem langen Tisch die Armbereifte mit ihrer Familie, die – wie ich nun sah – aus den beiden Teenagerknaben an ihrer Seite und ihrem unterwürfigen Ehemann bestand. Die Stapel leerer Teller auf dem Tisch ließen darauf schließen, dass sie ein opulentes Mahl genossen. Wie es Myanmars Tischsitten vorschreiben, aßen sie feierlich und ohne Worte zu verlieren. Sie hatten die Augen fest auf die Teller gerichtet und führten den Reis gekonnt und säuberlich mit vier Fingern ihrer rechten Hand zum Mund. Sich während der Mahlzeiten zu unterhalten, stellt eine entsetzliche Beleidigung und Missachtung der Nahrungsmittel dar.

Unmittelbar nachdem ich an einem Tisch, der mit einem bunten Stück Plastik bedeckt war, Platz genommen hatte, schlängelte sich der Kellner, ein kleiner Mann mit zerschlissenem T-Shirt und kurzer Hose, in meine Richtung und begann, wie von einer unsichtbaren Hand angeknipst, mit der Geschwindigkeit eines Schnellfeuergewehrs die Speisekarte aufzusagen: Currygerichte, chinesische Gerichte, Snacks, Hauptgerichte, Suppen, Salate, Beilagen. Blind wählte ich aus der rasselnden Abfolge ein alltägliches Gericht: gebratene Vermicelli. Gebraten mit Schweinefleisch? Oder lieber mit Huhn? Ob ich Schweinefleisch essen dürfe oder vorzugsweise lieber … Ja, ja, ja, ich esse Schweinefleisch, bitte bringen Sie es rasch, und ein Seven-Up bitte, und achten Sie darauf, dass es richtig kalt ist. Erfreut hatte ich eine in der Ecke stehende Eistruhe wahrgenommen, auf der eine mit Kreide geschriebene Aufschrift für kalte Getränke warb.

Als der Kellner hinter einem schmutzigen Vorhang verschwand, stolzierte ein sehr dunkelhäutiger Mann zur Eistruhe hinüber und holte eine Flasche Seven-Up heraus. Dann suchte er nach einem Flaschenöffner. Er spähte hinter leere Flaschen, lüftete Tücher und ließ den Blick forschend über den Fußboden schweifen. Selbst durch die Luft ließ er seine Blicke gleiten, als ob er darauf warte (so dachte ich mit knirschenden Zähnen), dass ein *Nat*-Geist ihm das Instrument aus dem Nichts reiche. Die Schöne mit dem Goldzahn half ihm bei der Suche und der Kellner unterstützte die beiden, als er wieder auftauchte. Zu diesem Zeitpunkt begann ich, leise, knurrende Töne von mir zu geben. Der schwarzhäutige Mann kam besorgt auf mich zu und versuchte, die Flasche an einer Stuhllehne aufzuhebeln. Das Holz zersplitterte. Er warf mir einen eingeschüchterten Blick zu, den ich finster erwiderte. Die lächelnde Frau borgte im Lokal nebenan einen Flaschenöffner, riss dem Mann die Flasche aus der Hand und öffnete sie mit einer geschickten Drehung ihres Handgelenks. Ich führte die Flasche durstig zum Mund und ließ mir einige volle Schlucke durch die Kehle rinnen, bevor ich mich darauf besann, mich wie eine Dame zu verhalten und aus einem Glas zu trinken.

Die Vermicelli kamen fünfzehn Minuten später als dampfendes Nudelknäuel, das über den Rand des Tellers schwappte. Obenauf lagen gedünstetes Gemüse, knuspriges geschnittenes Fleisch und ein in Streifen geschnittenes Omelette. Ich bat um eine Plastiktüte und löffelte die Hälfte der Mahlzeit hinein. Damit war bereits mein Abendessen gesichert. Das gesamte Gericht erweckte den Anschein, mich zwei Tage lang sättigen zu wollen, und alles das für nur 50 Kyat (ungefähr 50 Cent). Mit aus Hunger geborener Hingabe schaufelte ich mir Löffel um Löffel in den Mund, bevor ich mich zum Platzen voll mit einem Seufzer der Zufriedenheit zurücklehnte, tief durchatmete und diskret rülpste. Ich fühlte mich von der Strapaze des Essens ermüdet.

Als ich zurückging, wurde mir aus den anderen Lokalen nichts mehr nachgerufen, denn da alle Läden zum Wind hin offen waren, wusste jeder, dass ich bereits zu Mittag gegessen hatte. Vielleicht aber erweckte ich auch nicht mehr den Eindruck, kurz vor dem Hungertod zu stehen. Ich ging an den Verkäufern vorbei, die sich in noch schmalere Schattenstreifen als zuvor zwängten und um die Köpfe ein zerschlissenes T-Shirt oder einen alten *Pasoe* geschlungen hatten. Ein *Pasoe* ist ein Sarong für Männer, den man durchaus um den Kopf schlingen darf; ein Frauensarong wird hingegen niemals um den Kopf getragen, selbst von Kindern nicht. Ich kaufte mir einen Strohhut mit breiter Krempe, da ich bereits an die Sonne von Bagan dachte.

Dann war ich zurück in meinem kleinen Zimmer, das süßlich nach frischem Bambus duftete. Ich begann mich heimisch zu fühlen: Die Taschen standen säuberlich nebeneinander, die

Kleider hingen an der Leine, das Bett war gemacht, und meine blaue Plastiktasse thronte auf meinem Notizbuch. Ich faltete die Decke zu einem Kissen, das ich vor die Tür legte, um darauf Platz zu nehmen und mich umzuschauen. Ich war mit mir und der Welt zufrieden. Yangon lag weit hinter mir. Aus verschiedenen Gründen war ich sieben lange Jahre nicht mehr über die Stadtgrenzen hinausgekommen. Draußen planschten und spielten Menschen im Wasser. Die Sonne brannte heiß und unbarmherzig vom Himmel.

Eine Frau mit einem dampfenden Kessel in den Händen kam vorbei. Ich bat sie um etwas heißes Wasser, das sie in meine Tasse goss, öffnete ein Päckchen mit löslichem Kaffee, der bereits gesüßt und mit Milchpulver vermischt war, rührte alles mit dem Kugelschreiber um und genoss den Geschmack des starken Koffeins. Der Kaffee war dick, süß und warm. Ich saß entspannt auf meinem Kissen, nippte an meinem Getränk und schaute in die Gegend.

Einige Frauen standen bis zur Hüfte im seichten Wasser des Uferbereichs und wuschen Wäsche, schamponierten ihre Haare oder seiften sich diskret unter nassen Sarongs ein, die sie nach oben gezogen und unter den Achselhöhlen um den Leib gewickelt und festgezurrt hatten. Dies war die traditionelle und überall geduldete Badeweise der Frauen. Mir war klar, dass Badeanzüge so nahe an den Pagoden nicht statthaft waren. Badeanzüge werden nur in Schwimmbädern oder am Strand getragen. So weit mein Blick reichte, säumten Hütten wie die meinige die Flussufer – Hütten aus hellem frischem Bambus, der sahnig gelb wie polierte Knochen aussah. Junge Menschen trieben allein oder in dichten Gruppen auf dem Wasser vorbei; sie balancierten auf aufgeblasenen Reifen, die so groß waren, dass sie früher zweifellos zu einem großen Lastwagen gehört hatten. Auf die Reifen waren freche Sprüche gepinselt. Eine Aufschrift, die auf dem Kopf stand, konnte ich erst im letzten Moment lesen: *Schau mir nicht nach, denn sonst werde ich mich sicher in dich verknallen.* Die Mädchen, die sich auf solchen Reifen treiben ließen, waren vollständig bekleidet, denn ein nur zum Bad festgezurrter Sarong kann sich bei einer derartigen Aktivität leicht lösen. Sie waren alle von Kopf bis Fuß durchnässt. Die Sarongs hafteten an ihren Knöcheln, und ihre langärmeligen Blusen waren bis zu den Handgelenken herabgestreift, sowohl aus Sittsamkeit als auch zum Schutz vor der sengenden Sonne.

Ich blickte einer eleganten Dame nach, die ganz in Rot gekleidet war und sich alleine in ihrem Reifen zurückgelehnt hatte. Ihr Nacken ruhte auf der einen Seite, während ihre Knöchel über Kreuz auf der anderen Seite lagen. Während sie an mir vorbeitrieb, spielten ihre Finger lässig und rhythmisch mit dem Wasser, und mir war, als könnte ich ihr Summen hören. Alle Parteien waren zu kurzen Aufenthalten gezwungen, wenn die Reifen die Brücken erreichten, die im Abstand von rund fünfzig Metern zueinander errichtet worden waren. Die Brücken bestanden aus Bambusmatten, die auf einen Rahmen aus dünnen Stämmen montiert waren.

Die Fotografen machten ein gutes Geschäft. Besonders Mädchengruppen ließen sich gerne von ihnen aufnehmen, während sie im Wasser posierten wie Scharen schnatternder Spatzen. Inmitten des Geschnatters wurde ich auf eine Stimme aufmerksam, die nebenan in eintöniger Folge Worte leierte. Diese Stimme ertönte schon eine ganze Weile und war einfach da. Zuerst dachte ich, dass jemand ein Gebet sprach, doch nein, es war Daw Kyaing, die in einem Selbstgespräch das Für und Wider eines Bades abklärte. Und das zu dieser Tageszeit! Manche sind davon überzeugt, dass es gefährlich, wenn nicht sogar verhängnisvoll ist, in der Hitze des Tages oder inmitten der Nacht zu baden. Hier handelte es sich um die Debatte einer einzelnen Frau. Ich hörte einige Minuten lang zu und musste daran denken, dass meine Angewohnheit, zu ungewöhnlichen Zeiten zu baden und mich anschließend vor einem Ventilator zu trocknen, meine Freundinnen entsetzte. Ich war froh, dass sie alle in Yangon geblieben waren, und ging in mein Zimmer, um mir Bluse und Unterwäsche auszuziehen und meinen *Longyi* unter den Armen festzuzurren. Dann packte ich Plastikschüssel, Seife, Handtuch und die zu waschenden Wäschestücke zusammen und machte mich auf in Richtung Wasser.

Meine Samtpantoffeln musste ich zurücklassen, da sie nach dem ersten Einweichen nicht mehr zu gebrauchen gewesen wären, und so ging ich barfuß, doch ich stieß leise spitze Schreie aus, als mir die scharfkantigen Kiesel in die Fußsohlen zwickten. Vor dem nächsten Bad, so schwor ich mir, würde ich mir Plastiksandalen besorgen.

Das Wasser war eiskalt und wundervoll erfrischend. Ich planschte herum, seifte mich ein und achtete peinlich genau darauf, dass sich mein *Longyi* nicht durch die aufgefangene Luft aufbauschte … denn welch ein Skandal wäre es gewesen, wenn meine unteren Gliedmaßen zur Schau gestellt worden wären. Ich setzte mich vorsichtig hin und stemmte mich gegen die starke Strömung, um nicht kopfüber fortgespült zu werden.

Nach dem Bad fühlte ich mich erfrischt genug, um die steilen Treppen in Angriff zu nehmen, die hinauf zur Oberen Settawya-Pagode führten. Ich zog mich um, schmierte mir eine dünne Schicht *Thanakha* ins Gesicht und brach in die Richtung der Stufen auf, die hinauf auf den Berg führten. Die Stufen waren breit und an manchen Stellen sehr steil. Die Überdachungen der Treppenaufgänge waren mit nach oben gekrümmten Mustern bedeckt, deren Ecken mit Gitterwerk verziert waren. Von Weitem erweckten sie den Anschein, sich zum Himmel aufschwingen zu wollen.

Zu beiden Seiten der Treppenstufen schmiegten sich kleine Verkaufsstände aus wackeligem Bambus (schon wieder!) aneinander. Der pfeifende Wind erweckte den Eindruck, als wolle er sie jeden Augenblick zusammen mit mir über die mit Gestrüpp überzogene Anhöhe forttragen. Junge Mädchen sorgten sich um ihre Warenangebote: Blumen, Modeschmuck und die Spezialität der Region, kleine Taschen aus winzigen braunen Kernen, die reihenweise miteinander verkettet waren und mich an Scharen von Bettwanzen denken ließen. Als ich ungefähr ein Drittel des Aufstiegs bewältigt hatte, geriet ich ins Keuchen und musste mich an das Metallgeländer klammern, das dank jemandes wohlwollender Spende errichtet worden war, um Pilgern in gütiger Weise den Aufstieg zu erleichtern.

Flüchtig fasste ich den Gedanken, den Rest der Wegstrecke auf allen vieren zu bewältigen, denn die Stufen waren unangenehm hoch, doch wackere ältere Damen, die mich überholten, beschämten mich, sodass ich mich aufrecht nach oben kämpfte, wenngleich mit vielen Pausen, die ich kaschierte, indem ich verzückt in die Landschaft schaute oder an Ständen mit großem Interesse vergoldete Armreifen betrachtete. Ich beschloss, beim Abstieg die Stufen zu zählen, um nach der Rückkehr vor meinen Mitreisenden prahlen zu können.

Die Pagode war in drei Ebenen angelegt. Die erste Ebene, die nach 343 Stufen erreicht war, präsentierte sich als weit ausgedehnte Terrasse, in deren dazu geeigneten Ecken sich einige Läden befanden. Ich hatte den Modeschmuck zu beiden Seiten der Treppe bereits als merkwürdig empfunden, doch hier oben entdeckte ich ein Geschäft, das Küchengeschirr aus Stahl im Angebot führte, und ein anderes, das Kassettenrecorder verkaufte. Ein kleines Gerät der Marke Sony spielte mit vollster Lautstärke die aktuellsten Popsongs. Ein anderes Geschäft hielt große Einkaufstaschen aus Stoff bereit, die vermutlich dem Zweck dienten, die Stahlbratpfannen und Sony-Geräte nach unten zu schaffen.

Ein Laden, der sofort meine Aufmerksamkeit in Beschlag nahm, führte medizinische Heilkräuter im Angebot. Bereits unten am Fuß des Hügels hatten einige Händler für ihre Heilkräuter geworben, doch dies hier oben war eine richtige große Apotheke. Ich entdeckte eine Flasche, in der eine aufgeringelte Schlange in einer honigfarbenen Flüssigkeit lag. Außerdem gab es gekrümmte Wurzeln und knorrige Weinstöcke, dicke mit einem Korken aus geknäueltem Zeitungspapier verschlossene Glasflaschen mit mysteriösen Klumpen, die nur vage im Inneren zu erkennen waren, klotzige Steine und Samen in alten verrosteten Dosen sowie einen großen Stapel mit transparenten Steinen, die wie ungeschliffene Diamanten aussahen, jedoch in Wirklichkeit *Kyauk-chin* (Alunit) waren, ein scharfkantiges und wasserlösliches Gestein, das konservierend, Wasser reinigend, desodorierend und antiseptisch wirkt. Verkratzte Emaillebecken waren mit Steinen aus dem Fluss gefüllt, deren Form und Zeichnung der hartnäckigen Beteuerung des Verkäufers zufolge ganz genau dem Fußabdruck Seiner Heiligkeit entsprachen.

Der originale Fußabdruck war in einem großen Käfig verschlossen, was ihn durchaus davor bewahren mochte, allzu intensive Huldigungen von enthusiastischen Pilgern zu empfangen, doch ich empfand es als eine große Schande, dass sich Buddhas Fußstapfen hinter Gittern befinden.

Der Fußabdruck selbst war von Zement umgeben und an mehreren Stellen vergoldet. Da Blumen und Banknoten auf dem seichten Wasser über dem Abdruck schwammen, konnte ich die 108 Vierecke mit ihren jeweils speziellen Symbolen nicht sehen. Wasser auf ein Bildnis des Buddha zu gießen beschert Kühle und Frieden, und wahrscheinlich hatten einige Pilger mit dieser wohlgemeinten Absicht Wasser über dem Fußabdruck ausgegossen. Einige Banknoten sahen bereits äußerst aufgeweicht aus, doch abends wurden sie eingesammelt und dem Fonds für die Instandhaltung der Anlage zugeteilt. Hier und dort standen die üblichen Spendenkästen mit gläserner Vorderscheibe, und alle waren bis oben hin mit Banknoten gefüllt.

Sehr zufrieden mit meiner Aufwartung an Buddhas Fußabdruck traf ich Anstalten, nun wieder die Treppe hinabzusteigen und an einem Stand am Wegesrand einen kleinen Imbiss zu genießen, als ich zu meinem Entsetzen eine zur Seite hin abweichende weitere Treppenflucht entdeckte. Ich blieb stehen und dachte darüber nach, ob es nicht Flunkerei wäre, anderen zu erzählen, dass ich in Shwesattaw war, ohne bis nach ganz oben gelangt zu sein. Wenn ich allerdings an Herzstillstand starb, konnte ich ihnen gar nichts erzählen. Schließlich aber überkam mich ein schuldbeladenes Gefühl, und da außerdem meine Wissbegierde an mir zu nagen begann, nahm ich den Aufstieg in Angriff und zählte diesmal mit ... 84 Stufen.

Oben an einem Felsen befanden sich ein kleiner Stupa und einige Steinfiguren, die grob bemalt waren. Es handelte sich um den Jäger und seinen Hund, die wichtige Rollen bei der Entdeckung der Stätte gespielt hatten. Nicht unbesorgt, neue Treppenfluchten zu entdecken, und dennoch verdrossen denkend, dass ich mich zumindest überzeugen müsse, spazierte ich um die jungen Leute herum, die sich um die Figuren scharten und darauf warteten, endlich auch ihrerseits für ein Foto posieren zu können. Und wie es eigentlich nicht anders zu erwarten war, geriet eine weitere, sehr steile Treppenflucht in mein Blickfeld.

»Weil sie nun einmal da ist«, murmelte ich verbittert in mich hinein, und mit vielen Pausen und diskreten Schnaufern kämpfte ich mich schließlich bis ganz nach oben zum Gipfel, wo es keine höhere Stelle mehr gab. Ich hatte es bis ganz nach oben geschafft, hört ihr es alle? Und das nach nur weiteren 173 Stufen.

Ich glaube mich zu erinnern, dort oben Buddhastatuen gesehen zu haben; vielleicht sah ich aber auch gar nichts, da meine Augen bereits glasig zu werden drohten. Als ich die Hälfte des Abstiegs bewältigt hatte, war ich im Grunde bereit, sofort zurück zu meinem gemütlichen Bett in Yangon zu fahren. Unten im Tal begannen erste Lichter zu funkeln, und aus offenen Feuern stieg wie in einem blauen Schleier Rauch auf.

Ich setzte mich auf eine Stufe, klammerte mich an einen Metallpfosten und ließ den Blick über das Tal streifen. Wie mochte es hier außerhalb der Reisesaison aussehen, fragte ich mich, zu einer Zeit, in der niemand herkommt? Was für ein Frieden mochte den Wächtergottheiten, den schönen Engeln, den sich in Menschen verwandelnden Drachen, den hoheitlichen Geistern in jener Zeit beschert sein? Wie ausgelassen mochten sie in den Gewässern und Wäldern herumtollen? Welchen Spaß und welches Gelächter mochten sie zusammen genießen? Und wie sehr mochten sie über die Schwächen und Zerbrechlichkeit der Menschen spotten und staunen?

Als ich endlich wieder unten ankam, hatte sich bereits tiefes Zwielicht über die Welt ausgebreitet. Ich war zu zittrig und erschöpft, um mich noch lange nach einem guten Restaurant umzuschauen, doch schließlich hatte ich noch die Vermicelli vom Nachmittag, nach deren Verzehr ich früh zu Bett gehen konnte. Als ich um die Ecke ging und Kurs auf mein Zimmer nahm, schenkte ein Ladenstand, der meinem Eindruck zufolge am Nachmittag Softdrinks verkauft hatte, nun offenbar (illegal) härteren Stoff aus, denn zwei Männer mit geröteten Gesichtern hingen schräg in den Sesseln und nippten an alten Pepsiflaschen.

Unmittelbar darauf hörte ich, wie die Mannschaft aus meinem Bus – Ko Tu, der alte Mann und Paw Paw – laut nach mir riefen. »Bist du endlich zurück, Tantchen? Wie war es, bist du ganz oben gewesen? Hast du schon gegessen?«

Es handelte sich um ganz normale Begrüßungsrufe, doch ich war mir dessen bewusst, dass es sich gleichzeitig um verschlüsselte Nachrichten an alle beschwipsten Männer in der Umgebung handelte, welche besagten, dass ich zwar den Anschein einer allein reisenden Frau erweckte, dies jedoch keinesfalls war.

Da ich aufmerksam von unseren Männern behütet wurde, warf ich ihnen einen dankbaren Blick zu und verschwand nach einigen freundlichen Grußworten in meinem Zimmer. Dort spülte ich meine Mahlzeit mithilfe einer Tasse Suppe hinunter und fiel anschließend ins Bett. Ich fühlte mich viel zu müde, um zu schlafen. Als ich gerade einzunicken begann, hörte ich, wie die kleine alte Dame nebenan den anderen erzählte, dass sie beim Aufstieg am Rande der Erschöpfung gestanden habe, doch dass ein nettes und sehr gut aussehendes Paar ihr geholfen hatte, bis ganz nach oben zu gelangen, indem beide ihr links und rechts unter die Achselhöhlen gepackt und sie nach oben gestützt hatten. Die beiden waren äußerst elegant gekleidet, ungeheuer höflich, von einem wundervollen Parfümhauch umgeben, und auf der obersten Terrasse waren sie urplötzlich verschwunden, sodass sie ihnen noch nicht einmal richtig hatte danken können. Die Zuhörenden stießen verwunderte Rufe aus und beteuerten, dass es sich gewiss um das Geschwisterpaar der Wächtergottheiten gehandelt habe, sie hätten viele solche Geschichten bereits früher gehört …

Ich hätte doch auf allen vieren hinaufkriechen sollen, dachte ich verbittert, vielleicht hätten die beiden ja auch mir nach oben geholfen … vielleicht hätte ich eine Chance gehabt, mit ihnen zu sprechen … ihnen Goldstücke abschwatzen können, statt mich wie jetzt gerädert und halb tot zu fühlen, nach 600 Stufen bergauf und 600 Stufen bergab.

Zweiter Tag

Marktstände und Meditation

Bereits um vier Uhr morgens schienen alle auf den Beinen und auf den Tag vorbereitet zu sein, denn allenthalben erklangen Rufe nach dem Frühstück. Ich mühte mich aus den Falten des Moskitonetzes und fühlte mich betäubt durch die unerwarteten Ausführungen einer Person, die zu einem Zeitpunkt, den ich als Mitte der Nacht empfand, von Nudeln sprach. Nein, die Morgendämmerung war tatsächlich bereits hereingebrochen. Die ganze Nacht über waren die fluoreszierenden Glühbirnen nicht erloschen und hatten mit ihrem hellen Schimmern mein Zeitgefühl durcheinandergebracht. Es war die Zeit der Morgendämmerung, und für Pilger war es nichts weniger als ein Sakrileg, über diesen Zeitpunkt hinaus zu schlafen.

Ich packte meine Zahnbürste und trat hinaus zum weniger als einen Meter von der Tür entfernten Flussufer. Meine Zähne klapperten vor Kälte, und ich sah, dass sich bereits viele Menschen am gurgelnden Wasserlauf wuschen. Niemals zuvor hatte ich einen solch mitteilsamen und schnell fließenden Fluss erlebt. Obwohl ich nicht mit vielen Wasserläufen auf vertrautem Fuße stand, war mir klar, dass dieser Fluss namens Mann-chaung fröhlich und laut war. Er schien zu springen und zu hüpfen, sodass er meinem Empfinden nach wie eine glückselige lebendige Einheit wirkte. Ich überquerte die an ein Trampolin erinnernde Brücke, um zu den Klos zu gelangen, wo ich an einem Ladentisch zwei Kyats zu entrichten hatte. Die Klos befanden sich erhöht in schrägem Gelände und waren sehr sauber.

Badevergnügen im Fluss Mann

Um 4.30 Uhr war ich bereit, meine Mahlzeit zu mir zu nehmen. Überall ringsum herrschte reger Betrieb. Kinder rannten herum, und Frauen schürten Feuer unter großen dampfenden Kesseln. Familien gingen mit großen Krügen zu ihnen, um heißes Wasser einzukaufen, doch als ich den Inhalt meiner kleinen Tasse bezahlen wollte, wurde mir mit einem Lächeln kundgetan, dass ich weitergehen solle. Ich löste den Inhalt zweier Päckchen löslichen Kaffees auf und begab mich nach draußen, um nach etwas Essbarem zu stöbern. Frauen und Mädchen liefen an mir vorbei, bereits frisch und säuberlich mit *Thanakha* geschminkt und hübsche Blüten ins Haar geflochten. Sie alle trugen auf ihren Tellern eine fast identische Zusammenstellung von Kuchen, die mit zierlichen Papierfähnchen verziert waren, und sie schienen sehr zweckgerichtet unterwegs zu sein.

Ich bog um eine Ecke und war nicht im Geringsten überrascht zu sehen, dass ein Teil des Plankenweges mit Tellern in derselben Zusammenstellung bedeckt war. Sie wurden den Pilgern zum Verkauf angeboten, damit sie den Bildnissen in der Pagode an diesem frühen Morgen ein Frühstück opfern konnten.

»Willst du ein *Ar-yone-soon* (ein Frühstücksopfer an Schreinen oder für Mönche) mit in die Pagode nehmen?«, rief mir eine Verkäuferin, die höchstens Mitte zwanzig war, zu. Ich bedachte ihren Zuruf mit einem frommen und freundlichen Lächeln, doch ich schüttelte den Kopf, denn selbstsüchtig, wie ich nun einmal bin, machte ich mir mehr Gedanken um mein eigenes Frühstück ... und der Gedanke an 600 Stufen war um 4.30 Uhr eher abschreckend.

Außerdem war ich oben gewesen, hatte es geschafft.

An den tragbaren Essständen, die aus einem Holzrahmen konstruiert und mit einem kleinen Ofen, einem Kochtopf sowie einem Korb mit Tellern und Schüsseln ausgerüstet waren, herrschte bereits reger Betrieb. In dichten Wolken stieg Dampf aus den Töpfen. Ich nahm an dem Verkaufsstand Platz, der die Nudelsuppe aus dem Plastikbeutel anbot, doch angesichts der eisigen Kälte beschloss ich, auf den die Zähne angreifenden Zitrusfrüchte-Salat, der gestern ausverkauft war, zu verzichten. Die Suppe war so heiß, dass der erste gierige Schluck mir fast die Zunge verbrannte, und ich hatte das Gefühl, dass sie noch kochte, als sie meine Speiseröhre hinabfloss. Als Beilage wählte ich ein hart gekochtes Entenei, das ich mir in die Suppe schneiden ließ, die bereits mit vielen Korianderblättern, Hühnerfleischstreifen, Fischbällchen und schmackhaften zähen Trockenpilzen, welche die Kinder Mäuseohren nannten, angereichert war. Ich blies in die Suppe und plauderte mit dem Verkäufer. Er war dünn und drahtig und erweckte den Anschein, in den ausklingenden Teenagerjahren zu sein. Er stammte aus einem Dorf in der Nähe.

»Wir kommen jedes Jahr für die drei Monate des Pagodenfestes her, Tante. In der restlichen Jahreszeit betreiben wir Landwirtschaft. Wir, das sind meine Eltern, ich und meine kleine Schwester ... Sie ist hier übrigens irgendwo unterwegs und verkauft gedämpften Klebreis. Mama kocht für uns und Papa nimmt Gelegenheitsarbeiten an ... diese Hütten dort aufbauen, Bambus schneiden ... Am Ende der Saison haben wir alle zusammen rund 20 000 Kyat verdient, das ist nicht schlecht, nicht wahr?«

Das waren rund 200 Euro. Ich zahlte zehn Cent für meine Suppe.

Junge Mädchen spazierten mit großen Körben auf dem Kopf umher und riefen mit schrillen Kinderstimmen: »Kleb-reis!« oder »Kochbohnen!« Die Schlusssilben vibrierten auf und nieder, bevor sie ihre Rufe ausklingen ließen.

Ich kaufte für fünf Kyat schwarzen Klebreis, der von etwas zäherer Konsistenz und deshalb geschmackvoller als der weiße Reis ist. Diese Handvoll Reis dampfte in einem schimmernden grünen Blatt, und der weiße Saum aus geraspelter Kokosnuss wirkte im Kontrast zum satten Braunrot der langen Körner äußerst elegant.

Nach der Mahlzeit warf ich das Blatt in einen riesigen Bambuskorb, der nur einer von vielen war, die ringsum als Abfallbehälter platziert waren. In der Nähe des Wassers sah ich leere Ölfässer mit einer Aufschrift, die den Appell verkündete, die Essensreste in sie zu leeren und die als Unterlagen dienenden Blätter abzuspülen, bevor sie in den Fluss geworfen wurden.

Meine Nachbarn gingen in dicht gedrängter Staffelung an mir vorbei, und nur der Junge Mann latschte einige Schritte hinter ihnen her. Alle schielten mich misstrauisch an, während sie lächelnd grüßten. Der JM wirkte lammfromm – oder besser gesagt: Er erinnerte an einen umsichtigen Schäferhund, der einige Mutterschafe zum Markt treibt. Die Anzahl der Frauen und seine stille Gegenwart verschafften ihnen allen in den Augen der Gesellschaft den Stempel der Sittsamkeit. Ich wusste, dass sie mich sonderbar fanden, wenn nicht gar unverblümt skandalös, da ich allein unterwegs war. Nach einer raschen Überprüfung der meisten Frauen meiner Altersklasse fand ich zu dem Schluss, dass mich mein kurzes Haar und der rote Lippenstift in das Licht der Liederlichkeit rückten, wenn nicht gar in einen schlimmeren Ruf. Ich nahm von jeglicher Hoffnung, wie eine richtige Pilgerin wirken zu können, Abstand. Zum Glück gaben mir wenigstens meine dicken Brillengläser ein etwas solideres Aussehen.

Die Wärme der Suppe war verflogen, als ich zurück in mein Zimmer kam, und der Kaffee war kalt wie Stein, doch ich fühlte mich behaglich und schlüpfte noch einmal unter die Decke, wo ich die Situation genoss, mich in einem duftenden Bambusraum zu befinden und Aufzeichnungen in mein Notizbuch zu schreiben. Um sechs Uhr war es hell, sodass die fluoreszierenden Glühbirnen endlich ausgeschaltet werden konnten. Ich nahm mir nun den Unteren Fußabdruck (Auq Settawya) zum Ziel, der sich auf der anderen Seite des Flusses befand. Erwartungsvoll eilte ich über die mit Bambusmatten bedeckte Brücke.

Die Untere Settawya-Pagode war von einer ausgedehnten Terrasse umgeben. Hohe Säulen waren bis zum Dach hinauf mit äußerst dekorativen Stücken Buntglas verziert. Das Dach selbst wies die erforderliche siebenstufige Schichtung auf. Ein Junge saß mit dem Rücken an eine Säule gelehnt und wackelte mit seinem gekrümmten Knie, während er vor sich hin sang. Er hatte offensichtlich die Aufgabe, die kleinen Tierfiguren aus Ton zu verkaufen, die vor ihm aufgereiht waren. Darunter waren Hähne, Schildkröten, Fische und Kühe, die mit Rechtecken und Schnörkeln in Blau, Meergrün, Orange und hellem Lila bemalt waren. Die Tiere erweckten den Anschein, schon im nächsten Augenblick über die weite Bodenfläche davonstürmen zu wollen. Ich kaufte mehrere von ihnen für etwa zehn Cents. Auch in dieser Pagode befand sich der Große Fußabdruck hinter Gittern, und auch hier blieb er hinter auf dem Wasser treibenden Geldscheinen und Blüten verborgen.

Auf dem Rückweg schritt ich die Reihen der Verkaufsstände ab. Der Gang war breit und hoch. Die Verkäufer hatten
Schnüre an die Bambussparren gebunden, um Dinge aus ihrem
Angebot daran aufzuhängen. Über meinem Kopf und rings um
ihn herum baumelten Taschen und meterlanges Nylonmate-
rial, die meinen Nacken streiften. Ich versuchte zu vermeiden,
dass mir die Kanten großer Taschen aus Segeltuch in die Augen
schnitten, und rannte deshalb frontal in andere Leute hinein,
die ebenfalls darum bemüht waren, den Gegenständen auszu-
weichen – doch niemand beschwerte sich.

Jeder fünfte Stand schien Sandalen zu verkaufen, und zwar
in erster Linie solche mit flachen Sohlen und dünnen Riemen.
Es waren alle Farben und Formen vertreten, welche die Verwendung von Plastik gestattet. Solche Sandalen waren die denkbar
angenehmste Fußbekleidung. Es war eine schwere Auswahl, zumindest für mich, denn die im Augenblick populärste Marke
war *Yinmar*, und es gelang mir einfach nicht, eine Alternative
aufzuspüren. Meine Urgroßmutter, eine Dienerin am Hofe des
letzten Königs, hatte ein Lehen über das Dorf Yinmar erhalten,
und so wurde dieser Name fest mit dem ihren verknüpft – sie
hieß Yinmar Khin Lay. Die weit verbreiteten höflichen Präfixe
Daw für Frauen und *U* für Männer wurden nicht für Menschen
mit königlichem Blut verwendet.

Obwohl meine Mutter durchaus moderne westliche An-
sichten vertrat, hatte sie mir strikt verboten, die Marke *Yinmar* zu tragen, denn es hätte bedeutet, Urgroßmutters Namen
mit meinen Füßen zu treten, was eine extreme Beleidigung der
Vorfahrin dargestellt hätte, wenngleich *Yinmar* nur der Name
eines blühenden Baumes ist, den jeder für sich nutzen darf. Ich
wollte es nicht darauf ankommen lassen, dass meine grimmige
Mutter aus dem Grab sprang, um mir Ohrfeigen zu versetzen,
weil ich ungehorsam war, und so suchte ich erbittert nach einer
anderen Marke, die ich jedoch erst nach etlichen Reihen auf-
trieb.

Die Marke hieß *The Diamond Machete* – fürwahr ein guter

Name für Sandalen. Ich erwarb ein weißes Paar, das hell und kühl wirkte und mir fast bis zum Ende der Reise beste Dienste leistete, bevor ich sie in Mandalay durch mit Boshaftigkeit vermischter Nachlässigkeit verlor. Ich zahlte rund einen Euro für das Paar.

Die Luft war noch frostig, doch die Sonne zeigte sich bereits in einem blassen Gold und war sehr hell, sodass ich mich wie unter tausend Lichtern fühlte. Mit nunmehr geschützten Fußsohlen war ich erpicht auf ein weiteres Tauchbad, und so brach ich mit unter den Armen verschnürtem *Longyi*, einem kleinen über die Schultern geworfenen Handtuch und der angefallenen Schmutzwäsche zu einem hölzernen Steg in der Nähe der Brücke auf, der mir stabil genug zum Waschen erschien.

Die beiden Mädchen aus dem Bus, die sich über ihre Sitzplätze aufgeregt hatten, waren bereits damit beschäftigt, ihre Wäsche zu waschen. Sie hockten plaudernd auf ihren Fersen und hatten sich große Handtücher um die Schultern gewickelt. Eine in dieser Aufmachung öffentlich badende Frau ist in Myanmar ein vollkommen schicklicher Anblick.

Die beiden lächelten mir zu und machten mir Platz. Sie waren halbblütige Chinesinnen und seit den Grundschuljahren eng miteinander befreundet. Junn arbeitete seit sieben Jahren in Hongkong und war nun zum ersten Mal zurück auf Heimatbesuch. Sie bereiste das Land zusammen mit Aye, die nach wie vor in der Kleinstadt Zentral-Myanmars lebte, in der beide aufgewachsen waren, wo sie ein Restaurant führte, das ihrem Vater gehörte. Diese Sachverhalte erfuhr ich jedoch erst später, als wir uns angefreundet hatten. Hier bewahrten sie eine gesellige Stille.

Junn hatte dickes gepflegtes Haar, das ihr bis auf die Schultern reichte und bläulichschwarz in der Sonne schimmerte. Ihre hohe schlanke Nase verlieh ihr das Aussehen einer aristokratischen Japanerin. Sie hatte große dunkle Augen unter kräftigen Brauen und außerordentlich hübsche Lippen. Ihre

Gesichtshaut war fast so durchschimmernd wie Porzellan. Später erfuhr ich, dass sie abends nach den Bürostunden von Tür zu Tür zog und Hautpflegeprodukte verkaufte. Es hätte mich nicht überrascht, zu hören, dass sie alle ihre Fläschchen und Tuben allein aufgrund ihres Teints an die Frau brachte, obwohl ihre zarte Haut nicht im Geringsten auf ihr Sortiment zurückzuführen war.

Aye hatte lockiges brünettes Haar, das ihr rundes Gesicht in Strähnen umrahmte und geringelt bis zu ihren Hüften hinabfiel. Durch ihre hellbraunen Augen, mit denen sie fragend wie ein unschuldiges Kind in die Welt schaute, wirkte sie wesentlich introvertierter und scheuer als Junn.

Beide waren äußerst hübsch, doch Junn hatte ein sachliches und zweckorientiertes Auftreten, das sie weniger attraktiv erscheinen ließ als die sanfte Aye. Beide waren Ende zwanzig und noch keinesfalls erpicht darauf, zu heiraten … eingedenk der weit verbreiteten myanmarischen Auffassung: Warum sollte man sich unnötige Probleme aufhalsen? Obwohl sie nur zur Hälfte ethnische Burmesinnen waren, hatte ihr Heranwachsen in Myanmar sie so geprägt – besonders Aye. Ihre Vorstellungen von Zuneigung, Freundschaft und Heirat unterschieden sich in keiner Weise von denen anderer myanmarischer Frauen ihres Alters – sie waren Mädchen, die konservativ dachten und die traditionellen Werte nicht entgleiten lassen wollten. Selbst Junn, die bereits so lange in einer westlich geprägten Gesellschaft lebte, bekannte sich wieder zu den Anstandsformen, die in Einklang mit ihrer Erziehung standen.

Ich ließ meine Sachen auf dem Steg liegen und glitt ins Wasser, das mir doppelt so kalt erschien wie am Vortag. Die Strömung drückte mich in die Richtung der Brücke, wo Menschen, die badeten und sich ausgelassen mit Wasser bespritzten, Gischt und Tröpfchen ins Sonnenlicht beförderten, das in einem Spektrum unzähliger Farben zerbrach, wenn die flüssigen Partikel zurück in den Fluß rieselten. Ich liebte die Art und Weise, in der die Form der fallenden Wassertropfen beständig durch den Luftdruck verändert wurde, und hätte den ganzen Tag zuschauen können, so wie ich es als Kind oft getan hatte.

Nachdem ich mich angekleidet und mit *Thanakha* geschminkt hatte, verließ ich hungrig mein Zimmer und begab mich zu dem Ort, an dem unsere Mannschaft auf dem Boden kauerte und unser Mittagessen vorbereitete. Ko Tu zerhackte gerade ein großes Huhn. Mit heftigen Hieben ließ er seine Machete durch die Luft sausen und machte dabei einen zunehmend erschöpften Eindruck.

»Dieser verdammte Vogel ist älter als mein Großvater«, murmelte er vor sich hin. Seine Arme waren bis zu den Ellenbogen rot vor Blut, und auch sein Hemd war bespritzt. Er sah wie jemand aus einem Kriminalfilm aus. Der alte Mann, der fast die siebzig erreicht hatte und einen noch sehr agilen Eindruck erweckte, neigte sich über Töpfe, die auf mehreren offenen Feuern standen. Er sprang von einem Topf zum anderen und rührte mit einer langstieligen Kelle in ihnen herum. Daw Saw saß ein wenig abseits vor einem runden Bambustablett und zupfte zwischen den Blättern eines kolossalen Büschels Roselle.

Das derart eng verbundene Gemeinschaftsverhalten, einander eine helfende Hand zu reichen, ist ein unverbrüchlicher Bestandteil des myanmarischen Lebens. Ich nahm Platz um mitzuhelfen und pflückte die sattgrünen Blätter von den dunkelroten Stängeln der Gemüsepflanze. Das sehr saure Roselle ist ein populäres und preiswertes Gemüse, das mit fettem Fleisch vermischt zu einer Suppe gekocht oder einfach nur mit kleinen Shrimps versetzt gebraten wird, bis es nahezu trocken ist.

Eine von Daw Saws Nichten streckte den Kopf aus der Tür ihres Zimmers und kam heraus, um uns Gesellschaft zu leisten. Die anderen Mitreisenden waren noch damit beschäftigt, sich nach dem Bad anzukleiden.

Mit ein wenig Nachdruck kitzelte ich Daw Saws Geschichte aus ihr heraus. Sie hatte zwei Söhne, von denen einer ein Textilgeschäft auf dem Großhandelsmarkt *Mingalar* (Glück verheißend) betrieb. Der jüngere Sohn fuhr zur See und hatte gespart, um der Mutter ein Apartment und ein Auto zu kaufen, das sie als Taxi verlieh. Seeleute erzielten in den sozialistischen Tagen ein hohes Einkommen und galten als gute Partien. Nein, sie würde nicht selbst in diesem Auto herumfahren, sie könne sich doch nicht mit solch affektiertem Gehabe in der Öffentlichkeit produzieren, nicht wahr? Ein Bus sei gut genug für sie, um zum Meditationszentrum zu fahren, das sie jeden Tag besuche, man müsse nur die Stoßzeiten vermeiden. Sie könne ihr Essen dorthin mitnehmen und zusammen mit den anderen Schülerinnen zu Mittag essen. Die unterweisenden Mönche seien äußerst streng und ließen ihre Schützlinge stundenlang meditieren, doch allen Kursteilnehmern stünden bestimmte Zeitperioden für Diskussionen mit dem Abt zu – ein Test, so hieß es, um die Fortschritte zu überprüfen und zu kontrollieren, ob die Auszubildenden die Lehrinhalte korrekt umsetzten.

»Korrekt? Was heißt das?«, fragte ich unverzüglich.

»Nun, du weißt doch sicher, dass man sich zunächst einmal konzentrieren muss … und zwar darauf, wie der Atem durch die Nasenlöcher streicht, beim Einatmen und beim Ausatmen, hinein und hinaus, nicht wahr?«

Ich nickte weise.

»Wenn du das befolgst, beginnt deine innerste Seele zu wandern, und du musst versuchen, sie in deiner Nase zu sammeln.«

»Oh, natürlich.«

»Nach einer Weile verspürst du einen stechenden Schmerz, der jedoch nicht auf die Starrheit zurückzuführen ist … es ist ein Schmerz, der aus dem eigenen Organismus kommt.«

»Schmerz?«

»Nun, das alles musst du mit dem Abt diskutieren.«

Ich erwartete, dass sie auf Aspirin, Einreibemittel und vielleicht sogar Physiotherapie zu sprechen kam.

»Du konzentrierst dich auf den Schmerz und sagst zu dir

selbst ›Das ist der Schmerz, das ist der Schmerz‹, und dann geht er weg. Dasselbe trifft zu, wenn es zu jucken anfängt ... Du hast das Gefühl, dass Ameisen über deinen Körper kriechen, dass überall auf dir Läuse sind, und du spürst dieses Jucken und darfst dich nicht bewegen, verstehst du?«

Nichts drängte mich, es zu verstehen.

Später erfuhr ich, dass diese Meditationstechnik auf der kontinuierlichen Konzentration auf jede Bewegung des Körpers und jede Änderung des Geisteszustandes basiert, sodass man sich daran gewöhnt, sich stets seiner Handlungen und Gedanken bewusst zu sein. Auf diese Weise ist man sich bereits bei ihrem Aufkeimen vollkommen über seine Emotionen bewusst, und mit diesem Bewusstsein ist man in der Lage, diese zu kontrollieren – Emotionen wie Ärger, Verletzung, Kränkung, Eifersucht oder Begierde. Diese Meditationsform »löscht die Feuer des Leidens«, und in einer Welt, in der man das Schicksal nicht zu kontrollieren vermag, kann man zumindest kontrollieren, wie man auf das Schicksal zu reagieren hat.

Diese Technik heißt *Vipassana*-Meditation. In den verschiedenen Klöstern entstehen auf sprunghafte Weise neue Zentren, die von Menschen aller Altersstufen und sozialen Klassen besucht werden, und manche junge Leute verbringen dort sogar ihre gesamten Sommerferien. Gegen ein geringes Entgelt erhalten sie Unterkunft und Verpflegung. Für Ausländer, die meditieren oder dem Orden beitreten wollen, gibt es spezielle Zentren mit Englisch sprechenden Mönchen, und sie können ein spezielles Visum beantragen, das sie zu einem längerfristigen Aufenthalt berechtigt.

Ich erfuhr, dass sich mehr Frauen als Männer der Meditation zuwenden. Obwohl Frauen in meinem Heimatland im Ausbildungswesen und im Handel gleiche Chancen haben, gibt es noch viele soziale Barrieren, die es mitunter frustrierend machen, als Frau geboren zu sein. Wenn Frustration und das Leiden, das aus ihr entsteht, durch Meditation mehr oder weniger kontrolliert werden können, so muss ich eingestehen, dass dies eine wunderbare Sache ist, doch ich tendiere eher zu anderen Mitteln, um die Ursachen der Frustration zu reduzieren. Die meisten myanmarischen Frauen aber würden befürchten, durch die von mir bevorzugten Mittel ihren Ruf, an den sie sich heftig klammern, zu schädigen. Ich selbst habe längst von allen fadenscheinigen Gründen, die mir Sorgen um meinen Ruf bescheren, Abstand genommen.

Sich mit dem Schicksal abzufinden heißt nicht, in etwas einzuwilligen, sondern sich in etwas zu fügen. Wichtig ist, die Kontrolle über das Schicksal zu gewinnen. Wie viele aggressive Menschen des Westens, die behaupten, ihr Leben hinsichtlich Berühmtheit, Reichtum oder Macht unter Kontrolle zu haben, brechen zusammen, sobald die ersten Anzeichen auftreten, womöglich etwas davon verlieren zu können? Das Leben will es nun einmal so, dass man mitunter etwas verliert. Alle Dinge verändern sich, es gibt keine Beständigkeit. Die Meditation lehrt, wie man diese Erkenntnis in seine Entwicklung einbezieht, und will keinesfalls, dass man sich von der Welt zurückzieht und unfähig ist, sich der Realität zu stellen. Sie lehrt, wie man sich der Realität stellen soll. Habe ich vielleicht etwas verpasst?

Nach einer Weile sagte Daw Saw mit einem leichten Stocken in der Stimme, dass sie seit sieben Jahren und drei Monaten verwitwet sei. Offenbar hatte sie eine großartige Ehe geführt.

Ich beschloss, ihr meine Geschichte nicht zu erzählen, da sie im Augenblick ohnehin wesentlich weniger wissbegierig als gewöhnlich zu sein schien. Jede Erwähnung einer Scheidung hätte ihre gegenwärtige Ruhe erschüttert (so dachte ich), obwohl sie mir zu der Sorte Frauen zu gehören schien, die eher Verständnis als Ablehnung dafür aufbringen. Doch ganz bestimmt durfte ich ihr nicht erzählen, dass ich ein erwachsenes adoptiertes Kind hatte, in enger Freundschaft mit meinem ehemaligen Ehemann, dessen süßer Frau und deren Kind Yom (der mein Patensohn ist) verbunden war und freundliche Beziehungen zu meinen ehemaligen Schwiegereltern und den jetzigen Schwiegereltern meines Exmannes unterhielt – und dass ich, o Horror, einen Freund hatte! In meinem Alter! Dies alles sind keine empfehlenswerten Themen für eine Unterhaltung, zumindest nicht im Rahmen eines Pagodenfestes im schicklichen Zentral-Myanmar. Herzliche Beziehungen zu jemandes Ex sind entschieden kein *de-rigueur*-Verhalten.

Ich lächelte traurig, so als leide ich unter der Last unglücklicher Erinnerungen, die zu tragisch waren, um darüber zu berichten, und hielt den Mund.

Daw Saws andere Nichten kamen nach draußen, um bei der Arbeit mitzuhelfen. Sie plauderten über die Geschäfte, den schönsten Batik-*Longyi*, das Essen und die Geister. Als wir so mit rührigen Handgriffen zusammensaßen, dachte ich an die stillen Vorschriften des Dorfes, von denen ich einst gelesen hatte: Bei speziellen Anlässen in jemandes Haushalt sind alle Dorfbewohner mehr oder weniger verpflichtet, bei den Vorbereitungen wie beispielsweise dem Sammeln von Feuerholz und dem Kochen mitzuhelfen, denn das Dorf ist eine große, freiwillig zusammenarbeitende Gemeinde, die sich kaum von einer Familie unterscheidet. In diesem Sinne wurden auch Daw Saws Nachbarinnen als ihre »Nichten« bezeichnet.

Vor dem Mittagessen kaute ich einige getrocknete Bananen. Die Töpfe standen auf dem Boden aufgereiht, und Ko Tu, der Chefkoch und Paw Paw wachten über sie. Während die anderen Mitreisenden noch damit beschäftigt waren, Wasser zum Händewaschen zu holen, von zu Hause mitgebrachte Speisen aus den Taschen zu kramen oder Familienangehörige zu rufen, stand ich, als der Aufruf zum Essen ertönte, als Erste mit Teller, Tasse und Löffel bereit. (Ich war fortan bei jedem Essen die Erste.)

Ko Tu häufte Reis auf meinen Teller, den ich zu seiner Betroffenheit zu drei Vierteln wieder in den Topf zurückschob.

»Ich bin eine bescheidene Esserin«, versicherte ich ihm flugs. Seine Miene verkündete Tod durch Verhungern des Pilgers, schlechte Reklame für das Unternehmen und Zusammenbruch seines Geschäfts.

Paw Paw, ein sympathischer Kachin-Junge mit offenem Gesichtsausdruck, löffelte heiße Roselle-Suppe in meine Tasse. Dem Chefkoch fiel die wichtigste Aufgabe zu, denn er sorgte … leider … für die Verteilung des Hühnercurrys. Sorgfältig stocherte er im Topf herum, um für mich weißes Fleisch und Leber zu finden, die als die besten Teile gelten. Ich lächelte milde und wagte nicht zu sagen, dass ich beides verabscheue, denn ich hätte ihn damit zu sehr bekümmert. Ich hatte das Gefühl, dass sich die Männer für mich verantwortlich fühlten – verantwortlich für die Einsame Frau, die womöglich für eine Weile das Weite vor einem grausamen Ehemann suchte, das arme Ding. Aus diesem Grund bekam ich immer die besten Stücke des Essens zugeschoben.

Ich aß mit üblicher Hast und war längst fertig, als die anderen sich noch ihre Mahlzeit schmecken ließen. Da es zu weit gegangen wäre, mir selbst eine Zigarette anzuzünden, setzte ich mich unterhalb des Jungen Mannes, der sitzend rauchte und bislang noch nichts gegessen hatte, in den Wind, um den an mir vorbeiziehenden Rauch sozusagen aus zweiter Hand zu inhalieren. Eines der Mädchen aus Daw Saws Nachbarschaft, das kecker als die anderen wirkte, begann, neckische Bemerkungen über ihn zu machen, um seine Aufmerksamkeit auf sich zu ziehen. Wenn ich Glück hatte, so dachte ich, könnte ich Zeugin eines schicklichen Werberituals werden, doch dann bemerkte ich, dass der Junge Mann ein anderes Mädchen aus jener Gruppe, das sehr still wirkte und weiche große Augen hatte, mit scheuen Blicken bedachte.

Ich verbrachte den Nachmittag vor der Tür, schaute mir das Treiben rings um mich herum an und plauderte mit dem Fahrer und den Schaffnern, die vor dem Zimmer nebenan saßen, das sich die gesamte Mannschaft teilte. Durch taktvolle Fragen, die ungeschliffener und direkter wurden, nachdem ich realisiert hatte, dass Taktgefühl keine Unterschiede bewirkte, erfuhr ich, dass der Fahrer 500 Kyat am Tag (rund 4,50 Euro), der Chefkoch 250 Kyat und die Schaffner jeweils 150 Kyat verdienten.

Paw Paw erzielte ein Einkommen von 6000 Kyat (rund 50 Euro) im Monat. Die Zähne aller dieser Männer waren vom Betelgenuss dunkelbraun gefärbt, und stets färbte der Betelsaft ihre Lippen so rot, dass sie blutend aussahen.

Ko Tu wartete auf Neuigkeiten über sein Erstgeborenes. Jeden Augenblick konnte eine Nachricht aus Yangon eintreffen. Dies spendete uns viel Stoff für Unterhaltungen, und wir tauschten feurige Argumente aus, welches Geschlecht zu bevorzugen sei. Ko Tu gab vor, dass er sich darüber wenig Gedanken mache. »Egal, ob es ein Junge oder ein Mädchen ist, ich werde das Kind lieben«, sagte er. Und dann fügte er leise und sehnsüchtig hinzu: »Aber es wäre schön, wenn es ein Junge wäre.« Wir anderen hatten mehrheitlich für ein Mädchen votiert. Alle hatten Ko Tu längst ins Herz geschlossen, denn er war höflich und gutmütig, obwohl er auf den ersten Blick den Anschein erweckte, aufdringlich und großspurig zu sein.

Paw Paw schlurfte zu uns herüber und informierte uns, dass es in der chinesischen Grenzstadt Ruili sehr kalt sein könne. »Die Frauen tragen dort spezielle Kohlepfannen mit sich herum, um sich die Hände zu wärmen«, sagte er. Im Stillen kalkulierte ich meine finanzielle Situation und dachte darüber nach, mir zumindest einen solchen Handofen zu kaufen, wenn ich mir die Anschaffung wärmerer Kleidung nicht leisten konnte.

Das Abendessen wurde an diesem Tag zur üblichen Zeit aufgetischt, also um 17.30 Uhr. Es gab dickes Gemüse, gewürzte Linsensuppe und dazu Fischbällchen, die in einer ausgezeichneten Soße auf Tomatenbasis gekocht waren.

Am Abend trafen mädchenhaft wirkende Hausiererinnen ein, welche die Mannschaft nebenan besuchten. Offenbar waren sie alte Freunde. Viele witzige Anspielungen und vergnügtes Gekreische drangen an unsere Ohren, doch soweit ich und alle anderen im Block mithören konnten, kam es zu keinem richtigen Techtelmechtel. Die wackligen Böden hätten eine leidenschaftliche Begegnung wohl ohnehin nicht ausgehalten.

Dritter Tag

Eine Drachenhöhle und das Affenland

Um drei Uhr standen wir auf, da wir um vier Uhr unterwegs sein wollten.

Da ich abgesehen von den Plastiksandalen und dem Sonnenhut nichts eingekauft hatte, warf ich meine Taschen aufs Dachgestell und kletterte in den Bus. Ich hatte gedacht, die Erste an Bord zu sein, doch viele andere waren schon vor mir da: Der Gang war jetzt nicht nur mit den ursprünglichen Gepäckstücken blockiert, sondern zusätzlich mit vielen Scheiten *Thanakha*-Holz, welche sicherstellten, dass unsere Einäscherung, sollten wir bei einem Brand in der Falle sitzen, von wundervollen Wohlgerüchen begleitet sein würde.

Außerdem bemerkte ich, dass wir uns keine Sorgen um unsere Verpflegung machen mussten, falls unser Fahrzeug hoch oben in den Bergen irgendwo liegen bleiben sollte, denn im Gang lagen zahlreiche Bündel getrocknete Bambusschösslinge, die in große Blätter gewickelt waren, welche man mit Schnüren zusammengebunden hatte, von denen einige bereits aufrissen.

Der Bus rumpelte über die Straße zurück, die wir gekommen waren. Die Strecke führte über Berg und Tal. Mitten im Niemandsland hielt der Bus plötzlich an, um auf ein anderes Fahrzeug zu warten, das zu ihm aufschließen sollte. Niemand von den Passagieren konnte erklären, warum das nötig war. Über eine halbe Stunde lang stand der Bus eisern auf der Stelle. Alle Mitreisenden unterhielten sich leise oder kauten Melonenkerne, ohne das geringste Anzeichen von Ungeduld erkennen zu lassen. Ich war beeindruckt; offensichtlich waren alle diese Leute von dem rechtschaffenen Glauben durchtränkt, dass man durch Bewahren der Fassung zur künftigen Erleuchtung gelangt. Quengeleien saßen in meiner Kehle, doch ich schluckte das Warum um alles in der Welt warten wir hier? herunter und versuchte, eine Melodie zu summen.

Schließlich waren wir wieder unterwegs, ohne auch nur die Spur eines aufschließenden Fahrzeugs gesehen oder gehört zu haben. Im silbernen Licht des ersten Morgengrauens fuhren wir flott durch den Ort Sagu, über dessen Holzhäusern, die durch den Anstrich mit vielen Schichten Rohöl längst dunkel geworden waren, noch tiefer Schlummer lastete.

Zu meiner Verwunderung standen ganz in der Nähe der Häuser schneeweiße Stupas und Tempelanlagen. Die Wohnbereiche mussten sich beträchtlich ausgeweitet und letztendlich die Pagoden erreicht haben. Die Kanten der Strohdächer stießen beinahe gegen die Stupas, von denen ich im Vorbeifahren unzählige sah. Da ich daran gewöhnt war, um Pagoden herum ausgedehnte freie Flächen vorzufinden, fand ich es faszinierend, dass diese Menschen hier nur zwei Schritte von einer Pagode entfernt wohnten! Wie schön!

Der Legende zufolge trieben einst zwei blinde Prinzen auf einem Boot den Fluss hinab und wurden an diesem Ort von einer Nymphe, die medizinische Heilkräfte besaß und sich an Bord geschmuggelt hatte, um das Essen mit ihnen zu teilen, zum ersten Mal behandelt. *Sa-gu* bedeutet »Beginn der Behandlung«. Weiter stromabwärts liegt eine Stadt namens *Sa-lin*, was übertragen »Erstes Sehen« heißt – an jenem Ort erhielten die Prinzen ihr Augenlicht zurück. Die beiden ehemals blinden Prinzen waren die legendären Begründer der Dynastie, die über das frühe Königreich Pyu sowie über eine Rasse urzeitlicher Menschen herrschte, die im neunten Jahrhundert urplötzlich auf ungeklärte Weise verschwanden.

Unser Ziel war Kyaung Tawyar, eine Pagode auf der ande-

Popa

ren Seite eines breiten Wasserlaufs, den wir jedoch leider nicht überqueren konnten, weil am Vortag ein schwerer Lastwagen die Brücke beschädigt hatte und diese deshalb gesperrt war. Der Fluss schien sehr seicht zu sein, und auf der weiten flachen Oberfläche des Wassers spiegelte sich der Morgenhimmel. Doch unsere Mannschaft belehrte uns eines Besseren.

Bevor der Bus drehte, stiegen wir alle aus, um uns um unser körperliches Wohlbefinden zu kümmern, während die Sonne in tiefem Gold, das mit einigen lilafarbenen Lichtflecken durchsetzt war, über dem Horizont aufstieg. Ihr Licht berührte die Spitzen der Blätter und verlieh ihnen ein Aussehen, als seien sie in geschmolzenes Kupfer getaucht worden. Einige Bauern, die bereits zu dieser frühen Stunde ihrem Tagewerk nachgingen, zogen mit ihren Ochsenkarren an uns vorbei. Die Tiere waren mächtige Kreaturen – groß, gesund und gepflegt. Als die Ochsen ihre Augen in unsere Richtung rollten, trieben die Bauern sie mit einem Bambusstock an und riefen laut: »Heeyah, hmmp! Schaut, wo ihr hinlauft, ihr Roten!« oder »Hey, yee-ah, legt euch ins Zeug, ihr Blauen!«

Um sieben Uhr hatten wir die Drachenhöhle erreicht, einen konischen Hügel aus grauer Tonerde, in dessen Krateröffnung, die einen Durchmesser von rund zweieinhalb Metern hatte, dicker warmer Matsch blubberte. Um den Erdhügel herum gab es weder Schwefel noch Feuer und auch keinen Lindwurm, dessen langer Hals von einem zackigen Kamm gekrönt wurde und der seinen grün geschuppten Leib durch die Gegend schlängelte. Ich gab die von allen Besuchern erwarteten Aaahs und Ooohs von mir und lenkte meine Gedanken nach Ableistung dieser Pflicht auf das Vorhaben, wieder hinabzusteigen und einen der gerösteten Maiskolben zu kaufen, die ich unten an einigen Verkaufsständen gesehen hatte. Vorsichtig suchte ich mir den Weg über die schlüpfrigen Ziegelstufen nach unten und schaute erst wieder auf, als ich dort angekommen war.

Nur wenige Meter entfernt hatten sich mehrere Reiseteilnehmer aus meiner Gruppe zusammengeschart und starrten gebannt auf etwas, das sich auf dem Boden befand. Höflich drängelte ich mich mit einem leichten Rempeln an dieser und einem sanften Schubs an jener Stelle nach vorn und entdeckte ... ein Baby-Matschloch. Ich war mir recht sicher, dass es sich um den winzigsten Krater der Welt handelte, denn er hatte einen Durchmesser von nur etwa zweieinhalb Zentimetern und ließ ungefähr im Minutenabstand blubbernd grauen Schlamm aufquellen und zerplatzen. Rund um das Loch herum hatte man einen wackeligen Zaun aus Bambusrohren gezogen. »Die Höhle des Drachenbabys!«, hörte ich jemanden über meinem Kopf verkünden. Die Interpretation war durchaus nachvollziehbar.

Wir fuhren weiter nach Minbu und besuchten dort die Setse-Pagode, doch ich kann mich nicht an die winzigste Einzelheit von ihr erinnern – wahrscheinlich war die gesamte Stätte mit gelben Fliesen bedeckt, was mich stets in einen Zustand völliger Apathie und Zurückgezogenheit gleiten lässt. Das Einzige, an was ich mich erinnern kann, sind die weite ruhige Ausdehnung des Ayawaddy, der sich mit einer trägen Windung durch die äußerst flache Ebene quälte, sowie der Horizont, der in bläulichem Dunst verschwand und sich nur vom Himmel, dem Fluss und dem Erdboden abgrenzen ließ.

Wir fuhren durch ein Gebiet, das wie ein viele Kilometer langes trockenes Flussbett aussah, denn an manchen Stellen war die Erde rissig, während sie anderswo unter dicken Staubschichten verborgen lag. Uns stand die nächste Flussüberquerung mit einer Fähre bevor, doch wir hatten Pech: Da die Fähre erst wenige Minuten vor unserer Ankunft abgelegt hatte, mussten wir eine volle Stunde Wartezeit in Kauf nehmen. Weil an diesem Ort einige große Garküchen mit hohen Zimmerdecken den einzigen Schatten spendeten, setzte ein Ansturm auf Verköstigung ein, sobald der Bus zum Stillstand gekommen war. Die meisten von uns bestellten *Mohinga*, eine mit Reisnudeln und Fisch zubereitete Suppe, die unser Nationalgericht ist. Ich habe ein nur durchschnittlich ausgeprägtes Verlangen nach diesem Gericht, doch da ich genau wusste, dass der einzige wahre Ort für den Genuss einer *Mohinga* Yangon ist, versprach ich mir für den Tag nach meiner Rückkehr in die Hauptstadt zwei Schalen auf einmal und bestellte mir Tee mit einigen bauschigen, im schwimmenden Fett gebackenen Teigstangen zum Tunken. Die britische Gepflogenheit »Wärme-den-Kessel-gib-einen-Teelöffel-pro-Tasse-hinein-füge-kochendes-Wasser-hinzu-lasse-fünf-Minuten-ziehen« ist für Burmesen viel zu fantasielos. Bei uns werden Teeblätter stundenlang gekocht, und zwar mit einer Prise Salz, um jeden letzten Tropfen Gerbsäure aus ihnen herauszukitzeln, und vor dem Trinken wird die dunkle Flüssigkeit explosiv mit dicker, süßer Kondensmilch vermischt. Es ist wie ein grandioses Festmahl der Götter, diese Mischung an einem frühen kalten Morgen zu schlürfen und an hineingetunkten knusprig gebackenen Teigstangen zu knabbern. Nebenan sah ich einen Zigarettenladen, in dessen Auslage auch Glasbehälter mit Süßigkeiten standen, die stückweise verkauft wurden. Ich entdeckte Kaffeebonbons und erwarb den gesamten Vorrat – insgesamt sechs Stück.

Auf der Weiterfahrt nach Magwe waren die Mitreisenden fröhlicher Stimmung und schwatzten eifrig miteinander, denn ihr Hunger war gestillt. Zuvor hatte im Bus eine hohle Stille geherrscht. Nachdem ich mich an die Akzente gewöhnt hatte, begannen die Worte von Dawai- und Myeik-Mädchen allmählich Sinn zu ergeben. In diesen Augenblicken wusste ich noch nicht, dass ich ab dem sechsten Reisetag beginnen würde, ihre Akzente nachzuahmen.

Um 10.30 Uhr erreichten wir Magwe, wo wir Ko Tu und einen der Schaffner aussteigen ließen, um die Einkäufe für das Mittagessen zu erledigen, während wir anderen den restlichen Vormittag an der Myathalun-Pagode verbrachten, wo wir auch essen wollten. Magwe war eine Flächenstadt, die in den Sommermonaten vor Hitze flirrte. Die ordentlich angelegten Straßen waren ebenso wie die Bürgersteige penibel sauber gefegt. Ich schlenderte an einem Geschäft vorbei, in dessen Schaufenster mehrere Reihen lederner Cowboystiefel standen. Nur wenige Schritte entfernt entdeckte ich ein Schild mit der Aufschrift *Woodstock Store*. Ich hatte keine Vorstellung, was dort verkauft wurde.

In der Myathalun-Pagode waren bereits mehrere zusammengewürfelte Pilgergruppen anwesend, die mit Bussen und Lastwagen herbeigekarrt worden waren. Manche Gruppen setzten sich aus Dorfverbänden oder religiösen Interessengemeinschaften zusammen, die aus fernen Kleinstädten kamen und für diesen Ausflug einen Bus oder Lastwagen gechartert hatten. Wer sich für die billigsten Lastwagen entschied, musste damit rechnen, zusammengepfercht mit anderen auf der Ladefläche stehen oder draußen an den Seitenplanken hängen zu müssen. Zweifellos aber waren selbst die Böden der Ladeflächen mit *Thanakha*-Holz beschichtet.

Die vier Zugangswege zur Pagode waren mit Geschäften gesäumt, welche die duftenden Zweige verkauften … und schon
wieder strömten meine Reisegefährtinnen dorthin; zu ihrer
Ehre aber sei angemerkt, dass sie auch große Taschen voller getrockneter Pflaumen kauften. Der obere Bereich des Hauptein-
gangs war mit ungefähr vierzig Ölgemälden dekoriert, welche
die Geschichte der Pagode veranschaulichten. Als wichtigste
Gestalten war ein Quartett mythischer Wesen dargestellt (Brüder und Schwestern), und zentrales Objekt der Bilderfolge war
ein unbezahlbares Bettlager, das mit wertvollen Smaragden
ausgestattet war – daher der Name *Mya-tha-lun*, smaragdene
königliche Lagerstatt.

Eines der Bilder zeigte das Haus eines reichen Mannes, der
vermutlich im Zeitalter Buddhas lebte. Dieses Haus war vollständig eingerichtet – mit Eisschrank, elektrischem Ventilator
und allen denkbaren anderen modernen Einrichtungen. Die
Familie saß wie jede normale Familie auf einem Teppich, obwohl an der Wand blaue gepolsterte Sofas standen. Draußen
vor dem Fenster sah man ein rotes Auto, der Größe nach zu
urteilen wohl ein Cadillac.

Ko Tu kam mit den Lebensmitteln herbeigeeilt und begann
zu kochen. Ein Freund in der Stadt hatte ihm die frohe Botschaft übermittelt: Er war Vater einer hübschen Tochter geworden, die am frühen Morgen zur Welt gekommen war. Er
versuchte glücklich auszusehen, doch immer wieder versank er
in Trübsal. Pünktlich um 11.30 Uhr aßen wir zu Mittag. Es gab
gebratenes Huhn und dicke süße Kürbissuppe. Um 12.20 Uhr
waren wir wieder unterwegs und wurden vom Lied »Unterwegs
zum Honeymoon, wie schön« berieselt, das aus den Lautsprechern dröhnte.

Um 13.10 Uhr passierten wir Ye-nan-chaung. Diese Stadt,
»Muffiges-Wasser-Fluss«, war schon seit langer Zeit für ihr
Rohöl berühmt. Die Burmesen hatten es per Hand in Eimern
zutage gefördert, bevor die britischen Kolonialherren die Kosten für die Maschinerie übernahmen. Die Legende berichtet,

dass ein König mit seinen Königinnen durch das Gebiet gezogen sei. Bei den Königinnen handelte es sich um sieben Schwestern, die es versäumten, ihm rechtzeitig ihre Aufwartung zu machen, da sie bei einem Bad in einem natürlichen Fluss mit duftendem Wasser die Zeit vergaßen. Wie es in Legenden von mächtigen Herrschern zu erwarten ist, ließ der König seine Frauen auf der Stelle hinrichten, doch vor ihrem Tod belegten diese den Fluss noch rasch mit dem Fluch, fortan erbärmlich zu stinken. Und das tat er. Er stank nach Petroleum.

Der König verlieh die Erbrechte für die Ausbeutung der Ölfelder an die Nachkommen der sieben Schwestern, deren einzigen Bruder er zur Abrundung der Geschehnisse ebenfalls hinrichten ließ. Nur Töchter können die Quellen der sieben Königinnen erben, nur Söhne diejenige des Bruders. Obwohl die Quellen längst in die Hände des Staates übereignet worden sind, leben die Erben noch, und sie sind stolz auf ihre unglücklichen Vorfahren.

Rollen zuckersüßer Kugeln

Das Landschaftsbild wurde nun von Kokospalmen beherrscht, die kerzengerade wie Wächter auf dem trockenen Land aufragten. Ihr süßlicher Saft wird abgezapft und getrunken. Lässt man ihn stehen, fermentiert er rasch zu einem berauschenden Wein. Auch zu Zucker wird er verkocht.

Aus reiner Neugierde hielten wir an einem Geschäft, das Palmwein verkaufte. Es war eine ramponierte kleine Hütte, die nicht einmal ein dummes kleines Schweinchen für einen sicheren Koben gehalten hätte. In einer anderen Hütte rollte eine Frau eine sahnige Paste, die sie soeben aus dem Palmsaft gekocht hatte, zu kleinen Kügelchen. Sie waren noch warm und weich und schmeckten süßer als Zucker. Die Frau ordnete sie in Reihen auf einem Tablett, um sie im Wind hart werden zu lassen. Zwischen uns liefen so viele schmuddelige kleine Kinder herum, dass wir dachten, sie könnten unmöglich miteinander verwandt sein, doch genau das waren sie – zwölf Kinder dieser Frau und ihres Ehemannes, der wie aus dem Himmel gezaubert vom Baumwipfel einer Kokospalme auf die Erde herabgestiegen kam. Er hatte dort oben die Töpfe gewechselt, die unter den Einschnitten zum Abzapfen des Saftes angebracht waren.

Wir probierten den frischen Saft. Er war dünn und schmeckte irgendwie merkwürdig. Keine gute Jahreszeit, sagte Paw Paw. Frisch gezapfter Palmsaft schmeckt eigentlich ausgezeichnet, und als alkoholisches Getränk mundet er am besten, wenn er gerade zu fermentieren und im Topf zu kochen beginnt, so als stünde er auf einem Ofen. Das dünne weiche Fruchtfleisch der jungen Kokosnuss umschließt im Inneren der dicken grünen Schale einen köstlichen Saft und ist süß, durchschimmernd und schwabbelig wie Gallert. Kein Teil der Kokospalme ist nutzlos. Selbst noch die Sämlinge werden in den kalten Nächten des Dezembers über offenem Feuer geröstet und gegessen.

Über eines waren wir Frauen aus unserer Gruppe uns einstimmig einig: Wir hätten die Kinder am liebsten in warmem

Wasser eingeweicht und mit sehr viel Seife sauber geschrubbt. Die Eltern waren wortkarg und lächelten scheu, doch die Kinder plapperten wild durcheinander. Hinter der Hütte stocherte ein großes schwarzes Schwein mit der Nase in einem Haufen trockener Blätter und warf verlangend den Kopf nach oben, als der Mann uns den Palmsaft brachte.

»Das Schwein mag den Saft«, erklärte uns das (vielleicht) älteste Kind. »Wenn wir nicht aufpassen, macht es sich über die Töpfe her und besäuft sich.« Bei diesen Worten zeigte es uns, wie das Tier betrunken über den Hof torkelte, und wir alle kreischten vor Lachen. Auf freier Strecke standen Erwachsene und Kinder in zwei baufälligen Hütten am staubigen Straßenrand und brüllten vor Lachen über ein torkelndes Schwein, bis allen die Seiten wehtaten. Einige von uns kauften den gesamten Zuckervorrat auf und andere gaben den Kindern ein Taschengeld, das sie nur sehr scheu akzeptierten. Winkend und Abschiedsworte rufend fuhren wir weiter. Es war sicher falsch, den Kindern Geld zu geben, doch die meisten von uns wollten es so.

Wir fuhren an kleinen Läden vorbei, welche die Hauptstraße der Dörfer säumten und Zucker anboten, der in Schachteln aus geflochtenen Palmblättern lagerte. Die als Süßigkeiten angebotenen Kugeln waren klein, von sahniger Farbe und rund. Der Zucker, aus dem ein Sirup gewonnen wird, der gut zu auf Reis basierenden Gerichten passt, ist klumpig, dunkel und nahezu bitter. Spezielle Zuckerkugeln werden mit Kokosraspeln angereichert oder mit verdickter Milch zu einer cremigeren Variante versetzt. Palmzucker wird auch in der Kräutermedizin verwendet; mit Ingwer gekocht, gilt er als reinigend und fördert eine gute Regelblutung. Außerdem ist er das perfekte Allheilmittel für Hunde, die ihn lieben.

Wir fuhren durch Dörfer, in denen in den Höfen Berge von Pflaumen zum Trocknen ausgebreitet auf staubigen Matten lagen. Die feste Haut der Früchte glänzte matt in den Farben Karmesinrot, Orange-Scharlachrot oder Dunkelbraun. Die

Pflaumen sahen aus wie zu großen Haufen aufgetürmte ungeschliffene Rubine.

Irgendetwas stimmte mit dem Kassettenrekorder nicht,
denn die Musik leierte. Ich steckte mir frische Papiertaschen-
tuchstreifen in die Ohren. Neben der Straße sah ich gepflegte
Grashalme, und ich dachte bei mir, dass ich vor zwanzig Jahren
vielleicht versucht hätte, sie zu pflücken – oder mich zumindest
danach gesehnt hätte, sie zu pflücken –, um Ikebana-Blumen-
arrangements zu stecken. Doch solche Feinheiten schienen nun
zu einem anderen Zeitalter oder einer anderen Person zu gehören.

Um 2.50 Uhr fuhren wir durch Kyaukpadaung. Wenn ich
eine tiefe Sehnsucht nach Bougainvilleen verspürt hätte, so
hätte ich sie hier stillen können. Ich hatte nicht gewusst, dass
solche Farben in der Form von Blumen existieren können. Sie
sahen aus, als kämen sie aus der Tube, als seien sie chemisch
hergestellt wie die Tuschfarben in meinem Malkasten. Es gab
grelles Lila mit einem Anflug von Pfirsich, klare Rottöne, weiches Violett, Karmesinrot, elfenbeinblasse Weißtöne oder ein
Weiß, das einen Hauch von Lila erahnen ließ.

Es hatte den Anschein, dass die Natur an diesem Ort bewusst zur Schau stellen wollte, was sie für das Empfinden der
Menschen hervorzuzaubern vermag, und dass sie es schon seit
eh und je tat. Immer wenn der Mensch denkt, dass er ihr um
ein winziges Stück voraus ist, um eine Minute nur, belehrt sie
ihn eines Besseren. Jedes Mal. Kein Wunder, dass die Menschen
die Natur für eine Frau halten ... Welcher Mann könnte so
charmant gemein sein?

Wir erhaschten den ersten Blick auf Mount Popa, den
Wohnsitz der Götter – weit, weit weg, von Nebeln umgeben,
distanziert, majestätisch. Und einsam.

Wir fuhren einen Umweg, um die aufsehenerregende
Schwankende Schirmpagode zu sehen, und erreichten ein stilles Kloster, das in der Nähe des vergoldeten Stupa stand. Bevor
wir Zeuge merkwürdiger Vorgänge wurden, war es angeraten,

dem Abt durch unsere Aufwartung unseren Respekt zu bezeugen.

Wir trafen den Abt in verdrossener Stimmung an. Zunächst deuteten wir sein Schweigen als die gewöhnliche Würde eines Mönchs, doch nein … es war ernst. Um die Pagode zu schützen, hatten die örtlichen Behörden verfügt, dass der Stupa nicht mehr als einmal pro Woche schwanken dürfe, und da es nicht der richtige Tag war, waren wir umsonst gekommen. Angeblich konnte der aus Zement oder Stein errichtete Stupa zum Erbeben gebracht werden, wenn man ihn in der Mitte berührte, und zum Beweis, dass er zitterte, klimperten die goldenen Glöckchen oben am Schirm. Wir nahmen teilnahmsvoll und schweigend Platz, um uns über die nicht enthülsten Erdnüsse herzumachen, die der Abt uns in großen emaillierten Schalen anbot, sodass der abgedunkelte Raum bald mit den knisternden Geräuschen des Öffnens der Hülsen erfüllt war. Wir brachen erst auf, nachdem wir mehrere Schalen geleert hatten.

Nachdem wir auf diese Weise den ersten Hunger gestillt hatten, folgte die Strafe auf dem Fuße. Einer der beiden Jungen, die als Schaffner mitfuhren, kippte durch eine ungeschickte Bewegung den großen Topf mit Entencurry, das der Koch während der Mittagspause gekocht hatte und als Abendessen vorgesehen war, auf die Straße. Die Klosterhunde feierten ein Fest. Sie wedelten mit den Schwänzen und bleckten schadenfroh die Zähne, während sie die einzelnen Stücke der würzigen, aromatischen Ente aufleckten.

Wir standen in einem stummen bekümmerten Kreis um sie herum und schauten ihnen neidisch zu. Kein anderes Entencurry hatte jemals zuvor so herrlich geduftet, und keines würde jemals wieder so lecker sein wie dieses.

Ko Tu eilte ins nahe Dorf, um Noteinkäufe zu machen. Er wollte nach kurzer Zeit wieder zu uns stoßen. Dies tat er auch. Er kam mit einem Pferdekarren, winkte uns zu und fragte mit heiterem Gesichtsausdruck: »Seid ihr Pilger? Aus welchem Landesteil kommt ihr? Könnt ihr mich mitnehmen?«

Zwei Reihen hinter mir äußerte jemand trocken, dass Ko Tu sich offenbar glücklich schätze, Vater einer Tochter geworden zu sein. Doch selbstzufrieden fügte dieselbe Stimme hinzu: »Nein, ein Frauenheld wie Ko Tu kann sich unmöglich eine Tochter wünschen.« Und dies war wohl wahr.

Am späten Nachmittag trafen wir in Popa ein. Unterwegs hatten wir Wälder mit vielen frischen neuen Blättern gesehen. Ich empfand eine reine und freie Glückseligkeit, als ich die Luft gegen mein Gesicht brausen ließ. Meine Seele war frei von Plänen, Ängsten und Gedanken. Ich war nichts anderes als eine Frau, die den Wind im Gesicht spürt und den Blick auf die an ihr vorbeifliegenden Wälder richtet. Hohe Bäume, die dicht mit weißen Blüten bedeckt waren, reckten schwankend ihre Äste in den Himmel, und die grellroten Blüten von Büschen, die wild und üppig wirkten, leuchteten wie glühende Punkte. Aus hohem Gezweig mit malvenfarbenen und purpurnen Blüten hingen Ranken herab, die Äste in ihrer ganzen Länge umklammerten. Kleine Grünflächen waren mit winzigen roten und gelben Blumen übersät. An anderen Stellen nickten weiße Blüten wie geriffelte Porzellanvasen im Wind, und in ihren Tiefen erhaschte das Auge nichts anderes als rotes Zinnober. Schmetterlingspaare flatterten umher. Dies war das Reich der Muttergöttin von Popa, die angeblich eine Blüten essende Nymphe gewesen war. Nur die wilderen Nymphen essen Fleisch, die nobleren unter ihnen halten sich lieber an eine bis ins Extreme reichende vegetarische Diät.

Die Geschichte der Göttin von Popa entzückte mich. Bevor sie Zuflucht in den Wäldern von Popa suchte, war sie eine gefangene Prinzessin, die im zehnten Jahrhundert aus Thaton im Süden nach Bagan gebracht werden sollte, nachdem ihr Bruder, König Manuha, besiegt und zum Gefangenen von Anawrahta, König von Bagan, geworden war. Thaton war die Hauptstadt des kultivierten Volkes der Mon, deren Königreich in den Ländern Indochinas als Goldenes Land gerühmt wurde. Durch die Invasion Anawrahtas aber wurde jenes Königreich zerstört.

Auf dem Weg nach Bagan, den der König in goldenen Ketten zurücklegte, gelang der Kriegsgefangenen die Flucht in die Wälder, wo sie sich durch meditative Übungen in eine Nymphe verwandelte, sodass sie in der Wildnis überleben konnte. Dort traf sie eines Tages auf Byatta, einen Helden von Bagan, der zu den vordersten gehört hatte, die Thatons Barrikaden durchbrachen. Die beiden verliebten sich ineinander, und die Nymphe gebar dem Helden zwei Söhne, die zu ruhmreichen Männern heranwuchsen, die dem König getreu dienten. Da sie mutig und stark waren, zogen sie die Missgunst vieler Neider und Intriganten auf sich, und schließlich wurden sie wegen eines geringfügigen Vergehens hingerichtet. Ihre Mutter starb an gebrochenem Herzen ... und wurde zu einem weiblichen *Nat*-Geist, der seitdem zusammen mit dem Ehemann über Popa herrscht. Stammsitz ihrer Söhne, die ebenfalls zu mächtigen *Nat*-Geistern wurden, denen man bis zum heutigen Tage im gesamten Land huldigt, ist das nur wenige Kilometer nördlich von Mandalay gelegene Taungpyone.

Da die Göttin von Popa stets schwarze Kleidung trägt, werden Frauen davor gewarnt, in ihrem Herrschaftsbereich diese Farbe zu tragen. In meiner Vorstellung ist sie so etwas wie eine reale Person, die sich in einen Fremden verliebte, der ihr Königreich zu Fall gebracht hatte, und deren Söhne getötet wurden. Wie sehr musste sie den König gehasst haben, dass sie aus Verbitterung dem natürlichen Zyklus der Wiedergeburten zu entrinnen vermochte.

Kurz vor Einbruch der Abenddämmerung hielten wir am Fuße des Vulkans Popa, der von den Burmesen einfach »der Gipfel« genannt wird. Wie eine mächtige aus der Ebene herausragende Säule erhebt er sich in der Nähe der Gebirgskette gleichen Namens, die Höhen über 1500 Meter erreicht. Der »Gipfel« selbst ist ungefähr 740 Meter hoch. Wir hatten ihn in der Ferne wie einen Wächter stehen sehen, als unser Fahrzeug über Serpentinen die Straße zu seinem Fuß hinaufkletterte. Er stand dort einsam und distanziert, und über seine Spitze ragten die Spiralen von Pagoden hinaus, die in der Sonne glitzerten. Am Fuße dieses erloschenen Vulkans gab es viele Klöster, Geschäfte, einen großen Schrein und kleine Meditationszellen, die in abgelegenen Ecken versteckt waren.

In der Luft lag fast so etwas wie ein schauriger Zauber. Wir waren nun dort, wo einst Helden ihre Schritte hingesetzt hatten, Nymphen herumspukten und rot gekleidete *Zaw-gyi*, die magischen Alchimisten des Waldes, mit Nymphen spielten, die sie mit einer Schwingung ihres Zauberstabs aus Früchten geschaffen hatten. Zu den anderen, eher menschlich (jedenfalls überwiegend) anmutenden Bewohnern des Bereichs gehörten die Affen. Ich wusste nicht, was jene Helden vor tausend Jahren mit diesen verflixten Kreaturen gemacht hatten, doch ich wünschte mir von Herzen, diesen Affen einmal eine gründliche Tracht Prügel verabreichen zu können, ohne Rücksicht auf die Rechte von Tieren oder die Tierschutzbestimmungen nehmen zu müssen.

Wir wurden in einer großen Halle untergebracht, die zu allem Unglück ein Dach aus Zinkblech hatte. Normalerweise bin ich die Letzte, die sich um das Material eines Daches kümmert, vorausgesetzt es bietet leidlichen Schutz vor dem Wetter. Hier jedoch diente das Zinkdach den Affen als großartige Unterhaltungsquelle – die Tiere rannten rauf und runter und gaben sich alle erdenkliche Mühe, mit den Fußsohlen so fest wie nur eben möglich auf das Dach zu hämmern. Manchmal klang es so, als säßen sie bequem im Kreise zusammen und hielten in jeder Hand einen Stein, den sie rhythmisch auf das Dach knallten. Dann wiederum hatte es den Anschein, als sei eines der Tiere mit äußerster Entschlossenheit auf einen hohen Ast geklettert und von dort hinab auf das Dach gesprungen, und zwar mit einem vor die Brust gehaltenen Steinbrocken, um das Gewicht zu erhöhen. Sie bemühten sich sehr und verwendeten besondere Sorgfalt darauf, uns mit angemessenen Fanfaren willkommen zu heißen und sicherzustellen, dass wir während unseres Aufenthalts keinesfalls den Eindruck gewinnen konnten, hier an diesem Ort zurückgezogen in Ruhe und Frieden zu wohnen.

Nachdem ich mir zwischen Junn und Aye einen Platz verschafft hatte, ging ich mit den beiden hinab zu den Baderäumen am entfernten Ende der Anlage. Hinter manchen Klöstern befindet sich eine hohe Wand, die einen großen Badebereich abtrennt, in dem eiskaltes Wasser in einem Betonbecken lagert, das oft halb so groß wie ein Schwimmbecken ist. Hier in diesem Kloster pumpte eine große Pumpe beständig einen dicken Strahl Wasser in das Becken.

Zahlreiche Frauen standen um die Waschanlagen herum, die sich mithilfe von mitgebrachten Plastikschüsseln mit Wasser übergossen. Manche von ihnen wuschen auf dem glatten Fliesenfußboden ihre Wäsche. Wenn jemand die Seife vergessen hatte, teilte man auch mit Fremden wie selbstverständlich die Seifenriegel, und dasselbe galt für Zahnpasta und Schüsseln. Einzig und allein den gespendeten Geldmitteln war es zu verdanken, dass fließendes Wasser zur Verfügung stand.

Wir kehrten sehr erfrischt zurück. Da es keine Wäscheleinen gab, mussten wir unsere Wäsche auf einem Steinhaufen in der Nähe der Unterkunft ausbreiten. Wenn es den Affen in den Sinn kommen sollte, die Klamotten wegzuschleppen, dachte ich, ist es um meine Ausstaffierung noch schlechter bestellt als ohnehin schon. Doch ich hatte nicht die geringste Lust, größere Anstrengungen darauf zu verwenden, mein Leben nach den Launen von kreischenden, vor Läusen strotzenden, räudigen, stinkenden und lärmenden Kreaturen auszurichten.

Wir betraten die Halle und wurden Zeuge einer dramatischen Szene. Die Armbereifte fächerte sich energisch Luft zu und sprach laut und aufgeregt, während sie mit ausgreifenden Schritten durch den Raum stapfte und so wild gestikulierte, dass ihre Armreifen Gefahr liefen, weggeschleudert zu werden. Wir konnten jedoch nicht verstehen, was sie sagte, denn die Dawai-Gruppe und Daw Saws Nichten hatten einen Ring um sie geschlossen und redeten mit derselben Lautstärke auf sie ein. Was den Lärm anbetraf, so hätten sie alle zusammen es ohne Weiteres mit der gesamten Primatenpopulation aufnehmen können. Es stellte sich heraus, dass die Armbereifte, die aufgrund ihrer Größe und Schrittlänge den anderen immer ein wenig voraus war, wie gewöhnlich einen Platz am Fenster ergattert hatte, durch das vor wenigen Minuten eine flinke behaarte Hand ihren steinernen Mörser, der handliches Reiseformat hatte und in dem sie ihr *Thanakha* zerrieb, entwendet hatte.

Obwohl unser Land den Möglichkeiten der modernen Technologien weit hinterherhinkt, gibt es längst vorgefertigte *Thanakha*-Produkte in fester, cremiger oder flüssiger Form. Ich hatte derartige Produkte im Gepäck. Doch nein, Traditionalisten beäugen solche Errungenschaften mit demselben Widerwillen, den französische Chefköche gemahlenem Pfeffer in Plastikbehältern entgegenbringen. *Thanakha* muss in jenen runden Steingefäßen mit einigen Tropfen des reinsten Wassers

Lippenstift und *Thanakha*

zerrieben werden, so dass eine cremige Paste entsteht, die in eine schmale Rinne abfließt, die um den Rand des Gefäßes verläuft.

Mir kam der Gedanke in den Sinn, dass die männlichen Affen nun ein exzellentes neues Instrument für ihr Dachorchester besaßen – es sei denn, die Affendamen würden sich angewöhnen, *Thanakha* aufzulegen.

Da Junns Bettrolle unmittelbar neben einem anderen Fenster lag, wechselten wir rasch unsere Plätze und zogen in sicherere Gefilde. Kaum war dies vollbracht, als sich auch schon eine zierlich wirkende Gestalt mit rötlichbraunem Fell von oben herabhangelte und sich auf dem Fensterbrett niederließ. Myanmars Fenster sind gewöhnlich durch ein Drahtgitter oder durch Stangen gesichert. Die Fenster dieses Klosters waren mit Stangen verbarrikadiert, doch die Zwischenräume waren so breit, dass sich ein kleiner Affe ohne besondere Mühe hindurchzwängen konnte. Unser Besucher bedachte uns mit einem raschen verschwommenen Blick und kehrte uns anschließend den Rücken zu, um in die Richtung der Sonne zu spähen, die soeben blass hinter Nebelschwaden unterging. In dieser Pose erweckte das Tier den Anschein, als sinne es weltentrückt in schmerzhafter Erinnerung an eine verflossene Liebe über die Komposition eines Gedichtes nach. Dennoch schob Aye ihre Kosmetika einschließlich ihres steinernen Mörsers noch etwas weiter zur Seite.

»Ich habe sechs Katzen«, sagte sie geheimnisvoll. »Man muss höllisch aufpassen, wenn Tiere so unschuldig wirken.«

Paw Paw stand von seiner Matte in der Mitte der Fußbodenfläche auf und trocknete sich nach seinem Bad die Haare mit einem sauberen *Longyi* ab. »Passt ab sofort bitte besser auf eure Sachen auf«, verkündete er laut. »Weder wir noch die Mönche können für das, was die Affen anstellen, verantwortlich gemacht werden. Zeigt den Tieren unter keinen Umständen essbare Dinge, und wenn ihr nach draußen geht, dann tragt keinesfalls offen Lebensmittel wie Eier oder Obst mit euch herum. Die Viecher lieben Eier. Und achtet auch peinlich genau auf eure Handtaschen und Geldbörsen, ganz zu schweigen von den Kameras und Brillen.«

Affen, die sich als Taschendiebe betätigten! Wie wunderlich … Wenn man sie trainieren könnte, als Überfallkommandos durch die Lande zu ziehen … Na ja, lassen wir das.

Da es inzwischen dunkel geworden war, entschieden sich die meisten von uns dafür, den Gipfelsturm auf den nächsten Morgen zu verschieben. Meine Mitreisenden saßen in Gruppen zusammen und warteten auf das Abendessen, während ich mich zurück gegen die Wand lehnte und ein Auge auf das Fenster gerichtet hielt, das wir geschlossen hatten, ohne es abschließen zu können. Zum ersten Mal sah ich alle von uns gemeinsam in einer großen Halle versammelt, in der wir übernachten würden, und ich betrachtete meine zeitweiligen Weggefährten mit großem Interesse.

In einer entfernten Ecke saßen zwei Paare im Alter von etwa Mitte vierzig, von denen ich bislang kaum Notiz genommen hatte. Sie sahen einander so ähnlich, dass sie wie Geschwister wirkten. Doch nein, die beiden Damen waren enge Freundinnen, und ihre Ehemänner waren sich nach der Hochzeit so nahe geworden wie Brüder. Es war schon fast unheimlich, wie sehr sich die vier lächelnden, scheu um sich blickenden runden Gesichter ähnelten. Sogar die Haare – beziehungsweise im Falle der Männer deren Lücken – schienen dieselben zu sein.

In einigem Abstand zu ihnen saß die aus elf Personen bestehende Gruppe, zu der die beiden kleinen Mädchen gehörten. Zu meiner Überraschung hatten sich die Kinder während der gesamten bisherigen Reise äußerst anständig und still verhalten. Ich hatte nicht ein einziges Quieksen von ihnen vernommen, obwohl sie wie kleine Mäuse in einem Irrgarten emsig zwischen den einzelnen Sitzreihen und von vorne bis hinten im Gang herumgeklettert waren. Ihre Mutter schien sie durch viele Tüten mit Plätzchen und Süßigkeiten beständig ruhig zu halten, was die kleine alte Dame neben mir mit gerümpfter

Nase wiederholt mit den Worten »die Gören verziehen« kritisierte. »Sollen sie sich doch vollfressen«, entgegnete ich knapp, und insgeheim fügte ich gehässig hinzu: Und wenn es dazu beiträgt, dass sie still sind, können sie dich von mir aus gleich mitfressen.

Nicht weit entfernt entdeckte ich den Vater, die Mutter und die Tochter aus Myeik. Die Tochter war ein Einzelkind, offenkundig wohlbehütet, und wurde Nwe gerufen. Sie war Ende zwanzig und arbeitete bereits für ein ausländisches Unternehmen, doch in Gegenwart ihrer Eltern war sie noch immer ein Kind, das abhängig und scheu, schicklich und still war. Sie entsprach bis ins Detail dem myanmarischen Modellbild der Jungfräulichkeit, das in den Lobeshymnen der traditionellen Literatur dargestellt ist. Ihr und einigen anderen jungen Frauen in unserer Reisegesellschaft schien der Mangel an Unabhängigkeit in ihrem Leben nichts auszumachen. Abhängig zu sein bedeutet Geborgenheit und Sicherheit, und wenn der Glanz der Tugendhaftigkeit hinzukommt, wird ein guter Name den Respekt der künftigen Schwiegereltern sicherstellen oder zumindest nicht beeinträchtigen. Ein »guter Name« ist für Burmesen außerordentlich wichtig – und das gilt nicht nur für den eigenen Namen, sondern auch für diejenigen der Vorfahren, besonders wenn es um die Wahl des Ehepartners geht. Eine solche Wahl ist eine ungeheuer wichtige Angelegenheit für die Familie und die weitere Verwandtschaft, denn eine Heirat ist nur in Ausnahmefällen eine Verbindung zwischen zwei Menschen; eine Heirat ist eine Verbindung von Großfamilien, egal ob reich oder arm, und jemandes Rolle in der Gesellschaft hängt überwiegend vom individuellen Verhalten ab. Reichtum allein ist kein Indikator für eine »gute« Familie. Es gibt viele Nuancen der Sittsamkeit und Ehrenhaftigkeit, die von oberflächlichen Menschen und schnelllebigen Besuchern aus der westlichen Welt nicht bemerkt werden.

Eine allein lebende Frau mag in meinem Land nicht mit dem sozialen Stigma ihrer asiatischen Schwestern belastet sein, doch in den meisten Gesellschaftskreisen steht ein Ehemann noch immer für Sicherheit, die später durch Kinder noch verstärkt wird. Wir können uns glücklich schätzen, dass bei uns Frauen im Geschäftsleben, in der Ausbildung und in der Arbeitswelt eigentlich immer gleiche Chancen hatten, obwohl sie niemals in die höchsten Ränge aufsteigen konnten. Allerdings ist ein hoher Prozentsatz der Professoren und Doktoren weiblich, sogar ein wesentlich höherer Prozentsatz als in den meisten anderen Ländern dieser Welt. Doch obwohl sich Frauen unabhängige Karrieren erarbeiten können, dürfen sie nicht allzu unabhängig in ihrem Verhalten werden, selbst wenn dies für sich selbst gesehen nicht unbedingt ein soziales Stigma darstellen würde. Ultimatives Kriterium für einen guten Namen ist, wie sich eine Frau im Umgang mit dem anderen Geschlecht verhält.

Auch eine stabile Ehe ist eine Voraussetzung für einen guten Namen. Ein Ehemann bedeutet immerhin Schutz vor unerwünschten Annäherungsversuchen anderer Männer. Nur die denkbar unmoralischsten Männer würden Interesse an einer verheirateten Frau zeigen, gleichgültig wie schön oder liederlich sie sein mag. Es ist die denkbar größte Schmach für einen Mann, in ein Verhältnis mit einer verheirateten Frau zu geraten, und homosexuelle Männer erhalten den Stempel aufgedrückt, in ihrem früheren Leben eine solche Sünde begangen zu haben.

Nach den buddhistischen Gesetzen darf ein Mann so oft heiraten, wie er will. Allerdings machen nicht viele Männer von dieser Regel Gebrauch, denn nur ein wahrhaft wackerer Kerl vermag mit mehr als nur einer energischen myanmarischen Lady fertigzuwerden. Für reiche Männer stellen junge Mätressen eine Option dar, doch sie werden nicht als Trophäen betrachtet und deshalb nicht wie in anderen asiatischen Ländern öffentlich zur Schau gestellt.

Einhergehend mit dem Zerfall des Sozialismus und dem Beginn der Marktwirtschaft, begann die auswärtige Welt Mitte

der 90er-Jahre die letzten Grenzen unserer Isolation aufzubrechen. Junge Frauen haben nun größere Chancen, sowohl, was
Beschäftigung, als auch, was Unterhaltung anbelangt, und dies
hat unausweichlich auch erweiterte Freiheiten in Bezug auf das
persönliche Verhalten zur Folge. Die liebe Nwe und andere wie
sie dürften die letzten Musterbeispiele ihrer Gattung sein, denn
selbst in einem konservativen Land wie dem meinigen wirkte
sie übermäßig beschützt. Familienbeziehungen, die weit inei-
nandergreifen und bis auf das Engste miteinander verflochten
sind, führen zu einer beständigen Beaufsichtigung durch die
Eltern oder Älteren. Diese Einstellung ist in den meisten Familien noch vorhanden und hat selbst dann noch Gültigkeit,
wenn die Kinder längst verheiratet sind und bereits eigenen
Nachwuchs haben. In manchen Fällen ist dies auf die Tatsache zurückzuführen, dass verheiratete Kinder auch weiterhin
bei den Eltern wohnen, obwohl sie sich eine eigene Wohnung
leisten könnten. Dass unabhängige, frisch verheiratete Paare
anderswo leben, gilt außerhalb der Städte nach wie vor als »ver-
westlichte« Lebensart. Und so ist es kein Wunder, dass an jeder Kurve und Ecke Schwiegermütter und Tanten anzutreffen
sind, die nur darauf lauern, kluge Ratschläge und Leitlinien zu
vermitteln.

Eine andere junge Frau namens Khaing, die mit ihrer Mutter und Tante unterwegs war, kam aus Dawai. Sie war Näherin,
doch ich hatte das Gefühl, dass sie dieser Arbeit nur nachging,
um etwas zu tun zu haben und einen für eine Dame angemessenen Beruf nachweisen zu können, den sie daheim ausüben
konnte und der ihr ein wenig selbst verdientes Taschengeld ein-
brachte. Ihre Mutter machte einen gut situierten Eindruck, jedoch weniger durch ihre Kleidung als durch ihr Selbstvertrauen
und eine gewisse Grazie.

Das Abendessen wurde spät gereicht, da statt der verloren
gegangenen Ente etwas anderes aufgetischt werden musste.
Hungrig aßen wir um 19 Uhr ein wässerig geschmortes junges Huhn mit Kürbis, das mit Zitronengras gewürzt war. Sie

schmeckte köstlich, diese typische Mahlzeit vom Lande – eine Spezialität zechender Dorfburschen, die Hühnerställe plündern, Kürbisse stehlen, jemandes Zitronengras ausgraben und zweifellos irgendwo noch rasch einen Topf und Feuerholz »borgen«, um zur mitternächtlichen Stunde eine Mahlzeit zu kochen. Das Gericht trägt im Volksmund den Namen »Dorfburschen-Curry« und schmeckt ausgezeichnet mit Palmschnaps. Die klügeren und weniger stark unter einem Kater leidenden Burschen machen sich nach einem solchen Festschmaus für mehrere Tage aus dem Staub, um sich in anderen Dörfern zu regenerieren. Wir hingegen genossen eine schmackhafte Beilage, die aus cremigen, in Erdnussöl weich gekochten Saubohnen bestand. Dazu gab es eine Fischpaste mit Tomaten und unzerhackte grüne Chilischoten. Alles Delikatessen vom Lande. Wir stopften uns voll. Über uns war hin und wieder noch ein halbherziger dumpfer Aufprall zu hören, doch die meisten unserer behaarten Unterhaltungskünstler waren zu Bett gegangen.

Nach der Mahlzeit schlich ich nicht ohne einen Anflug von Ängstlichkeit nach draußen, um noch einen Bummel durch die nahen Ladengeschäfte zu unternehmen. Unsere Mannschaft saß eng zusammen mit anderen Männern in einem Restaurant vor einem großen Fernsehapparat und verfolgte ein Fußballspiel.

In einer Gemischtwarenhandlung (eigentlich sind alle Geschäfte in Myanmar Gemischtwarenhandlungen) kaufte ich ein Paket Kaffeebonbons, und im Geschäft nebenan erwarb ich eine Guave, welche die Größe einer Pampelmuse hatte. Die Schale der Frucht hatte eine dunkle lilafarbene Tönung, was ich noch niemals zuvor gesehen hatte, obwohl Guaven mit lilafarbenem Fruchtfleisch keineswegs unüblich sind.

»Das ist eine Apfel-Guave, eine Kreuzung, Guave, gekreuzt mit Apfel«, erklärte mir das kleine Mädchen, das die Früchte verkaufte. Seine Stimme klang so, als würde es keinen Widerspruch dulden, denn schließlich hatte es seine häuslichen Pflichten ruhen lassen, um mir zu Diensten zu sein. Der Laden bestand nur aus einem Tisch, der in der Nähe einer Haustür aufgestellt worden war. Es waren keine Erwachsenen in der Nähe, die mich näher über dieses Wunderding der Gartenkunst hätten aufklären können, doch irgendwie erschien die Erklärung des Mädchens an einem Ort wie Popa glaubwürdig.

Mit der in Zeitungspapier gewickelten Guave kehrte ich in unser Gemeinschaftsquartier zurück. Unterwegs hielt ich die Frucht dicht an die Brust gepresst, da ich jederzeit mit der Begegnung mit einem spät durch die Nacht schwärmenden Primaten rechnete. Wir alle gingen früh zu Bett, denn wir waren erschöpft.

Vierter Tag

Wohnsitz einer Göttin und ein Baum
mit weißen Blättern

Um vier Uhr morgens waren die meisten auf den Beinen und fuhrwerkten diskret herum. Da die Abfahrt erst nach dem Mittagessen erfolgen sollte, konnten wir unsere Zeit individuell planen und einteilen. Bei jedem Aufenthalt wurde uns mitgeteilt, wann wir weiterfuhren, und abgesehen von den Zeitpunkten der Mahlzeiten blieben wir in unseren Plänen und Entscheidungen uns selbst überlassen. Das gefiel mir.

Unsere Ecke weigerte sich beharrlich bis fünf Uhr, endlich aufzustehen. Mein ganzer Körper war steif und schmerzte. Zum Frühstück hatte ich nur Appetit auf Orangensaft, denn Träume voller glückseliger Affen hatten wenig zu meinem Wohlbefinden beigetragen. Nachdem ich im Baderaum mit nahezu gefrorenem Wasser gebadet und mich angekleidet hatte, stolperte ich zum selben Laden wie am Vorabend und kaufte eine Büchse Orangensaft mit hohem Fruchtfleischanteil. Dann kam mir in den Sinn, dass ich vor der Besteigung des Berges wohl besser noch ein wenig Verpflegung ins Gepäck nehmen sollte, und so kaufte ich den auf dem Boden sitzenden Verkäufern zusätzlich einige hart gekochte Eier und in schwimmendem Fett gebackenen Tofu ab. Es gibt in Myanmar drei Sorten Tofu: den festen weißen, den die Chinesen aus Sojabohnen herstellen, den elfenbeinfarbenen und gallertartigen, den die Kachin aus Reis zubereiten, sowie den gelben, den die Shan aus Kichererbsen gewinnen. Der zuletzt genannte, der in dicke Scheiben geschnitten und in schwimmendem Fett gebacken wird, ist zu jeder Tageszeit ein köstlicher Imbiss. Durch das Backen wird die weiche cremige Masse von einer knusprigen Haut überzogen, die dünn wie Papier ist.

Direkt gegenüber des Fußes der Treppe, die auf den Berg führt, befand sich ein großer Schrein. Ich versuchte hineinzugehen, doch ich wurde von einer Schar Blumenmädchen daran gehindert, die Körbe mit großen, dicht nebeneinander aufgereihten Wildblumenbuketts in den Händen trugen und mit schrillen Stimmen schrien: »Kaufe von mir, Tante! Von mir! Von mir! Von mir!« Als ich allen einen Strauß abkaufte, eilte sofort eine weitere Gruppe auf mich zu. »*Taw-bee! Taw-bee!*«, schrie ich (»Genug! Genug!«). »Teilt das Geld mit den anderen, okay?« Mit dieser Empfehlung hastete ich in die Richtung des Schreins. Zu meiner Erleichterung ließen die Horden von mir ab, um über andere unglückliche Pilger herzufallen.

Der hintere Teil des Schreins war von einer Abtrennung aus Glas umschlossen. In dem eingeengten Bereich, an dessen Seiten man sich hindurchzwängen musste, waren mehrere Reihen lebensgroßer Figuren von *Nat*-Geistern aufgestellt. Die Figuren waren aus Gips und wirkten wie Mannequins in einer Boutique. In der Mitte stand die Göttin von Popa, flankiert von ihrem Ehemann Byatta und ihren Zwillingssöhnen. Zu Füßen der jungen Männer kauerten ihre *Nat*-Tiger, auf denen sie in ihrer spirituellen Existenzform wie auf Pferden ritten. Ich dachte bei mir, dass dies recht glaubwürdig sei, da ein nervöses und reizbares Pferd wohl auf der Stelle tot umfallen würde, wenn es von einem *Nat*-Geist bestiegen wird. Kaltblütige Tiger leisten da bessere Dienste, und außerdem konnten sie einen anderen Zweck erfüllen: Da *Nat*-Geister Menschen, die ihr Missfallen erregen, zu bestrafen pflegen, brauchten sie ihre Haustiere bloß zu einer raschen Zwischenmahlzeit nach draußen zu schicken. Aufgereiht zu beiden Seiten der zentralen Figuren standen etwa zwanzig andere *Nat*-Geister.

Wallfahrer hatten Geschenke gebracht, denn die Figuren tru-

Die Göttin von Popa

gen lange Schals und Turbane aus Nylon, in denen Banknoten steckten. Um den Hals der Göttin hingen modische Halsketten aus verschiedenfarbigen Steinen, die ebenso teuer waren wie diejenigen, die menschliche Bräute tragen. An den Gipsfingern steckten Ringe, und in großen Vasen standen unzählige wilde Blumen der Sorte, die auch ich in Händen hielt. Wesentlich intensiver als der Geruch der Blumen war der Duft eines Parfüms, das eine Dame am Ende der Figurenreihe enthusiastisch auf ihr Lieblingsbildnis sprühte. Eine fürwahr ungewöhnliche Methode der Huldigung! Hastig platzierte ich meine Blumen in einer der Vasen und fingerte mein kleines Flakon der Marke *White Diamonds* aus der Reisetasche, um vorsichtig einige Duftwölkchen in die Richtung der Göttin zu sprühen.

Ich war niemals zuvor Gottheiten so nahe gekommen, auch nicht solchen, die durch hübsche Gipsmannequins repräsentiert werden. Zynisch, wie ich bin, hatte ich ihre Präsenz in den verschiedenen Existenzsphären jedoch niemals in Abrede gestellt, denn schließlich war es möglich, dass es sie tatsächlich gab.

Die Figuren waren ein wenig verstaubt und standen steifbeinig auf ihren Plätzen, doch sie alle hatten einen gütigen Gesichtsausdruck und ein leichtes Lächeln auf den Lippen, und dies trotz ihrer angeblich blutbesudelten Tode und ihres Rachedurstes. Dicht nebeneinander standen Myin Phyu Shin, der Reiter des Weißen Pferdes, U Min Gyaw, der Abtrünnige Weinsäufer, zu dessen Ehren jeden März in Mandalay ein eigenes Fest gefeiert wird, und die Kleine Frau Goldene Oboe, die *Nat*-Patronin der Babys. Leider vergaß ich, die beiden hart gekochten Eier vor sie hinzulegen, die zusammen mit Kinderkleidungsstücken, Spielzeug und Sandalen das übliche Opfergeschenk sind. Sie war die drei Jahre alte Tochter zweier Eheleute, die ebenfalls auf tragische Weise zu Tode gekommen und zu *Nat*-Geistern geworden waren.

Wallfahrer können eine *Pwe*-Feier organisieren, eine Zeremonie zu Ehren der *Nat*-Geister, die als ihre Schirmherren fungieren. Sie zahlen einem Medium eine Gebühr für das Aufstellen der erforderlichen Schreine und die organisatorischen Vorbereitungen für die nötigen Opferungen, die Musik und die Tänze. Solche *Pwe*-Feiern werden gewöhnlich aus Dankbarkeit gegenüber einem *Nat*-Geist organisiert, der einen Menschen mit Vorteilen wie hohem Profit, einer Beförderung oder ähnlichen glückseligen Ereignissen gesegnet hat. Kultivierte Buddhisten nehmen selten an solchen ausgelassenen Feierlichkeiten teil, denn gewöhnlich wird zu diesen Anlässen unter dem Vorwand, dass die *Nat*-Geister in den Körpern der Menschen Spaß haben sollen (wer könnte das Gegenteil beweisen?), viel getrunken und lasziv gewitzelt.

Die *Nat*-Geister »sprechen« zu ihren Verehrern durch den Mund des Mediums, das *Natkadaw* heißt, »Verehrte Frau des *Nat*-Geistes«. Im Volksmund heißt es, dass Menschen zur

Natkadaw werden, weil sie einen so schönen »Schmetterling«
(schmückende Bezeichnung für die Seele) besitzen, dass sich die
Nat-Geister in sie verlieben und sie zu diesem Status »erheben«.
Es ist für ein Medium sehr dienlich, dass sich die *Nat*-Geister
offensichtlich nur um spirituelle Schönheit kümmern, denn die
meisten *Natkadaw*, die ich gesehen haben, waren Transvestiten
mit einem gelinde ausgedrückt entsetzlichen Erscheinungsbild.
Doch zu jeder Truppe *Nat*-Medien gehören gewöhnlich einige
Auszubildende, die jung genug sind, um herausgeputzt zu werden und schön wie die Sünde auszusehen. Die einzigen verräte-
rischen Anzeichen ihres wahren Geschlechts sind ihre Hände,
Füße und Stimmen, die sie tarnen, indem sie in lispelnden weichen Tonhöhen sprechen.

In einem konservativen Land wie Myanmar haben Transvestiten nur die Optionen, zum Visagisten oder zur *Natkadaw* zu
werden, denn die Buddhisten glauben, dass ihre Veranlagung
eine bei der Geburt auferlegte Strafe ist, weil sie in einem vorherigen Leben Männer waren, die sich auf ein Verhältnis mit
einer verheirateten Frau eingelassen haben. Darauf ist nach
allgemeiner Auffassung auch die Eigenartigkeit ihrer Kleidung
und ihres Verhaltens zurückzuführen, die von anderen gerne
ins Lächerliche gezogen wird, da sie als zusätzliche Schande wegen Sünden aus dem vorherigen Leben betrachtet werden.

Ich überquerte die Straße und begann mit dem langen Aufstieg. Unverzüglich kamen die Mädchen aus dem Pavillon angelaufen, um sich auf mich zu stürzen, mir frische Blumensträuße
unter die Nase zu halten und in einem Gemisch aus schrillen
Stimmen etwas zu schreien, aus dem ich nur mit Mühe heraus-
hören konnte, dass es auf dem Berg noch mehr Schreine gebe,
aber keine Blumengeschäfte mehr.

Ich sagte: »Das macht nichts.«

Die breiten Zementstufen zogen sich in zahlreichen Schlingen den Berg hinauf, sodass sie in den Kurven wie aus einem
runden Kuchen herausgeschnittene Stücke aussahen. Als vor
langer Zeit diese Stufen noch nicht existierten, hatten die Pil-

ger die steilen Hänge offensichtlich erklimmen müssen, indem sie sich an die Büsche klammerten und mit bloßen Händen Löcher in die Erde gruben, um Halt zu finden. Ich konnte mir lebhaft vorstellen, wie auf hohen Ästen sitzende Affen sie dabei beobachteten und vielleicht den einen oder anderen Zweig auf sie hinabschleuderten.

Ein Stück weiter oben befanden sich neben dem Treppenaufstieg einige Läden. Ein junger Mann sortierte gerade in sorgfältiger Weise seine Waren. Ich dachte, dass dies ein geeigneter Platz sei, um die Eier und den Tofu zu verdrücken, die ich gedankenlos und mit Risiko behaftet bei mir trug, denn sollte letztendlich doch noch eine Affenbande über mich herfallen, so war zumindest ein Mann da, der mich beschützen konnte. Also setzte ich mich auf die Steine am Wegrand und nahm hastig meinen Proviant zu mir, obwohl ich überhaupt nicht hungrig war. Dazu trank ich einige Schlucke Orangensaft aus der Büchse, wobei ich meine Blicke misstrauisch umherschweifen ließ. Der Geschäftsinhaber mochte zwar ein Mann sein, doch bei genauerem Hinsehen machte er einen viel zu schmächtigen Eindruck, um effektvoll als Held auftreten zu können, falls ein großer männlicher Primat mit mir zusammen frühstücken wollte.

Noch während ich nach der rasanten Mahlzeit, die alle meine früheren Rekorde in den Schatten stellte, erschöpft am Wegrand saß, kamen einige Mädchen angelaufen, die an ihren Tragstangen mit Wasser gefüllte Kübel schleppten. Ich schwöre, dass sie die Stufen hinaufrannten. »Möchtest du Wasser stiften, Tante? Damit Pilger es trinken können, oben auf dem Berg? Nur fünf Kyat, Tante! Denke an die zehn Verdienste, die du erwirbst, wenn du Wasser stiftest!«, riefen sie, während sie bereits Anstalten trafen, an mir vorbeizuhuschen.

Sie brachten im Auftrag von Pilgern Wasser nach oben, und das für eine Gebühr von nur fünf Kyat. Ich dachte, dass sie dafür eine höhere Summe verdienten, und so drückte ich dem Mädchen, welches das strahlendste Lächeln zeigte, zwanzig

Kyat in die Hand, während ich mir in Erinnerung zu rufen versuchte, welche zehn Verdienste ich mir auf diese Weise erwarb. Soweit ich mich erinnern konnte, enthielt die Liste Verdienste in Bezug auf gutes Aussehen, Reichtum, Gesundheit … Mir fiel eine Geschichte ein, in der eine reiche Dame einem berühmten Abt Speisen anbot und von ihm die Auskunft erhielt, dass sie sich ein großes Verdienst erworben habe. Ein armer Mann, der neben ihr saß, hatte Wasser angeboten und erfuhr, dass ihm dies zehn Verdienste eingebracht habe. Entrüstet darüber, dass ihr trotz aller finanziellen Aufwendungen und der Zeit, die sie auf die Zubereitung der Mahlzeit verwendet hatte, nur ein einziges Verdienst vergönnt war, forderte die Dame eine Erklärung. Der Abt erwiderte daraufhin hastig, dass sie elf Verdienste angehäuft habe, da sie beim Kochen ja schließlich Wasser verwendet haben musste. Puh!

Ich freute mich an dem Gedanken, dass diese jungen Mädchen eine äußerst geringfügige Bezahlung in Kauf nahmen, um Verdienste anzuhäufen und deshalb als wohlhabende und wunderschöne Frauen wiedergeboren würden, die im Mercedes zur Pediküre fahren und denen gut aussehende reiche Männer voller Bewunderung zu Füßen liegen würden.

Nach der Hälfte des Aufstiegs gelangte ich zum originalen Schrein der Göttin, in dem vergoldete Bildnisse standen, die weniger stark verehrt wurden als diejenigen dort unten, dafür jedoch wesentlich schöner aussahen und bei Weitem nicht so protzig wirkten. An den Wänden sah ich eine Serie von Ölgemälden mit Szenen aus dem Leben der Göttin, und ich war entzückt, als ich erfuhr, dass ihr vollständiger Name Wunna Thanegi lautete – ihr Nachname war derselbe wie der meinige, der aus der alten Pali-Sprache stammt und »reines Gold« bedeutet.

Versteckt in einer Nische befand sich die kleine Höhle, in der die Göttin ihre Zwillinge geboren hatte. Da der König als Geschenk zwei Töpfe mit Goldstücken geschickt hatte, erhielten die Babys die Namen »Großer Goldtopf« und »Kleiner

Goldtopf«. Als sie aufgewachsen waren und in Diensten des Königs standen, waren sie unter den Namen »Älterer Prinz« und »Jüngerer Prinz« bekannt, und so werden sie noch heute genannt. Ihr Vater soll von arabischer Abstammung gewesen sein, ein schiffbrüchiger Seemann, und somit war klar, dass diese *Nat*-Familie kein Schweinefleisch essen durfte, obwohl sie buddhistisch sein sollte. Die Wallfahrer glauben, dass sie durch den Genuss von Schweinefleisch den Zorn der Brüder auf ihre gefräßigen Seelen laden würden.

Der folgende Steilaufstieg führte über eine nahezu senkrechte Flucht von Metallstufen, die glücklicherweise mit stabilen Geländern versehen war, an denen ich mich mit an Totenstarre erinnernden Griffen festklammerte. Auf diesem Stück begriff ich so klar wie niemals zuvor, dass Schnauben und Pusten zwei grundsätzlich verschiedene Dinge sind.

In einer anderen Höhle hatte der Ästhet Hpo Min Gaung meditiert, bis er unsichtbar und unsterblich wurde. Deshalb besagt die Überlieferung, dass er »aus dem Leben ausgebrochen« sei, um nicht als *Nat*-Geist, sondern als eine Art Hexenmeister der weißen Magie zu existieren, der sich aus dem Zyklus der Wiedergeburten befreit hat. In einem Schrein war sein Bildnis zu sehen – ein streng wirkender Mann in gewöhnlicher Kleidung, der sitzend ein Bein über das andere Knie geschlagen hatte. Er war ein *Weikza*, und seine Meditationsform unterschied sich beträchtlich von der *Vipassana*-Meditation, die Daw Saw in ihrem Zentrum erlernte. Seine Meditationsform hieß *Thamahta*, und ihre Ziele waren weniger auf den Einzug ins Nirwana als auf die Erlangung magischer Kräfte gerichtet, die Reisen zu den Sternen und die Erzeugung von Magneteisensteinen ermöglichten sowie heilende Kräfte und ähnliche Fähigkeiten vermittelten. Es kann eine äußerst strenge Übung sein, tagelang auf brennende Kerzen zu starren, die in kleine Höhlen eingemauert sind – ähnlich wie die Rituale, denen sich hinduistische Sadhus unterziehen.

Das Gebiet um Popa ist aufgrund seiner mythischen Geschichte bei verschiedenen Sekten äußerst beliebt. Es gibt zahlreiche verschiedene Gruppen, deren Mitglieder zum Teil strenge Regeln der Enthaltsamkeit einhalten. Schrullige Praktiken aber werden gewöhnlich von den Behörden im Keim erstickt, und Anhänger der schwarzen Magie beschränken sich auf das Schreiben von Runen und das Vergraben einiger Knochen; mitternächtliche Opferzeremonien gibt es nicht.

Andere Pilger überholten mich, Bekannte und Fremde, doch auch ich überholte andere, denen ich ermutigende Worte zurief. Wir rieten einander, Pausen einzulegen und alles leicht zu nehmen – macht es nicht Spaß, puff puff, wir werden nicht jünger, nicht wahr, eh, puff puff. Junge Burschen und Mädchen standen herum und boten Pakete mit nicht enthülsten Erdnüssen an, Geschenke für die Affen, die hoffnungsfroh in der Nähe hockten und auf Leckerbissen warteten. Ein behaartes kleines Baby öffnete geschickt eine Plastiktüte und biss die Hülsen auf, während seine Mama stolz zuschaute und sich unter den Achselhöhlen kratzte. Keinesfalls wollte ich die Aufmerksamkeit der Tiere auf mich ziehen, indem ich ihnen Erdnüsse anbot. Auf der gesamten Wegstrecke hatte ich sie geflissentlich ignoriert, und ich war glücklich, dass sie mir dieselbe Ehre erwiesen, wenngleich mit einer Verachtung, die eine Herzogin einem Barmädchen entgegenbringt. Ein behaarter Gentleman hüpfte auf eine steile Balustrade, schwenkte seinen Schwanz zur Seite, nahm auf dem nackten Hinterteil Platz und starrte in den freien Raum, als würde er in einem Aufzug in die Tiefe gleiten. Sein Gesicht wirkte äußerst nachdenklich; es erinnerte mich an einen Mann, der über Börsenoptionen nachdenkt. Doch ich brachte nicht den Mut auf, lauthals zu kichern.

Bald erreichte ich einen Felsvorsprung, wo ein ausgebleichtes Schild verkündete, dass Wunna Thanegi hier gestanden und voller Sehnsucht nach ihrem Geliebten in Richtung Bagan geschaut habe. Wenn sie tatsächlich vor vielen Jahrhunderten gelebt hatte, dann hatte sie von dieser Stelle aus wirklich in die

Richtung blicken können, wo er lebte – und zwar gewiss in der stillen Hoffnung, aus der Ferne eine vage Wolke auf sich zutreiben zu sehen, sowie mit der quälenden Fragestellung, was er an jenem Hof, an jenem Ort, den sie niemals betrat, denn eigentlich tat.

Auf dem schmalen Plateau, das den Gipfel des Berges Popa bildet, standen viele Schreine und Tempel, die ausnahmslos zu Ehren Buddhas errichtet worden waren. Oben am höchsten Punkt entdeckte ich keinen einzigen Schrein für weniger bedeutende Gottheiten, doch etwas weiter unten im Gelände stand eine ziemlich große, aus Bronze gegossene Statue eines Mannes auf einem Pferd. Seltsam.

Da Abstiege stets schneller als Aufstiege erfolgen, machte ich auf dem Weg bergab wertvolle Zeit gut. Ich hatte schätzungsweise rund tausend Stufen zu bewältigen, doch ich zog es vor, ein waches Auge auf die Affen zu halten, statt die Stufen zu zählen, denn wie leicht hätte ich solchermaßen abgelenkt über einen die Zähne bleckenden Pelzträger stolpern können. Als ich wieder ebenen Boden unter den Füßen hatte, setzte ich mich mit großer Erleichterung in eine Teestube, um etwas zu trinken. Ich wählte einen starken süßen Tee und einige heiße Toastscheiben, die verkohlt waren und nach geschmolzener Butter dufteten. Dazu bestellte ich ein weich gekochtes Ei.

»Wie weich?«, fragte der Kellner, der trotz der Kälte ohne Hemd daherkam und über seiner ausgebeulten kurzen Hose ein schmutziges Wischtuch um die Hüften gebunden hatte.

»Vier Minuten«, erwiderte ich, nur um höflich zu sein. Da mir vollkommen klar war, dass die meisten meiner Mitbürger ein äußerst schlecht ausgeprägtes Zeitgefühl besaßen, stellte ich mich sowohl auf eine wässerige Masse als auch auf einen steinernen Klumpen ein. Es dauerte viele lange Minuten, bis mir der Kellner das Ei brachte – es war perfekt zubereitet.

In dem Laden saßen bereits mehrere Männer, doch ich war die erste Frau, die sich hineingewagt hatte. Ich nahm davon Notiz, dass nun auch mehrere andere Frauen hineinkamen, nachdem sie gesehen hatten, dass sie nicht die ersten weiblichen Kunden waren. Es gehört zum schicklichen Verhalten myanmarischer Frauen, nicht in einem Restaurant Platz zu nehmen, wenn dort ausschließlich Männer sitzen. Ich fand zu der Überzeugung, dass es vollkommen in Ordnung war, noch eine Weile sitzen zu bleiben, und so verweilte ich bei meinem Tee und begann, Tagebuch zu schreiben. Die Ladenbesitzerin, eine flotte Frau Mitte dreißig, lächelte mir wohlwollend zu, während sie ihre Arbeit verrichtete, denn meine Gegenwart lockte weitere weibliche Kundschaft in ihr Geschäft.

Zwei Männer gingen mit raschen Schritten vorbei. Der jüngere von ihnen, der den Kopf kahl geschoren hatte, rief der Frau einen freundlichen Gruß zu. Mir fiel auf, dass sie von Kopf bis Fuß in dunkelbraune Baumwolle gekleidet waren – eine Farbe, die man mit Religion verknüpft, und ein Stoff, der in alten Zeiten mit Baumrinde gefärbt wurde. Frauen tragen solche Kleidung, wenn sie einem religiösen Orden angehören, ohne Nonnen zu sein, doch Männer mit dieser Kleidung sind in der Regel Mönche, die sich als zusätzliches Zeichen den Kopf kahl scheren lassen. Mitunter tragen sie über dieser Farbe, die wir *Thit-khauk-soe* nennen, ein weißes Hemd.

Jene beiden Männer aber waren keine Mönche, obwohl ihre Hemden und ausgebeulten langen Shan-Hosen dunkelbraun waren, denn im Vergleich zu den meditierenden Laien, die gewöhnlich äußerst langsam gehen und die Augen auf den Boden richten, schritten sie viel zu kraftvoll aus.

Ich schaute auf und blickte die Ladenbesitzerin mit hoch gewölbten Augenbrauen an.

»Oh, sie sind zum Meditieren hier, kommen jedes Jahr.«

»Aus …?«

»Yangon, glaube ich. Zu anderen Jahreszeiten reisen sie zu Orten wie Kyaik-hti-yo (Goldene Felspagode im Staat Kayin) oder zum Shan-Plateau.«

»Und wie lange bleiben sie …?«

»Hier? Vier bis fünf Monate am Stück. Sie kommen schon seit Jahren her, schon seit ich noch ein Mädchen war.«

»Seit Jahren?«

»Seit etwa achtzehn Jahren, schätze ich.«

Es war müßig, über Zielstrebigkeit zu sprechen. Ich rief mir verblüfft ins Gedächtnis, dass der Jüngere wie ein Mann Mitte zwanzig aussah und der Ältere dichtes weißes Haar hatte, jedoch behände wie ein junger Mensch ging. Offenbar gingen sie tagtäglich rigorosen Übungen nach, statt in kleinen sechs mal sechs Meter großen Betonzellen mit engen Türen zu sitzen, die geschlossen gehalten werden und zur Belüftung nur zwei Öffnungen in der Größe von Streichholzschachteln aufweisen. Erst an diesem Morgen hatte ich in eine solche leere Zelle hineingeschaut, und zwar aus reiner Neugierde. Vielleicht waren jene beiden in Wirklichkeit zweihundert Jahre alt und sahen nur durch die Meditation wie zwanzig aus.

Bald war mein Tisch mit anderen Frauen besetzt, und ich kam mit einer Dame ins Gespräch, die mir erzählte, dass sie in Mandalay lebte. Wir unterhielten uns eine Weile über die liebenswerte alte Stadt, welche die Heimat meiner Vorfahren war, bevor wir von Bagan zu sprechen begannen. Sie kam soeben von dort.

»Wenn ihr nicht schon eine andere Unterkunft habt«, riet sie mir, »solltet ihr das Kloster wählen, in dem ich übernachtet habe. Der Abt ist ungeheuer freundlich.«

Sie schrieb mir die Adresse auf und versicherte wiederholt, dass die Mönche sich mit Begeisterung um ihre Besucher kümmern würden. Es war sicher wahr, denn Besucher stellten eine Erhöhung der Schülerzahl dar und gaben den Mönchen die Möglichkeit, auf effektive Weise die Lehre zu verbreiten, ohne auf Reisen gehen zu müssen. Da es derartige, auf Besucher eingestellte und zudem sichere Unterkünfte auf der gesamten Reiseroute gab, hielt der durchschnittliche myanmarische Pilger es für extrem extravagant, in einem Gasthaus zu übernachten, wenn in der Nähe keine Verwandten oder Bekannten wohnten.

Wie lange konnte sich diese charmante Gewohnheit der Gastfreundschaft noch halten, fragte ich mich, und was würde mit den *Weikza* und dem Brauch, Fremden unverzüglich Hilfe anzubieten, geschehen? Würde das gesamte Sozialsystem, Ratschläge zu erteilen, Fragen nachzugehen oder schlicht und einfach nur zu vermitteln (alles geboren aus dem Drang zu helfen) auseinanderbrechen, wenn die Menschen sophistischer wurden und ihre Geschäfte stärker in den Vordergrund stellen würden? Nein, wahrscheinlich nicht. Es würde Jahrzehnte und drastische Veränderungen erfordern, die Natur der Menschen zu ändern.

Nachdem ich noch etwas in den Läden herumgestöbert und es dort geschickt vermieden hatte, Flaschen mit *S'gar*-Blüten (Champac) zu kaufen, die in einer Lösung aus sauren *Kyautchin*-Kristallen (Alaun) aufbewahrt wurden, gelangte ich zur Mittagszeit zurück zu unserer Unterkunft. Meine Reisegefährten präsentierten stolz Blüten in Flaschen, Spielzeugartikel, Kräuter und Wurzeln sowie eingelegte Früchte und Erdnüsse, die sie als Geschenke für Familienangehörige daheim erworben hatten, und schauten mich bestürzt an, als ich erklärte, dass ich nichts eingekauft hatte. Ich setzte mein Leider-bin-ich-allein-auf-dieser-Welt-Gesicht auf und ging mir eine Kelle des Mittagessens holen: Es gab Huhn mit Tomaten, mit Eiern gebratenen Blumenkohl und klare Suppe mit einigen spärlichen Kürbisstreifen.

Nach dem Mittagessen verließen wir Popa.

Ich hatte gedacht, dass wir nun geradewegs nach Bagan fahren würden, doch offenbar gab es unterwegs noch einen anderen Tempel, dessen Besuch nicht versäumt werden durfte. Wir mussten einen Umweg in Kauf nehmen, der auf einer schmalen kurvigen Piste durch Bananenplantagen führte. Eine Bananenplantage zu betreiben, wo Affen über die Umwelt herrschten, schien mir gelinde ausgedrückt ein verwegenes Unterfangen zu sein, doch Bananen waren ein wichtiger Bestandteil der zeremoniellen Opferungen an die *Nat*-Geister und deshalb in dieser Region sehr gefragt.

Bei dem Tempel handelte es sich um den Schrein des Min Mahagiri, des Herrn der Berge. Min Mahagiri war ein Schmied mit solch gewaltigen Kräften, dass der König ihn aus Angst um seinen Thron an einen Champac-Baum binden und verbrennen ließ. Seine Schwester, eine Königin, sprang zu ihm ins Feuer. Seitdem wird er als Gott der Haushalte verehrt. In Glück verheißenden Ecken vor myanmarischen Häusern hängen häufig grüne Kokosnüsse, in denen er sich niederlassen kann.

Es war der originale Hauptschrein. Da er abseits der ausgetretenen Pfade stand, war er nicht so gepflegt wie die Tempel von Popa, und glücklicherweise gab es auch keine hübschen Gipsgesichter. Die Armbereifte watschelte nach vorn und bewedelte die Statuen in einem eigenwilligen Anbetungsritual enthusiastisch mit einem Fächer mit langem Griff.

Da dieser *Nat*-Geist in einem Feuer ums Leben gekommen war, lag es auf der Hand, dass er die Kühle bevorzugte. Aus diesem Grund bot man ihm auch eine grüne Kokosnuss als Wohnsitz an, die immer dann, wenn sie ausgetrocknet war, im Rahmen einer großen Zeremonie ausgewechselt wurde. Im Gegensatz zu anderen *Nat*-Geistern wurden für Min Mahagiri niemals Kerzen entzündet. Die Armbereifte betete laut, während sie fächerte, und leierte dabei eine lange Wunschliste herunter, die Dinge wie wachsenden Reichtum, Gesundheit und gute Profite umfasste. Der weite Schwung ihres Fächers drohte die anderen Pilger zu Boden zu werfen.

Ich brachte mit einer hastigen Verbeugung meine Ehrerbietung zum Ausdruck und ging nach draußen, um über den Rand der Klippe zu blicken. Auf der anderen Seite des schmalen Tales entdeckte ich zwischen den vergilbenden Blättern von Büschen und niedrigen Bäumen, die sich an den steinigen Untergrund klammerten, einen sehr kleinen Baum, der über und über mit etwas bedeckt war, das ich zunächst für weiße Blüten hielt; vielleicht waren es Blüten, doch nach näherem Hinschauen und der Betrachtung ihrer Größe und der Art, wie sie im Wind flatterten, hatte ich eher den Eindruck, dass es Blätter waren. Es war ein zauberhafter Anblick.

Auf der Rückfahrt schlug ein überhängender Ast gegen den Bus und zertrümmerte den großen Rückspiegel neben der Vordertür. Da ich mir über den Mangel an Ersatzteilen in unserem Land bewusst war, rechnete ich damit, dass ab sofort einer der beiden Schaffner beständig als Beobachter des rückwärtigen Straßenverkehrs aus dem Türrahmen hängen werde, doch bereits in der nächsten Kleinstadt kaufte Paw Paw einen neuen Spiegel, während wir anderen an einem Stand am Straßenrand gallonenweise Tamarindensorbet und Zuckerrohrsaft konsumierten, denn im stehenden Bus war es sehr heiß. Nach zwanzig Minuten waren wir mit einem an die richtige Stelle montierten neuen, vollkommen identischen Spiegel wieder unterwegs. Ein Wunder der Marktwirtschaft nach Jahrzehnten sozialistischer Sparsamkeit! Ich erinnerte mich noch gut an die Fahrzeuge, die monatelang in der Garage standen, weil ihre Besitzer auf ein Ersatzteil warteten, das ihnen aus dem Ausland zurückkehrende Freunde mitbringen mussten.

Um 13.50 Uhr erreichten wir Nyaung Oo und glitten sanft über die gut geteerte Straße, welche die Shwezigon-Pagode umschließt. Bevor wir Ko Tu in der Stadt absetzten, hatte er gefragt: »Was wollt ihr zum Abendessen? Etwa kein Huhn?« Wir hatten gelacht und bekundet, dass wir mit allem zufrieden seien, vorausgesetzt es habe keine Federn. Für die Übernachtung war ein Rasthaus in der Nähe der Pagode vorgesehen, das sich hinter einer Geschäftszeile befand.

Ich liebe die Shwezigon-Pagode – ihre Form, die langen breiten Wandelwege und die antiken *Nat*-Bildnisse, die in den Ecken verborgen sind. Die Menschen verehren die Pagode wegen den Reliquien, die in ihr aufbewahrt werden.

Ich sah zahlreiche Kunstgewerbeartikel und »Antiquitäten«,

die für den Touristenhandel auf Matten neben den Wandelgängen ausgebreitet waren. Ich kaufte einige Behälter aus getrockneten Palmensamenhülsen, die mit einem aus Holz geschnitzten Stöpsel in Tiergestalt verschlossen waren. In alten Zeiten dienten sie als volkstümliche Behälter zur Aufbewahrung von Medizin. Ich hatte mir schon lange gewünscht, einen solchen Behälter zu besitzen, doch sie waren sehr selten. Nun aber wurden neue für den Touristenhandel hergestellt, und dafür war ich dankbar. Endlich wurde das alte Kunsthandwerk wiederbelebt.

Da wir vor dem Abendessen noch einige Pagoden umrunden sollten, drückte der Fahrer auf die Hupe, um uns zusammenzurufen. Es war ein klägliches Geräusch, das an einen brünstigen Bullen erinnerte und alles andere als mechanisch klang.

Der um das Gepäck erleichterte Bus schien auf geflügelten Reifen zu schweben, als wir zur Bupaya-Pagode am Ufer des Ayawaddy fuhren. Sie war 1975 durch ein Erdbeben vollständig zerstört worden, sodass das heutige Gebäude eine Replik ist. Bu bedeutet Kürbis, und die Anlage trägt diesen Namen, weil die Form des Stupa jener Frucht ähnelt. Er war von Terrassen umringt, die zum Flussufer hin abfielen. Es gab einen Fährhafen, der als Anlaufhafen diente und in dem gewöhnlich Boote vertäut lagen, die mit Tongefäßen, rohem Reis und ländlichen Waren beladen waren. Frauen wuschen am Flussufer ihre Wäsche, während an den seichtesten Stellen sitzende, nackte braune Babys sich Wasser über den Kopf gossen und andere Kleinkinder es bevorzugten, sich im Sand zu rollen. Ungeordnet hingeworfen wie Zuckerrohrstangen lagen rote Chilischoten zum Trocknen im Sand. Auf den höher gelegenen Terrassen rund um die Pagode befanden sich in einer langen Reihe angeordnete Essstände und Lackwarengeschäfte, deren Betreiber sich sofort, nachdem die Armbereifte genügend Platz frei gemacht hatte, um uns aussteigen zu lassen, auf die eintreffende Busladung Pilger stürzten.

Mit diesem Besuch hatten wir mit der Umrundung der berühmten Pagoden Bagans begonnen. Ko Tu gab uns überraschend sachkundige und interessante Informationen über die Stätten, an denen wir vorbeikamen, und erteilte weitere Hinweise, wo wir sonst noch halten und Besichtigungen durchführen würden. Der nächste Aufenthalt erfolgte am Tempel Gawdawpalin, den Narapatisithu zu Ehren seines Vaters errichtet hatte. *Gaw-daw* bedeutet Ehrerbietung, und beide Wörter werden auch verwendet, um zu den Eltern »Verzeiht mir« zu sagen. Narapatisithu hatte sich dessen gerühmt, mehr Pagoden als alle seine Vorfahren errichtet zu haben, und für diese pflichtvergessene Bemerkung war er mit Erblindung bestraft worden, von der er erst geheilt wurde, nachdem er durch den Bau dieses Tempels und die Aufstellung von aus Gold geschmiedeten Bildnissen die Vergebung seiner Vorväter erwirkt hatte.

Nächstes Ziel war das Kloster Lawkananda, das sich eng an das Flussufer schmiegte. Auf einem Felsvorsprung stand ein weißes *Zayat,* ein Rasthaus. Da ich den Ort früher bereits mehrfach besucht hatte, blieb ich in diesem Rasthaus, um versonnen auf den Fluss zu blicken und an die Zeit vor zwanzig Jahren zu denken, als ich zusammen mit meinem Ehemann beim Anbruch der Abenddämmerung an derselben Stelle gestanden hatte. Ich dachte über jene andere Frau nach, die ich einst gewesen war. Mein Leben hatte seit damals so viele merkwürdige Windungen erfahren, dass die Erinnerungen zu einer anderen Person zu gehören schienen; und in gewissem Sinne war es tatsächlich so.

Zum Abendessen gab es Reis mit einer gut gewürzten dicken Gemüsesuppe, die mit Kartoffeln, *Lady's Fingers* und anderen Dingen vollgepfropft und zusammen mit gesalzenem Trockenfisch gekocht worden war. Dazu gab es mit gebratenen Zwiebeln vermischte gegrillte Auberginen sowie eine Beilage aus Tomaten, die mit grünen Chilischoten gekocht und mit gehacktem Koriander garniert war. Durchweg Speisen, die zu meinen Lieblingsgerichten gehörten. Ich fraß mich voll. Nicht viel später sank ich in meinem Bett in einen tiefen Schlummer, und auch die meisten anderen begaben sich früh zur Ruhe. Wir hatten einen langen Tag hinter uns.

Fünfter Tag

Glorreiches Bagan

Einige von uns waren bereits um drei Uhr auf den Beinen. Ich beschloss, Shwezigon im Dunkel des frühen Morgens zu sehen, und trat nach einem Bad mit eiskaltem Wasser, das mich mit einem durchdringenden Schock wachrüttelte, um vier Uhr hinaus auf die Plattform.

Der goldene Stupa wurde von gelben Bogenlampen beleuchtet und erhob sich in einer Pracht, welche die Sinne blendete, vor dem Himmel, der sich noch in tiefstem Purpur präsentierte. Ich wanderte in der menschenleeren Anlage umher und schaute mir in Ruhe alle Dinge an, die mein Herz berührten: das weiße Pferd, das mit wachsamem Blick hinter einem weißen Zaun stand; den Pavillon mit den Bögen, die mit kleinen bemalten Holzfiguren verziert waren, deren Posen und Anordnung die schrullige Fantasie ihres Schöpfers reflektierten; die kleinen Relieffiguren des Buddha, die in Augenhöhe an den Wänden platziert waren; und natürlich die zwei großen *Nat*-Geister, die Vater und Sohn darstellten und fett, vierschrötig und golden waren. Ich liebte den fast afrikanisch anmutenden Maskenstil der antiken Gesichter der beiden Bildnisse. Und da war nicht zuletzt auch noch das kleine Becken, das in die marmorne Terrassenplattform gegraben und mit Wasser gefüllt war, damit der König sein Haupt im Gebet senken und dennoch den sich im Wasser spiegelnden Stupa sehen konnte. Unromantische Quertreiber behaupten hingegen, dass dieses Becken zusammen mit anderen seiner Art lediglich dem Zweck gedient habe, während der Bauzeit die Ausrichtung des Stupa zu überprüfen.

Ich saß auf den Stufen eines Pavillons, beobachtete das sich rasch verändernde Licht sowie die hastenden Vögel, die in dichten Scharen hoch über meinem Kopf flogen, und lauschte nach den Geräuschen der langsam erwachenden Geschäftszeile. Ich saß lange dort.

Um 6.45 Uhr standen wir bereit, um die nächste Besichtigungsfahrt in Angriff zu nehmen. Wie am Vortag gab uns Ko Tu im Bus die nötigen Informationen. Der Schlingel hatte ursprünglich den Anschein erweckt, kein geschickter Redner zu sein, doch nun stimmte er uns auf interessante Weise auf die Geschichte Bagans ein. Er kannte sich bestens in den historischen Fakten aus und wusste über kleine Details zu berichten, die normalerweise unbemerkt blieben und übersehen wurden. Er sprach mit unverhohlener Liebe und mit Stolz über die Stätten, obwohl er bereits seit Jahren dasselbe Programm herunterspulte. Urplötzlich kamen mir die Worte in den Sinn, die einst eine Amerikanerin zu mir gesprochen hatte: »Vielleicht sind wir mittlerweile so blasiert, dass wir nicht mehr den Nationalstolz besitzen, den ich in Ländern wie dem Ihrigen beobachte. Große Länder sollten mehr Verständnis dafür aufbringen.«

Unser erstes Ziel war der Stupa Mya Zedi, der besondere Bedeutung hat, weil dort eine Steinsäule aus dem zehnten Jahrhundert mit einer Aufschrift in den vier Sprachen Pyu, Bamar, Mon und Pali aufbewahrt wird. Sie stellt die einzige Quelle dar, um die verloren gegangene Sprache der Pyu zu enträtseln, die sich wie das zugehörige Volk in der Geschichte aufgelöst hat. Die Säule erinnert an den Bau eines Tempels durch einen Prinzen, der zum König hätte gekrönt werden sollen, dann jedoch aus irgendwelchen Gründen zugunsten seines Neffen übergangen wurde. Er schrieb über die Loyalität und Liebe zu seinem Vater in der Form einer huldvollen Dankbezeugung. Dies war ein eindrucksvoller Akt in einer Zeit, in der um des Thrones willen Söhne ihren Vater und Brüder ihren Bruder töteten.

Zu ihrem Schutz – ob nun vor den Unbilden des Wetters oder vor Dieben – stand die Säule hinter Gittern in einem hässlichen kleinen modernen Pavillon. Ein offenbar um tiefere Einsichten ringender Pilger hatte als Opfergabe eine Kette mit bunten Weihnachtskerzen über die Säule drapiert.

Unsere nächste Station war die Wünsche Erfüllende Pagode, wo wir hintereinander einzeln in die schmalen Korridore drängten, die durch die Pilgerscharen noch enger gemacht wurden. Diejenigen, die bereits bei der Abfahrt die Perlen ihrer Gebetsschnüre gezählt hatten, nahmen Platz, um das Ritual abzurunden. Es war klar, dass wir hier mehr Zeit als anderswo verbringen würden.

Viele Jahre lang war dieser kleine Tempel unbeachtet geblieben und hatte nur als eine von vielen Ruinen des alten Bagan gegolten, bis ein Mönch, der jahrelang in einem Höhlentempel meditierte, im Traum den Auftrag erkannte, ihn restaurieren zu lassen, und deshalb fortan laufend bei der Behörde für Archäologie vorsprach. Wie nicht anders zu erwarten, wurde er

Thatbyinnyu Pahto, Bagan

zunächst abgewiesen, und so nutzte er die Hilfe eines Förderers, um ein Gesuch an tief mit dem Glauben verbundene Beamte aus höchsten Regierungskreisen zu richten. Da in einem Land, das auf allen Ebenen tief in der Tradition verwurzelt ist, der Religion ein ebensohoher Stellenwert beigemessen wird wie der Archäologie, hatte man schließlich mit der Renovierung des Tempels begonnen, und allen Erwartungen zuwider hatte eine Art Dominoeffekt eingesetzt, sodass Bagans Tempel schon nach wenigen Jahren so strahlend wie neue Stecknadeln nebeneinander aufragten. Viele Menschen trugen durch ihre Inbrunst und Opfergaben dazu bei. Außenstehende erkennen oft nicht, dass in unserem Land Traditionen wichtiger sein können als Touristendollars, geschweige denn, dass sie es verstehen. Obwohl mir der frische Mörtel und die neuen Ziegel in die Seele schnitten, musste ich eingestehen, dass unterschiedliche Werte unterschiedliche Handlungen hervorrufen.

Ich bemerkte, dass die Ehemänner der beiden einander so ähnlichen Paare auf ihre Frauen warteten, um die Pagode mit ihnen zusammen zu betreten. Sie ließen anderen den Vortritt. Ich entdeckte nichts Sonderbares an ihrem Verhalten, denn vielleicht hatten die Frauen die Veranlagung, leicht verloren zu gehen – eine Schwäche, für die ich große Sympathie empfinde. Später aber erzählte mir Daw Saw, dass ihr Verhalten gewährleisten sollte, dass sie in allen künftigen Leben als Ehepaare miteinander verbunden sein würden. Da Daw Saws Stimme einen wehmütigen Unterton hatte, war ich mir sicher, dass sie in Gedanken bei ihrem verstorbenen Ehemann war. Der Wunsch, auf ewige Zeiten miteinander verbunden zu sein, ist nicht ungewöhnlich für glücklich verheiratete Paare, die an den Zyklus der Wiedergeburt glauben. Ein populäres Lied hat den Refrain »Wenn wir Vögel werden, wenn wir Hühner werden, wollen wir auf demselben Ast hocken«. Kinder – wie sie nun einmal sind – haben diese Zeilen in den Refrain »Wenn wir Schweine werden, wenn wir Kühe werden, wollen wir im selben Trog stöbern« umgewandelt.

Die nächste Station war Dhamayangyi, ein großer Tempel aus roten Ziegeln, der sich wie ein Schloss der Götter aus seiner flachen Umgebung erhob. Die Ziegel waren mit äußerst dünnen Schichten Mörtel zementiert. Den Geschichtsbüchern zufolge hatten Könige verfügt, dass keine Stecknadel zwischen die Ziegel passen dürfe; wenn dies bei ihren Überprüfungen nicht zutraf, war es um die Hand des Maurers geschehen. Während ich an einige der schwankenden Bauwerke dachte, die in den frühen 8oer-Jahren in Yangon errichtet worden waren, verspürte ich den Wunsch, dass unsere Herrscher an dieser rigorosen Maßnahme festgehalten oder zumindest die traditionelle Mischung für Mörtel bewahrt hätten, zu der unter anderem Wasserbüffelhaut, Baumwolle und Melasse gehörten.

Pferdekarren rollten an uns vorbei, die grell mit Blumensträußen ausstaffiert und geschmückt waren. Die Ponys waren geschniegelt. Ich erinnerte mich an eine große fuchsrote Stute, die vor etlichen Jahren den Karren gezogen hatte, in dem ich damals saß. Sie hatte Madonna (Ma-Daw-Na) geheißen, und meine australischen Begleiter hatten sie unverzüglich in Matilda umgetauft, um ihr Lieblingslied *Waltzing Matilda* singen zu können. Doch das blonde *Material Girl* war zu beliebt und zu jung, um einen anderen Namen zu erhalten. Sie (gemeint ist die Stute) blieb bis zu ihrem Tode vor wenigen Jahren Madonna.

Auf den Rückseiten der Karren standen in geschnörkelten Buchstaben geschriebene Sprüche, die wie eine Art Pferdekarren-Graffiti wirkten. Einer dieser Sprüche besagte: *Liebe mich jetzt und nicht erst, wenn ich tot bin.* Ein anderer lautete: *Je weiter entfernt, desto besser. Berühre mich dort nicht,* warnte ein dritter verschämt. Ein anderer Pferdekarren war über und über mit Klebeschildern bedeckt, die für die Marke *Mobil* warben. Eine Neuheit an den Tempeltoren stellten die Verkaufsstände dar, die neben Kunsthandwerk Tüten mit Knusperchips, abgepackte Papiertaschentücher, Pepsi-Flaschen und Seven-Up-

Dosen anboten. Früher hatten alle Pilger ihre eigenen Wasserflaschen dabei, denn sauberes abgefülltes Trinkwasser war selbst in der Hauptstadt unbekannt. Das Wasser des Ayawaddy war in der Nähe menschlicher Siedlungen nicht trinkbar. Ich konnte ein Lied davon singen, denn vor zwanzig Jahren hatte ich es aufgrund meines brennenden Durstes ausprobiert.

Die Fahrt führte weiter zum Thiripyitsaya-Hotel, das über lange Zeiten hinweg das einzige gehobene Hotel Bagans war. Inzwischen sah es aus wie eine alternde Jungfer, deren Aussehen nicht mehr mit der nachrückenden jungen Generation Schritt halten konnte. Doch halt, ein Freier war aufgetreten. Es war ein Pachtvertrag mit einem japanischen Unternehmen abgeschlossen worden, der eine vollständige Renovierung und die Übernahme des Hauses vorsah. Sobald dieses Vorhaben umgesetzt war, würde das Haus zu großartig sein, um einfachen Pilgern das Gaffen auf den Swimmingpool zu gestatten, den die meisten von uns im realen Leben ohnehin nicht zu sehen bekamen. Die Dawai-Mädchen flitzten umher, um mit dem Fotoapparat festzuhalten, wie sie im Stile der Fotomodelle aus dem Werbefernsehen in den Liegestühlen lagen.

An der Rezeption bat ich um einen Anruf nach Yangon und hatte tatsächlich bereits nach wenigen Minuten eine Verbindung stehen. Welch junges Wunder. Vor nicht allzu langer Zeit waren die Telefonverbindungen noch so schlecht, dass das Verschicken von Postkarten mit einer Brieftaube eine ernsthafte Alternative darstellte.

Mein Freund war nicht zu Hause, doch seine Haushälterin war anwesend. Sie wollte wissen, ob Madame zum Mittagessen anwesend sein werde und warum ich schon so lange nicht gekommen sei?

»Ich bin in Bagan, Dolly, ich kann nicht zum Mittagessen kommen, denn ich bin über sechshundert Kilometer weg.« Sie schien mir nicht zu glauben und klang verdrießlich, als wir das Gespräch abbrachen.

Nächste Station war der majestätische Tempel Thatbyinnyu. Die weiße Tünche war an etlichen Stellen mit Moosschlieren durchsetzt, was dem Bauwerk eine charmante Eleganz des Alters verlieh. Ich konnte mir die Damen des alten Bagan vorstellen, die in wallenden Roben aus feiner Seide und mit breiten Goldketten um Hals und Arme über die ausgedehnten Terrassen wandelten, während kleine Kinder herumrannten und im Übermut zu Boden stürzten – kreischend, wie es Kindern eigen ist – und Männer ohne festes Ziel umherspazierten und stehen blieben, um mit Freunden Staatsangelegenheiten zu besprechen. Ich sah sie nahezu vor mir mit ihren bunten Kleidern und den dick in Gold gefassten glänzenden Juwelen, so wie sie auf den Wandgemälden vieler Tempel noch heute zu sehen sind. Bei dieser Reise war mir nicht die Zeit beschieden, mein Lieblingsbild, das sich in einem abgelegenen kleinen Tempel befand, anzuschauen. Es handelte sich um eine Szene, die eine Zeremonie des animistischen Kultes zeigt: Eine junge Braut, die von ihren Dienerinnen zu einem Priester geführt wird, um sich von ihm deflorieren zu lassen.

Letzte Station war Ananda Pahto, der sich mit seinem perfekten Tempelgrundriss in Form eines griechischen Kreuzes in gespreizter Eleganz präsentierte. Ich liebte die vier großen stehenden Buddhastatuen an den vier den Himmelsrichtungen zugewandten Seiten, die vier verschiedene *Mudra* (Handhaltungen) zeigen. Die Bildnisse waren aus vier unterschiedlichen Holzsorten geschnitzt und dick mit Blattgold beschichtet. Durch kleine Fenster im oberen Bereich fluteten Lichtstrahlen in die Hallen, welche die gütigen Züge der Gesichter erhellten, während es ringsum dunkel blieb. Kyansittha, ein anderer ruhmreicher König, der nach Anawrahta regierte, erbaute diesen Tempel. Seine vergoldete Statue stand neben einem großen Buddha-Bildnis und stellte ihn als einen Menschen mit offenem und aufrichtigem Gesicht dar, der im Gebet nach oben blickt. Er wirkte geschmeichelt und sehr zufrieden mit seiner Arbeit.

Brathühnchen im Dorf Let-pan-pya

Nach dem Mittagessen an der Shwezigon Pagode verließen wir Bagan. In Nyaung Oo sah ich im Vorbeifahren ein Restaurant mit dem Namen »Großer Goldtopf«. Es gab so viele neue Hotels, Restaurants und Gasthöfe, von denen einer gar den Namen »Betelnuss« trug.

Als wir durch Kyaukpadaung fuhren, nagte erneut Eifersucht an meinem Herzen, als ich die üppigen Bougainvilleen sah. Der Bus hielt zur Abwechslung in einem kleinen Dorf mit dem charmanten Namen »Spitze des *Let-pan*-Baums«. Das myanmarische Wort *Let-pan* bezeichnet den Kapokbaum, dessen fette grüne Hülsen im Sommer aufplatzen, um dichte Wolken aus flaumigem Kapok freizusetzen. Die Blüten präsentieren sich in einem wunderschönen Rot, und ihr spitz zulaufendes Inneres enthält einen rasch fermentierenden Nektar, der wesentlich zur Lebensfreude der wilden Mynahvögel beiträgt. Rüde und zu derben Späßen neigende Menschen werden mit

»Mynahvögeln auf einem Kapokbaum« verglichen. Die in der Sonne getrockneten Blüten ergeben ein knackiges Gemüse für sauerscharfe Suppen. Es wurden viele Liedertexte und Gedichte über Dorfmädchen geschrieben, die Blüten des Kapokbaums pflücken.

Ich hatte keine Vorstellung davon, was die Menschen in diesem kleinen Dorf am Wegrand an ihre Hühner verfütterten, doch die Kinder und jungen Mädchen, die große Tabletts auf ihren Köpfen balancierten, verkauften die besten Brathühnchen, die ich in meinem Leben gegessen hatte. Wir kauften viele Flaschen Orangensaft und riesige Portionen Hühnerteile, die erstaunlich preiswert waren. Ich verkramte unbewusst einen in Plastik verpackten dicken Hühnerschenkel in meiner Reisetasche, den ich erst nach vier Tagen zufällig und mit einem freudigen Aufschrei entdeckte, und der noch immer köstlich schmeckte.

Schon seit dem Vortag hatten der Fahrer und die Schaffner vergeblich versucht, den schleifenden Kassettenrekorder zu reparieren. Nun pfuschten sie schon wieder an diesem Ding herum. In diesem Augenblick fühlte ich mich stark genug, um lauthals in den Bus zu rufen, dass ich bei der nächsten schlingernden Musik an Bord zunächst mit einem Hammer auf den Kassettenrekorder und dann auf sie eindreschen würde, um für den Rest der Reise Frieden zu haben.

Wir erreichten Meikhtila um vier Uhr nachmittags und wurden in der großen Erdgeschosshalle eines Klosters untergebracht. Das obere Stockwerk wurde als Unterweisungsstätte für Mönche und Schulkinder genutzt. Die Kinder kamen nach ihren offiziellen Unterrichtsstunden her, um Unterweisung in den buddhistischen Schriften zu erhalten. Gleich nebenan befand sich die Naga-Yone-Pagode. Da noble Wesen in der buddhistischen Mythologie von Schlangen beschützt werden, schwebte dort über vielen Buddhabildnissen schützend eine *Naga* mit gespreiztem Haupt, deren Schwanz um die Füße der Statue geschlungen war.

Nach einem Bad fühlten wir uns so erfrischt, dass wir den Entschluss fassten, in die Stadt zu gehen. Aye wollte eine frühere Nachbarin besuchen, die nun in Meikhtila wohnte. Dies war ein ausgezeichneter Vorwand, um uns von den anderen abzusetzen, und so taten wir uns zu dritt zusammen und akzeptierten gerne die Gesellschaft der anderen drei Dawai-Mädchen, mit denen wir alsbald über die Brücke schlenderten, die den seit vielen Jahrhunderten bestehenden künstlichen See überspannt. Ich fühlte mich an ein bamarisches Wiegenlied erinnert: »Bringe mir einen Frosch mit vom Meikhtila-See, einen Frosch oder zwei, einen kleinen mit kieseligen Augen.«

Nachdem wir etliche Male stehen geblieben waren, um den Weg zu erfragen, fanden wir uns in der Straße neben derjenigen wieder, die wir suchten, doch es gab eine Abkürzung über eine wackelige Holzbrücke, die über einen Graben führte, der mit grünem Wasser gefüllt war. Da der Umweg zu viel Zeit gekostet hätte, stimmten wir ab und fanden zu der Entscheidung, diese Brücke zu überqueren – jedoch mit dem festen Versprechen, dass niemand lachte, wenn jemand ins Wasser fallen sollte. Wir gelangten jedoch glücklich auf die andere Seite, nachdem wir uns fest darauf konzentriert hatten, unsere Schritte so behutsam wie möglich auf die einzelnen Planken zu setzen.

Beim Blick zurück stellten wir entsetzt fest, dass uns eine Kuh beim Überqueren der Brücke in stoischer Gemütsruhe gefolgt war. Hätten wir sie früher entdeckt, wären wir gewiss alle unten im Graben gelandet.

Nachdem wir endlich unser Ziel erreicht hatten, schlürften wir sitzend eine Pepsi, während sich Aye nebulös mit ihrer Freundin unterhielt, die »wohl eher wie eine Schwester« und einige Jahre älter als sie selbst war. Menschen, die dicht nebeneinander leben, entwickeln sich in unserem Land zu »Nachbarverwandten«, die sich zueinander nicht anders als Blutsverwandte verhalten, so als gebe es davon nicht ohnehin schon genug. Aus diesem Grund haben wir Sprichwörter wie

Man benötigt Gold, um von Verwandten erkannt zu werden oder *Freundschaften erzeugen Verwandtschaften* entwickelt.

Ayes Freundin, ein Spross aus der Ehe zwischen einer Shan und einem Chinesen, wirkte äußerst zerbrechlich und beeindruckte mich durch ihre Persönlichkeit, die eine so tiefe Ruhe ausstrahlte, dass ich unwillkürlich dachte, sie müsse aus einem antiken chinesischen Manuskript entwichen sein. Sie bewegte sich mit einer solchen Grazie, dass ich sie mir ohne Mühe in den wallenden weichen Roben einer mandschurischen Prinzessin vorstellen konnte.

Zurück im Kloster schlüpften wir nach einem Abendessen, das aus Hühnercurry (aaaarrrrgggghh) und dicker Gemüsesuppe bestand, erschöpft ins Bett. Da die Lichter in den Nachtstunden stets erleuchtet blieben, sah ich alle anderen schlafen, als ich um Mitternacht aus einem bösen Traum aufschreckte und sofort entdeckte, dass jemand ein Stück Pomelo (ein der Pampelmuse ähnelndes Obst) in meiner neben meinem Kissen stehenden Tasse abgelegt hatte. Ich richtete mich sofort auf, um es zu essen. Die grünliche äußere Schale ließ die Frucht wie ein Stück transluzente Jade erscheinen, und als ich mit der Zunge die saftigen Fruchtsegmente zerdrückte, breitete sich eine herbe Süße in meinem Mundraum aus. Erquickt legte ich mich zurück und sank in einen traumlosen Schlaf.

Sechster Tag

Gottesfürchtige Schlangen
und Mandalay

Ich schreckte durch ein Geräusch aus dem Schlaf, das mich unverzüglich an eine Schar beschwipster Mynahvögel denken ließ. Es war ein unauffälliges, jedoch nicht stilles Geräusch. Erst nach mehreren Augenblicken erfasste ich, dass zu sehr später Stunde eine weitere Busladung Pilger eintraf, die unterwegs wegen einer Panne liegen geblieben waren. Es war 1.30 Uhr. Die Neuankömmlinge bemühten sich verzweifelt, einen Platz zu finden, an dem sie ihr Bettzeug ausrollen konnten. Die Halle war sehr groß, doch da wir davon ausgegangen waren, dass sie uns allein gehören würde, hatten wir uns dementsprechend ausgebreitet. Ko Tu wachte auf und brachte mithilfe von Paw Paw ein wenig Ordnung in das Chaos. Nach und nach standen die Teilnehmer unserer Gruppe auf, da wir ohnehin um drei Uhr losfahren wollten. Nur jeder Zweite von uns – nämlich alle, die den vollen achtzehntägigen Reiseverlauf gebucht hatten – fuhr in einem kleineren Bus weiter, während die anderen mit dem großen Bus nach Yangon zurückkehrten. Ich freute mich darüber, dass Daw Saw und ihre Nichten, Junn und Aye sowie die Dawai-Mädchen, Daw Kyaing mit ihrem Sohn sowie die Familien Khaing und Nwe weiter mit mir unterwegs waren. Die beiden kleinen Mädchen fuhren ebenso zurück nach Hause wie die Dame, die im Bus neben mir gesessen hatte. In mir keimte das dringende Bedürfnis, ein Lied anzustimmen. Die Kinder hatten sich angenehm wohlerzogen verhalten, doch

Schlummernde heilige Schlange mit von Pilgern
geopferten Banknoten

meine Nachbarin hatte viele Mitreisende durch ihr ständiges Geplapper und nicht zuletzt durch ihre gehässigen und höhnischen Bemerkungen belästigt.

Leider blieb uns die Armbereifte erhalten. Da sie bei jedem Anhalten des Busses den Ausgang blockierte, hatte sie einmal frech verkündet, dass »Leute, die keine Unannehmlichkeiten in Kauf nehmen wollen, besser zu Hause bleiben sollten«. Diese Aussage stellte eine äußerst barsche Grobheit dar, denn derartige Wortgefechte sind burmesischen Frauen unangenehm, da es für sie eine Herablassung darstellt, sich mit jemandem von niederer Abstammung auf Argumente einzulassen. Nur wenige Frauen handeln dieser Einstellung zuwider. Also begegneten alle der Armbereiften mit kühler Zurückweisung, und niemand sprach mit ihr, was in gewisser Weise zur Besserung ihres Verhaltens beitrug. Sie führte übrigens ein Lebensmittelgeschäft in Kyaikkami, einer Küstenstadt in der Division Tanintharyi.

Ich fand zu der Überzeugung, dass sie viele ähnliche Reisen unternahm, um Waren zu erwerben, die sie daheim verkaufte, um auf diese Weise ihre Reisekosten abzudecken. Einmal wankte sie mit einem großen Stapel steinerner Mörser, die dem Zerreiben von *Thanakha* dienen, in den Bus – nur in bestimmten Gebieten gibt es das beste und geeignetste Gestein für diese Mörser. Ich war froh und erleichtert darüber, dass zumindest lebende Hausschweine in ihrer Heimatstadt billiger als anderswo zu sein schienen.

Der kleinere Bus keuchte mit einer Verzögerung von etwa zwei Stunden los. Er sah aus, als liege er in den letzten Zügen. Besorgt und mit einem Gebet auf den Lippen stiegen wir ein. Zum Glück schickten die Armbereifte und andere ihre Einkäufe mit dem großen Bus zurück in die Yangoner Zentrale, um sie dort nach der Rückkehr abzuholen, sodass der kleine Bus nicht voll bepackt war. Diesmal ließ Paw Paw nicht zu, dass Gepäckstücke in den Gang gestellt wurden. Ko Tu reiste zurück in die Hauptstadt, um endlich seine Tochter kennenzulernen, und beließ somit den jungen Paw Paw mit der alleinigen Verantwortung für unsere Gruppe. Wir spendeten Ko Tu dankbar Beifall, als unsere Busse in entgegengesetzte Richtungen aufbrachen.

Auf den Seiten unseres Fahrzeugs stand »Mutters Sohn« – ein recht normaler Name für Busse, Lastwagen und Jeeps. Ein andere beliebte Bezeichnung ist »Mutters Liebe«. Beim Gedanken an meinen älteren Bruder, der das Lieblingskind unserer Mutter war, zuckte ich angesichts des Namens zusammen, doch sofort führte ich mir vor Augen, dass mein Bruder im Gegensatz zu mir ein süßes und artiges Kind gewesen und nun ein süßer wohlerzogener Mann war, sodass er sich jegliche Verhätschelung sicher verdient hatte. Heute verhätschelte ihn seine Frau.

Um sieben Uhr hielten wir in Ku-me, um ein Frühstück zu uns zu nehmen, das für mich aus einer Nudelsuppe aus der Plastiktüte, starkem Tee, einem Spiegelei und drei Tüten Chips bestand. Der kleine Bus war wesentlich schlechter gefedert als der große, der im Grunde in gemütlichem Tempo über die Straßen gerumpelt war, und offenbar bewirkte die schlechte Federung, dass wir umso schneller hungrig wurden. Unsere Beinfreiheit war minimal, und allmählich gewann ich das Gefühl, dass die Reise nun erst richtig begonnen hatte. Zwölf Tage standen uns noch bevor! Ich fühlte mich glücklich und frei und zu meiner eigenen Überraschung weder müde noch unbehaglich.

Als wir nach dem Frühstück nur noch darauf warteten, dass einige von uns von den Klos zurückkehrten, schlängelte sich ein sehr dünner älterer Mann neben den Fahrer und bat ihn, bis in die nächste Stadt mitfahren zu dürfen. Er wirkte ein wenig konfus. Wir fragten uns, wie wir reagieren sollten, und der neue Fahrer, der einen rundlichen und gutmütigen Eindruck erweckte, kratzte sich mit seinen schmutzigen fetten Fingern am Hinterkopf.

»Das ist schon in Ordnung«, rief uns ein Kellner aus der Teestube zu, der gerade die mit einem Plastiktuch abgedeckten Tische abwischte. »Er ist ein wenig verrückt und fährt liebend gerne Auto. Setzt ihn einfach in der nächsten Stadt ab, er wird per Anhalter zurückkommen. Er macht das jeden Tag.«

Niemand schien darüber beunruhigt zu sein, einen Geisteskranken an Bord zu haben, denn der Mann machte einen harmlosen Eindruck und klatschte fröhlich in die Hände, als der Fahrer (er hieß Toke-paw, »fett und unbedarft«) sich einverstanden erklärte. Er klemmte sich an den Türrahmen, der wie üblich der falschen Straßenseite zugewendet war, und setzte eine so freudige Miene auf, wie ich niemals zuvor eine andere gesehen hatte. Er verließ uns, als wir die Lastwagenstation in der nächsten Stadt erreichten, und als er sich dort glücklich umschaute, war es offensichtlich, dass er an nichts anderes dachte, als unter den vielen Fahrzeugen, die in die Gegenrichtung fuhren, eines für seinen Rücktransport zu suchen. Nur einem Irren konnten Fahrten in solchen Bussen wirklich Freude bereiten, und nur gelassene Mitbürger wie diejenigen um mich herum konnten ihm den Gefallen tun, ihn für Tage ohne Ende nach hier und nach dort mitzunehmen.

Toke-paw, dessen Babyname ihn bis in sein Erwachsenenleben begleitet hatte, kommentierte unaufhörlich die Landschaft, die Geschäfte und unsere Essgewohnheiten. Als er bemerkte, dass die Dawai-Mädchen munter in große Tüten mit Trockenpflaumen langten, begann er, vage Hinweise auf nicht vorgesehene Stopps zu verbreiten. Und tatsächlich – als der Bus an dichtem Buschwerk vorbeirollte, schob eines der Mädchen dem Fahrer mit der naiven Illusion, dass er solche Dinge diskret behandeln würde, eine rasch hingekritzelte Nachricht zu. Mit nur einer Hand am Steuer faltete Toke-paw den Zettel auf. Seine Augenbrauen wölbten sich. Wir konnten sein Gesicht im Rückspiegel sehen.

»Ein Liebesbrief, eh? Was wird meine Frau dazu sagen?«

Die Mädchen reagierten unwirsch.

Toke-paw las die Nachricht.

»Bei meiner Mutter! Bewahrt mich vor Närrinnen! Ihr wollt, dass ich anhalte? Die Pflaumen, was? Also, ich habe euch gewarnt und nochmals gewarnt … Was für ein Jammer, aber es tut mir leid, ich kann auf den nächsten achtzig Kilometern nicht anhalten.«

Entsetztes Schweigen. Wir saßen wie angefroren auf unseren Sitzen.

»Ich habe nur Spaß gemacht! Das hat euch zugesetzt, nicht wahr?«

Der Bus wurde abgebremst und hielt an. Mit geröteten Wangen stolperten die Mädchen aus dem Bus und schlugen sich in die Büsche.

Um acht Uhr fuhren wir durch Kyaukse, das sich rühmen konnte, die beste Anbauregion für Reis in ganz Obermyanmar zu sein, und außerdem wegen des jeden Oktober stattfindenden Elefantentanzfestes bekannt war. Bei diesem Fest tanzten nicht richtige Elefanten, sondern zwei Männer in Kostümen aus Stoff und Papier.

Im frühen Sonnenlicht sahen wir hoch oben in den Bergen schon von Weitem drei kolossale Buddhastatuen. Myanmarische Buddhisten spenden mit großem Enthusiasmus Geld für Bauwerke, Pavillons und Wandelgänge, die religiösen Zwecken dienen. Ich hatte nicht den geringsten Zweifel, dass irgendwelche wohlhabenden Spender bereits versucht hatten, Dächer oder andere Schutzvorrichtungen für diese Statuen zu errichten, und mir waren auch Geschichten zu Ohren gekommen, die besagten, dass manche Bildnisse nicht überdacht werden konnten, denn immer, wenn man es versuchte, blies ein Sturm das Dach wieder weg. Beweise dafür hatte mir niemand geliefert, doch ich wusste schließlich selbst, dass nicht wenige Bildnisse in unserem Lande bei allen Wetterbedingungen ungeschützt im Freien stehen, was bestimmt nicht auf mangelnde Geldmittel zurückzuführen ist.

Ich vermutete, dass wir nun Richtung Mandalay unterwegs waren, denn unser Fahrzeug besaß leider einen funktionierenden Kassettenrekorder, der uns mit einem Lied über die Herrlichkeit des Mandalay Hill unterhielt – ein Lied, das ich sehr gerne mochte, sofern es nicht mit einer unzureichenden Amperezahl abgespult wurde. Der Bereich um die vordere Windschutzscheibe wies wesentlich mehr interessante Dekorationselemente auf als derjenige unseres vorherigen Busses, der von spartanischer Kargheit war; hinter der Sonnenblende hatte ich dort lediglich einen schmierigen Plastikkamm entdeckt, dem mehrere Zähne fehlten. In diesem Fahrzeug aber war das Armaturenbrett mit einem kleinen Schrein verziert, über dem ein gedrucktes Bildnis an der Scheibe klebte und neben dem eine Blumenvase stand. Ein darunter angebrachtes großes Schild verkündete die Mahnung: *Nicht nach der voraussichtlichen Ankunftszeit fragen!*

Mehrere Farbfotos, die berühmte Mönche zeigten, waren fein säuberlich nebeneinander aufgereiht, doch an der Seite hing in der Höhe von Toke-paws Gesicht ein großes Poster von Htet Htet Moe Oo, einer sehr schönen Schauspielerin.

Wir erreichten den Industrieort Paleik und rollten über eine enge Straße in die Richtung der Schlangenpagode. Eingedenk der zahlreichen Geschichten, die ich über Pagoden gehört hatte, wäre ich nicht überrascht gewesen zu erfahren, dass die Langen Kreaturen das Bauwerk errichtet hätten, doch nein, es hatten sich dort mehrere Riesenschlangen eingefunden, welche die Pagode offenkundig aus freien Stücken zu ihrem Lebensraum wählten.

Ich fand ihre Geschichte bezaubernd. Im Februar 1977 hatten sich drei Boa constrictors in dieser Pagode niedergelassen, sich um das zentrale Bildnis geringelt und waren fortan dort geblieben. Verwundert und entzückt begannen die Tempelwächter, sie mit Fleisch und Milch zu füttern. Die Schlangen lebten bis 1992 und starben in jenem Jahr im Abstand von nur wenigen Monaten.

Ein schlangenfreies Jahr verstrich.

Als 1994 das Gebüsch eines nahe gelegenen Militärlagers gerodet wurde, stießen die Soldaten auf eine zusammengerollte Schlange. In der Absicht, eine herzhafte Mahlzeit aus geschmortem Schlangenfleisch zu genießen, lief der beste Schütze ins Quartier, um sein Gewehr zu holen und das Tier zu töten, doch fünf aus nächster Nähe abgefeuerte Schüsse verfehlten ihr Ziel, obwohl sich die Schlange überhaupt nicht bewegte. Die Soldaten wollten nicht glauben, was sie sahen, und erstatteten ihrem Vorgesetzten entnervt Bericht von diesem Ereignis, und dieser traf die Entscheidung, die Schlange in die Pagode zu bringen, wo sie bis zum heutigen Tage lebt.

Ungefähr einen Monat später hatte der Abt eines Klosters auf der anderen Seite der Stadt einen Traum, in dem eine Schlange zu ihm kam und ihn darum bat, zu dem Ort gebracht zu werden, »an dem die andere Schlange ist«. Am nächsten Tag fanden die Novizen eine bewegungslose Schlange unter einem Baum, und auch diese lebt heute in der Pagode. Sie ist die größere der beiden, die stets friedlich zusammengerollt neben dem zentralen Bildnis liegen. Man kann sie herausholen und sich um den Hals legen lassen. Die Wände waren mit Fotos von Männern, Frauen und Kindern gesäumt, die das Angebot angenommen hatten. Eines der Bilder zeigte ein rund vier Wochen altes Baby, das munter lachend inmitten der dunkel gefleckten Schlingungen lag. Auch Fotos vom damaligen Trio waren zu sehen. Die Dawai-Mädchen waren darauf erpicht, mit den nobel wirkenden Langen Kreaturen zu posieren, doch da diese erst am Vortag gefüttert worden waren, wollten die Tempelwächter sie lieber nicht stören, um ihren Verdauungsprozess nicht zu beeinträchtigen. Die Schlangen wurden einmal wöchentlich an einem festgelegten Tag mit Hammelfleisch, Milch und Eiern gefüttert.

Als wir mit beträchtlicher Geschwindigkeit Richtung Mandalay rauschten, war der Bus von aufgeregten Gesprächen über Schlangen erfüllt.

Wir erreichten das Kloster, das für die Übernachtung vorgesehen war und nicht weit von der Mahamuni-Pagode entfernt lag. Ich fühlte mich geschmeichelt, der berühmten Pagode so nahe zu sein. Bei allen früheren Aufenthalten in Mandalay hatte ich im Haus meiner Tante gewohnt, das sich auf der anderen Seite der Stadt befand, doch nun brauchte ich nur um den nächsten Block zu streifen, um an einen meiner Lieblingsplätze auf dieser Welt zu gelangen. Ich verspürte jedoch auch Sehnsucht nach meiner Tante, da sie zu meinen Lieblingsmenschen auf dieser Welt gehört. Während unseres gesamten Aufenthaltes in Mandalay fuhren wir bei unseren Besichtigungstouren durch die Stadt stets nur einen Block entfernt an ihrem Haus vorbei. Ich hatte sie nun schon einige Jahre lang nicht mehr gesehen und hegte insgeheim die Befürchtung, sie nicht mehr so lebhaft und aktiv wie gewöhnlich anzutreffen. Sie hatte einen brillanten Verstand, eine spitze Zunge und einen äußerst feinsinnigen Humor. Jede kleinste Veränderung wäre mir verhasst gewesen.

Schon aus dem fahrenden Bus heraus bemerkte ich, dass sich Obermyanmars größtes Handelszentrum Mandalay stark verändert hatte, und zwar ganz besonders in der Innenstadt. In den Randgebieten dominierten noch stets staubige Straßen mit Läden in schäbigen Holzhäusern, doch die reich verzierten bunten Backsteingebäude der Innenstadt, die noch vor wenigen Jahren das Stadtbild prägten, waren höheren Gebäuden gewichen, die zum Glück überwiegend nicht zu protzige Architekturstile aufwiesen.

Um zehn Uhr hatten wir unser Gepäck im Kloster untergebracht. Paw Paw gab bekannt, dass wir um Viertel vor elf zu Mittag essen und anschließend zu einer Rundfahrt durch Mandalay aufbrechen würden. Nachdem ich meine Taschen in eine Ecke geworfen hatte, brach ich zu einem Blitzbesuch der Mahamuni-Pagode auf. Ich liebe ihre geschäftigen Wandelgänge, die hinauf zu dem Bauwerk führen. Der Hauptgang, durch den man unmittelbar zur Frontseite des Schreins gelangt, war mit Geschäften gesäumt, die Messinggeschirr, Kunsthandwerk, vergoldete Schwerter, Trommeln und allerlei Plunder wie Schlüsselketten, Knöpfe und Ringe feilboten, die in dichten Haufen aufgeschichtet waren, jede Handbreit der Vorderfronten und Wände der Läden ausfüllten und sogar verstreut auf dem Boden herumlagen. In diesem ganzen Durcheinander saßen die Verkäufer zusammengekauert auf kleinen Hockern.

Überall dominierten die Farben Gold und Rot. Das Gold von gehämmertem Blattgold überdeckte in der Dicke von Taschentüchern das Zinnober von Lackharzen. Wunder über Wunder empfindend, entdeckte ich einen Laden, der groß genug war, um hineinzugehen, und drinnen sogar noch genügend Platz aufwies, um den Kunden Gelegenheit zu geben, aufrecht zu stehen und sich umzuschauen. Das Angebot bestand aus hübschem Kunsthandwerk für Touristen, das von solider Qualität war. Ich trat mit der Erwartung ein, dass die Preise total überteuert sein würden, und war äußerst verblüfft, als ich feststellte, dass sie niedriger waren als in Yangon. Vielleicht wurden diese Gegenstände, die alt wirkten, doch wahrscheinlich erst vor höchstens drei Monaten hergestellt worden waren, hier in Mandalay produziert, wo schon immer die geschicktesten Handwerker ansässig gewesen waren. Ich fragte nach und erfuhr, dass sie tatsächlich aus Mandalay stammten und fast ausschließlich neu waren. Der Verkäufer versuchte gar nicht erst, die Gegenstände als Antiquitäten anzupreisen. Ich war tief beeindruckt.

Ich konnte nicht widerstehen, in einem anderen Geschäft eine kleine Bambusflöte zu erwerben, auf der myanmarische Kuhhirten spielen, die oben in Bäumen sitzen und von dort ihr grasendes Vieh hüten. Außerdem entschied ich mich für eine kleine Schachtel, die aus Palmwedeln geflochten war und ein kariertes schwarz-cremiges Muster hatte. Ich habe eine unerklärliche Vorliebe für Schachteln.

Obwohl ich Mandalay gut kannte, wollte ich die Busrundfahrt keinesfalls versäumen. Mandalay war die Heimatstadt meiner Mutter. Ich trottete in soeben noch schicklichem Tempo zurück und schlängelte mich an anderen Pilgern vorbei, die an dieser heiligen Stätte mit ehrfurchtsvolleren Schritten unterwegs waren als ich. Mein Blick streifte die dicken Pfeiler, die den Weg zum Heiligen Bildnis säumen, und entsetzt blieb ich mit zerrissenem Herzen stehen. Die unteren Hälften der Säulen waren früher zinnoberrot gestrichen, und die oberen Hälften waren vergoldet. Nun waren die unteren Hälften mit kastanienbraunen Kacheln verkleidet, die womöglich zu den teuersten gehörten, die auf dem Markt angeboten wurden und gewiss auch leicht zu pflegen waren, doch es war nichts weniger als ein Sakrileg, das traditionell verwendete Zinnoberrot durch schimmerndes modernes Zeug zu ersetzen. Auf dem Fußboden waren Kacheln ja noch zu ertragen, da man gut auf ihnen gehen kann, doch Kacheln an Wänden oder Säulen? Ich war dem Glaubenseifer der Spender gegenüber aufgeschlossen, denn zweifellos trugen sie nur die edelsten Absichten im Herzen und verfolgten das hehre Ziel, dass alles prächtig sauber und neu wirken sollte, doch manche Dinge sind schöner, wenn man sie so belässt, wie sie sind – in ihrer ausgeblichenen Würde, die verstrichene Jahrhunderte symbolisiert und als Beweismittel für unser reiches Erbe dient. Ich war so aufgebracht, dass ich auf dem Fuß kehrtmachte und den Eid leistete, frühestens nach einer Periode der intensivsten Meditation zurückzukehren oder unter dem beruhigenden Einfluss von drei Valium-Tabletten, die vielleicht noch die beste Wirkung haben würden.

Nach dem Mittagessen brachen wir im vom Gepäck befreiten Bus zur Stadtrundfahrt auf. Unser erstes Ziel war die Ein-Daw-Yar-Pagode, die dort errichtet wurde, wo einst der Palast des designierten Kronprinzen Kanaung stand, der von zwei eifersüchtigen Neffen, die anschließend Schutz bei den Briten suchten, ermordet wurde. Einer der beiden, Prinz Myingun, lief später zu den Franzosen über und verbrachte sein Leben in den noblen Gesellschaftskreisen Saigons. Ich hoffe, eines Tages mehr über sein dortiges Leben in Erfahrung zu bringen, obwohl ich keinesfalls besondere Sympathie für ihn empfinde. Prinz Kanaung war einer der wenigen wirklich intelligenten Angehörigen der Königlichen Familie und somit jemand, dessen Verlust diese Familie ganz besonders hart getroffen haben muss.

In einem seitlichen Pavillon stand eine Messingstatue, die einst mit Mörtel bedeckt und angestrichen war, sodass man glaubte, sie sei aus Gips. Als die Umhüllung bei einem Brand aufplatzte, kam ein schlankes, äußerst zierlich wirkendes Bildnis zum Vorschein. Früher griff man gelegentlich zu einer derartigen List, um bronzene Statuen zu schützen, die andernfalls von Ungläubigen zum Zwecke der Herstellung von Kanonen eingeschmolzen worden wären, was im Verlauf der Geschichte oft genug geschehen ist.

Von der Ein-Daw-Yar-Pagode fuhren wir zum »Markt der Frische«, dem berühmten *Zay-cho*. An der Stelle der ausgedehnten alten Markthalle, die viele hundert Quadratmeter des teuren Bodens der Innenstadt bedeckt hatte, stand ein neues mehrstöckiges Gebäude. Der *Zay-cho* ist im gesamten Land für seine süßholzraspelnden jungen Verkäuferinnen berühmt, die ihren Kunden alles Mögliche andrehen könnten (und es wahrscheinlich auch tun), was diese überhaupt nicht benötigen. Im gesprochenen Bamarisch wird die Verwendung von Personalpronomen wie »du« vermieden, da sie entweder als rüde Anredeformen oder als ausgesprochen formelle Floskeln verstanden werden. Freundliche Worte für die zweite Person Singular sind Älterer Bruder, Ältere Schwester oder Tante, und sich selbst benennt man in der ersten Person Singular mit Worten wie Mutter, Vater, deine Schwester oder dein Bruder. Eine Geschichte erzählt von einem Marktmädchen auf dem *Zay-cho*, das befragt wurde, ob seine Preise auch fair seien und daraufhin antwortete: »Natürlich! Wenn das gelogen ist, soll ein Tiger deine Schwester fressen!« Wenn man genauer darüber nachdachte, klang es bedrohlich für das eigene Fleisch und Blut.

Mir gefiel der neue Markt nicht, denn er war einfach zu neu. Ich sehnte mich nach dem Charme und der gemächlichen Atmosphäre des alten Marktes. Meine Großmutter hatte ein Geschäft im Schmuckbasar geführt, und ich konnte mich noch gut daran erinnern, wie ich als Kind auf der hüfthohen Plattform gesessen und gierig Schale um Schale mit Shan-Nudeln verschlungen hatte, die an einem Wanderstand verkauft wurden. Der Besitzer, ein alter Chinese, tischte das beste *Mee-shay* im gesamten Land auf. Mein Vater verdrückte stets drei Schalen hintereinander. Für dieses Gericht wurden dicke Reisnudeln mit cremig weichem Schweinefleisch vermischt, mit schwarzen Bohnen, zerdrücktem Knoblauch und Essig angereichert und mit ein wenig eingelegtem Tofu, dem Käse des Ostens, aufgetischt. Das fette Schweinefleisch passte ausgezeichnet zu dem kräftig würzigen Geschmack der anderen Zutaten. Der alte dürre Chinese bewies ein unglaublich geschicktes Gespür für die richtige Dosierung, wenn er die köstliche Mischung auf das Genaueste zusammenstellte und sie mit hurtigen Drehungen seiner Essstäbchen verrührte.

Ich stapfte hinauf zum Schmuckbasar im dritten Stockwerk. Die einzelnen Läden sahen fast so aus wie diejenigen des alten Marktes: hohe Plattformen, auf denen eine oder vielleicht auch zwei kleine Glasvitrinen standen. Die Ladenbesitzer starrten mich an, wenn ich an einem Eingang stehen blieb und mich die Erinnerungen an meine Großmutter wie eine starke Strömung in die Vergangenheit zurückzogen. Es ist schmerzhaft, unzureichende Zeit bedauern zu müssen, die man mit Menschen, die man liebte, verbringen durfte – vor allem, wenn sie nicht mehr da sind oder wenn man zu spät realisiert, wie sehr man sie liebte.

Selbst jetzt noch fand man auf Mandalays *Zay-cho* Waren im Angebot, die ein anderes bedeutendes Einkaufszentrum, nämlich der Markt Bogyoke Aung San in Yangon, nicht liefern konnte. Auf dem *Zay-cho* gab es wesentlich mehr religiöse Utensilien, Papier- und Stoffschirme für Schreine sowie Mönchsroben und Schalen. Wenn die Menschen aus den Kleinstädten und Dörfern ein wenig Geld übrig hatten, kamen sie nach Mandalay, um die benötigten religiösen Zeremonienopfer für ein großes Spendenritual einzukaufen.

Unser nächstes Ziel war das liebliche Goldene Kloster Shwe Kyaung, dessen zierliche Teakholzschnitzereien einst mit Blattgold bedeckt waren. In unmittelbarer Nähe steht das Kloster Atu-mashi (»das nicht zu Vergleichende«), in dem alles, was nach einer Feuersbrunst erhalten blieb, wahrhaft großartig ist. Dann ging es weiter zur Kuthodaw-Pagode, die als größtes Buch der Welt bezeichnet wird, weil dort 729 Marmortafeln versammelt sind, die in denkbar schönster und reinlichster Schrift den buddhistischen Kanon verkünden, der zur Zeit des frommen Königs Mindon im frühen neunzehnten Jahrhundert bestimmend war. Es gab dort viele schattige Khaye-Bäume, die dichtes Laubwerk aus kleinen glänzenden Blättern trugen. Kleine duftende Blüten in der Form von Sternen waren heruntergefallen und lagen unten auf den breiten Holzsitzen der Bänke.

Anschließend fuhren wir bergauf und bestiegen mithilfe von schaurig hohen Aufzügen den Mandalay Hill. Oben empfing uns eine blendend farbige Palette aus Glasmosaiken, die Wände, Säulen und Decken zierte. Ich dachte zurück an den langen erschöpfenden Aufstieg, bei dem man auf halber Strecke das Bildnis eines stehenden Buddhas und zwei große Schlangen sieht, die in Stein unsterblich gemacht wurden – und das Bildnis einer Nymphe, die sich als Opfergabe an Buddha und als Zeichen ihrer vorbehaltlosen Bewunderung die Brüste abschneidet. Der Weg führte damals an weiteren knienden Nymphen vorbei, hinter denen in fügsamen Reihen winzig kleine heranreifende Nymphen saßen. Der zeitgemäße Komfort und die Geschwindigkeit des modernen Lebens hatten jene alten Zufluchtsorte nun jedoch längst hinter sich gelassen.

Bei einer meiner Wanderungen auf den Stufen des Mandalay Hill hatte ich vor langen Jahren ein Gesicht gesehen, das ich niemals vergessen habe. Es war ein religiöser Feiertag, an dem es Bettlern gestattet war, auf den Stufen zu sitzen und die Pilger um Almosen zu bitten. Während des Aufstiegs sah ich auf den oberen Stufen ein Mädchen sitzen, dessen Profil äußerst fein geschnitten war. Es hatte eine makellose Haut, eine ebenmäßige kleine Nase und Augenbrauen, die geschwungen waren wie Flügel. Als es sich umdrehte, sah ich, dass die Augen unter den langen Wimpern von wunderschönem hellem Braun waren, das vom Sonnenlicht mit goldenen Punkten durchsetzt wurde. Und ich sah gleichzeitig, dass Lepra begonnen hatte, die andere Hälfte des Gesichts zu zerfressen.

Ich habe die Schönheit dieses Gesichts niemals vergessen. Heute könnte die Krankheit eingedämmt und unter Kontrolle gebracht werden. Ich fragte mich, was aus jenem Mädchen wohl geworden war. Mein damaliges Erlebnis stand mir klar vor Augen, als ich den Blick in das helle milde Licht richtete. Nebel stieg wie blaue Wolken aus den Feldern weit unten auf. Weiße Tempel leuchteten im blassen Zwielicht, und wie ein ruhiges silbernes Band schimmerte in der Ferne der Ayawaddy.

Die Lichter der Stadt begannen zu leuchten wie winzige funkelnde Nadelstiche, die verschwommen hinter dem Rauch flimmerten, der aus Holzfeuern aufstieg. Der Tag neigte sich in erhabener Weise seinem Ende zu.

Siebter Tag

An Heimweh kränkelnde Statuen und das Heiligtum Sagaing

Fast alle waren um drei Uhr auf den Beinen, um rechtzeitig bei Mahamuni zu sein und der um vier Uhr erfolgenden Waschung des Heiligen Gesichts beizuwohnen.

Dieses alltägliche Ritual wird von einem amtierenden Mönch vollzogen. Das Gesicht des großen Bildnisses wird mit Wasser besprüht, das zuvor mit duftenden Pasten aus *Thanakha* oder rotem und weißem Sandelholz versetzt wurde. Anschließend wird es mit frischen Handtüchern trocken gewischt, die Pilger eigens zu diesem Zweck spenden und nach dem Ritual

Ausblick von Sagaing

Entenfarm und Holzbrücke

mit nach Hause nehmen, um sie in ihren Hausschreinen aufzubewahren, da sie zu einer religiösen Reliquie geworden sind. Wer sich die Spende eines Handtuchs nicht leisten kann, hat die Möglichkeit, Flaschen mit einer duftenden milchig-gelben Flüssigkeit zu erwerben. In der unwirklichen Atmosphäre des noch sehr frühen Morgens wirkten die Lichter glühend, die Menschen geschäftig und die Menge wogend.

Nur das sanfte Bronzegesicht wird gewaschen, denn alle anderen Körperteile waren über zwei Jahrhunderte hinweg so dick mit Blattgold bedeckt worden, dass die Statue ihre Konturen verloren hat. Die Glieder und Finger wirken angeschwollen und aufgebläht. Man ist jedoch davon überzeugt, dass das Gesicht die Proportionen wahren wird, wie dick der Torso auch immer werden mag.

Die Statue wurde ursprünglich im Staat Rakhine an der Westküste aufbewahrt und soll bereits zu Lebzeiten Buddhas und überdies mit Seinem Segen gegossen worden sein. Im achtzehnten Jahrhundert schaffte ein myanmarischer König sie unter größten Schwierigkeiten von dort als Kriegstrophäe über die Rakhine-Bergkette fort. Zusammen mit diesem Bildnis eroberte er mehrere Khmer-Statuen, die die Thai nach einem Krieg mit Kambodscha lange zuvor aus deren Reich entführt hatten, um sie ihrerseits an die Mon in Niedermyanmar zu verlieren, die Siam besiegten. Die Mon verloren die Statuen später an Rakhine. Nach diesen langen und bewegten Reisen residieren die Statuen nun in einem Pavillon in Mandalay.

Als Kind hatte ich noch Ketten an ihren Knöcheln gesehen, weil die Legende berichtete, dass sie fortwährend danach trachteten, zu entrinnen. Ich konnte ihnen dies nicht zum Vorwurf machen, denn es war leicht nachvollziehbar, dass sie nach ihrer turbulenten Vergangenheit Heimweh haben mussten. Unzählige Pilger hatten ihre Hände an den verschiedenen Teilen ihrer bronzenen Körper gerieben, und zwar im festen Glauben, dass auf diese Weise Schmerzen oder Krankheiten in ihren eigenen Körpern abgetötet würden. Ich hege Zweifel daran, dass andere Statuen in Kambodscha in derselben Weise behandelt werden. Die Knie und Bäuche der Statuen und vor allem ihre linke Brusthälfte waren von Tausenden und Abertausenden Händen zu höchstem Glanz poliert worden, und diese Hände hatten sich in der Hoffnung betätigt, den eigenen Körper von Arthritis, Koliken oder Herzschwächen zu befreien.

In einem Wandelgang der Mahamuni-Pagode saßen zahlreiche *Ponna* (Brahminen), die ihre Dienste als Astrologen anboten. Sie erstellten Horoskope, die sie in Palmblätter ritzten, und außerdem sagten sie die Zukunft voraus. Der östliche Wandelgang führte zu einem Tempel, den eine Königin hatte errichten lassen. Die dortigen Geschäfte stellten die denkbar schönsten Möbelstücke her, die mit Reliefmustern aus *Tha-yoe*-Tonerde, gekneteter Knochenasche und gekochtem Reis versehen und anschließend mit gefälschtem oder echtem Gold überzogen worden waren. Darauf waren Glasperlen zu hübschen Mustern angeordnet. Bei diesen Möbelstücken handelte es sich um Stühle, Sofas und Schreine, die Pagoden und Klöstern als Spende überreicht werden. Die Stühle sollten Äbten beim Schreiben ihrer Predigten als Sitzplatz dienen, doch sie wirkten entschieden unbequem.

Weiter hinten befand sich ein Pavillon mit Glastruhen, in denen hintereinander aufgereihte Figuren standen, die auf die Begleitung einer kratzenden Musik hin zu marschieren begannen, wenn man eine Münze durch einen Schlitz warf. Wenn sich winzige Türen mit einem klackenden Geräusch hinter ihnen schlossen, hörte die Musik abrupt zu spielen auf.

Unmittelbar vor dem Eingang bot eine Garküche *Mee-shay*-Nudelsuppe an. In dieser Küche, die vom Alter und Ruß des tragbaren Ofens geschwärzt war, nahm ich ein köstliches frühes Frühstück zu mir.

Nach einer kurzen Pause im Kloster versammelten wir uns erneut und erreichten gegen 6.30 Uhr Taungthaman, einen künstlichen See, den Menschen vor vielen Jahrhunderten ausgeschachtet hatten. Der Fette Unbedarfte, der unseren Bus steuerte, hatte unterwegs die ganze Zeit gesungen. Eine kilometerlange Holzbrücke, die unter dem Namen U-Bein-Brücke bekannt ist, überspannte den See, an dessen Ufern sich Teakbäume hoch in den Himmel streckten. Die hölzernen Planken der Brücke hatten einst zusammen mit hohen Säulen den Palast von Inwa verziert. Es handelte sich also um eine Recyclingbrücke, die aus dem Gehölz abgerissener Pavillons errichtet worden war.

FU wies darauf hin, dass wir in einer halben Stunde weiterfahren würden. Weicher Dunst hing wie fleckiger Chiffon über dem See, als Junn, Aye und ich in unsere Pullover gekuschelt über die Brücke schritten. Der Seeboden war zu Teilen trocken, und hinter Bambuszäunen watschelten und quakten fette Enten. (Enteneier werden Hühnereiern vorgezogen, da ihre Eidotter ein hübsches dunkles Orange aufweisen.) Große Schilfrohrhaine standen in federartigen Gruppen beieinander und ließen ihre zierlichen Wedel im Wind wogen. Sonnenstrahlen fielen schräg auf die sich hier und dort ausbreitenden Wasserflächen. Ein cremefarbenes Pony lüpfte die Hufe hoch nach oben, während es sich seinen Weg durch das Schilfrohr suchte, und seine nicht gestutzte Mähne und der buschige Schwanz veränderten sich im Sonnenlicht zu glänzenden Litzen.

»Wie anmutig es seine Schritte setzt«, murmelte Aye.

Wir hatten überhaupt nicht realisiert, wie weit wir gegangen waren, als wir in weiter Ferne die Bushupe dröhnen hörten, und als wir uns erschrocken umdrehten, sahen wir, dass FU unwirsch auf- und abhüpfte und etwas in unsere Richtung rief, während alle anderen bereits in den Bus kletterten.

Aufgeschreckt eilten wir zurück und verfielen in Galopp, als wir FU mit resoluter Entschlossenheit auf den Fahrersitz klettern sahen. Wir waren uns im Grunde darüber klar, dass er uns nicht zurücklassen würde, doch warum sollte man es darauf ankommen lassen? Schnaufend kletterten wir an Bord. FU saß mit schmollenden Lippen am Steuer, und uns beschlich das beklemmende Gefühl, dass wir uns etwas hatten zuschulden kommen lassen. Dennoch bedauerte ich sehr, dass nicht genügend Zeit zur Verfügung gestanden hatte, um die Wandmalereien des Tempels am anderen Ufer zu betrachten, die aus dem achtzehnten Jahrhundert stammten und religiöse Szenen sowie Darstellungen aus dem Alltagsleben zeigten.

Nun waren wir unterwegs nach Sagaing. Die grünen Hügel von Sagaing waren allen heilig, die im Zweiten Weltkrieg einen Zufluchtsort gesucht hatten. Meine Eltern und mein älterer Bruder, der damals noch ein Baby war, hatten zusammen mit Tausenden anderen Flüchtlingen zwischen den schattigen Mönchs- und Nonnenklöstern, die dort nahezu jeden Winkel füllen, auf das Ende des Kriegs gewartet. Inzwischen war die Gegend zu einem Rückzugsgebiet für Menschen geworden, die den Kämpfen des weltlichen Lebens entfliehen wollten.

Der Bus keuchte und ächzte über eine kurvenreiche Straße bis hinauf zum höchsten Punkt Soon-Oo Ponnya Shin. Den dortigen Tempel hatte U Ponnya, ein Minister des achtzehnten Jahrhunderts, errichtet, dessen Tugendhaftigkeit so stark ausgeprägt war, dass sein Geist dort oben weiterlebt, um bei jedem Tagesanbruch *soon* (religiöse Speiseopfer) darzubringen. Nach gängiger Überzeugung befinden sich stets bereits Opfergaben an der dafür vorgesehenen Stelle, egal wie früh man dort oben eintrifft, um *soon* zu opfern. Offenbar haben der Mythologie zufolge ein Hase und ein Frosch eine Rolle beim Pagodenbau gespielt, denn beide wurden oben durch große Bronzestatuen unsterblich gemacht.

Anschließend ging es hinab ins Tal und von dort wieder hinauf nach Oo Min Thon-ze, der »Höhle der Dreißig Bildnisse«. Unterwegs entdeckten wir mitten im Niemandsland einen Meditationspavillon, der etwa fünfzig Meter von der Straße entfernt war und nach Größe und Art demjenigen glich, den wir am Berg Popa gesehen hatten. Die Berge waren dicht bewaldet, und das Blätterwerk filterte das Sonnenlicht zu hellen gelben Bändern. Ich bemerkte frische Aufschriften, die in den Farben Rot auf Weiß besagten: *Einen Baum fällen, drei Jahre Gefängnis.* Dies war fürwahr eine sehr geradlinige und effektive Warnung. Noch vor wenigen Jahren hatte ich mit eigenen Augen gesehen, wie hier Bäume gefällt wurden, um Feuerholz zu gewinnen. Diesmal sah ich weder am Boden liegende Bäume noch irgendwelche Baumstümpfe.

Oo Min Thon-ze war eine lange Höhle, deren eine Seite von rund dreißig nahezu identischen Bildnissen gesäumt wurde, von denen jedoch zwei nicht vergoldet waren. Es gab auch die üblichen Marmorplatten mit den Namen derer, die das Gebäude, das Gold, die Bildnisse, die Säulen, die Decke, den Boden und die Farben gespendet hatten. Der gute Mensch, der die Farbe bezahlt hatte, war offensichtlich ein sehr reicher Mann mit sehr frischem Wohlstand, denn er bewies eine Vorliebe für extrem grelle Farben. Die vielen Stuckdetails waren sorgfältig in hellen Rot-, Grün-, Lila-, Türkis- und Orangetönen sowie in zwei Schattierungen von Gelb ausgemalt, die mit der Farbe von

Senf umringt waren. Manche Menschen hängen der Illusion nach, dass Senf die Farbe des Goldes hat.

Während der Bus ungestüm bergabwärts schlingerte, spähte ich zwischen die Bäume und versuchte einen Blick auf ein altes Wasserreservoir zu erhaschen, an dem ich vor langer, langer Zeit mit einem Dutzend Vettern und Cousinen vorbeigewandert war – damals, als ich auf der Suche nach dem Abenteuer noch die Fußpfade den Straßen vorzog. Wir hatten dort ein großes Staubecken in der ungefähren Größe und Art eines Swimmingpools entdeckt, das jedoch nicht so tief wie ein solcher war. An allen vier Seiten führten in der gesamten Länge und Breite des Beckens Treppen hinab ins Wasser, das so dicht mit Algen bedeckt war, dass es in sattem Smaragdgrün schimmerte. Ein breites Band aus bleichem Marmor wurde von einem niedrigen Ziegelwall umschlossen, der von zwei herrlichen gewölbten Eingängen durchbrochen wurde. Das Becken wirkte auf mich wie das Badezimmer einer elfenhaften Prinzessin, das sich in der Mitte des Landes Nirgendwo befand. Unsere Bande aus lärmenden Teenagern war vor Ehrfurcht verstummt, und um uns herum war es so ruhig geworden, als ob alle unsichtbaren Kreaturen ihren Atem anhielten. Wir hatten es nicht geträumt, doch wir erlebten es niemals wieder.

Wir ließen die Berge hinter uns und nahmen Kurs auf die staubige Ebene. Unser nächstes Ziel war die steinalte weiße Pagode Kaung-hmu-daw. Die mythische Überlieferung, dass sie der Brust einer Königin nachempfunden sei, entzückt vor allem Besucher aus der westlichen Welt. In Wirklichkeit handelt es sich aber um die Kopie eines singhalesischen Stupas. In einem Land, in dem jede öffentliche Zurschaustellung von Zärtlichkeit als schändlich betrachtet wird und nach dessen religiösen Vorschriften eine Frau noch nicht einmal eine Robe, die von einem Mönch getragen wurde, berühren darf, ist es unmöglich, dass eine Pagode nach dem Vorbild eines intimen Körperteils einer Frau gestaltet wird. Möglicherweise wurde irgendwann einmal auf irgendeiner Bühne ein zotiger Witz erzählt, der zu jener Überlieferung führte, denn es ist kein Einzelfall, dass sich solcher Unsinn in die Literatur schlich, die von den britischen Kolonialherren niedergeschrieben wurde. Ich frage mich, ob die Briten überhaupt ein Gespür dafür hatten, wie anstößig die Menschen meines Landes es finden, derartige Anspielungen zu machen.

Wir legten an der Pagode eine kurze Pause zum Mittagessen ein. Aus unerfindlichen Gründen wollte Nwes Mutter plötzlich einen Klappstuhl kaufen, doch ihr Mann brachte sie davon ab.

Kurz bevor wir Myinmu erreichten, stand in der weiten leeren Ebene ein großes Restaurant aus Bambus, in dem Lastwagenfahrer einkehrten. Es sah recht neu aus, war sehr sauber, führte alle möglichen Biersorten im Angebot und verkaufte Snacks und Hauptmahlzeiten. Wir hielten zu einer Teepause an, in der sich der Motor unseres Fahrzeugs abkühlen konnte. Kleine hübsche Mädchen, die aus dem nächsten Dorf stammten und abends um neun, wenn das Geschäft die Pforten schloss, mit dem Auto nach Hause gefahren wurden, arbeiteten als Kellnerinnen. Wir kauften große Tüten mit frischen grünen Pflaumen, die fest, saftig und süß waren. Toke-paw murmelte etwas über nicht eingeplante Stopps vor sich hin, während wir geräuschvoll schmatzend unser Obst genossen.

Um 14.30 Uhr erreichten wir den großen ländlichen Handelsumschlagplatz Monywa, der ein Zentrum für Waren war, die über die westliche Grenze aus Indien kamen. Wir passierten ein verblichenes Schild, das mit grimmiger Entschlossenheit verkündete: *Die Hauptstadt des Nordwestens, Monywa, muss es besser machen als andere Städte.*

Als wir am Zentralmarkt hielten, gab Paw Paw bekannt, dass uns eine Stunde Zeit zum Einkaufen zur Verfügung stehe. Alle strömten hinaus und verloren sich im weitläufigen Gewirr der Marktstände.

Schon vor der Abreise hatte ich auf diesen Augenblick gewartet, denn ich wollte grobe, in Heimarbeit gesponnene

Baumwolle kaufen, die fest wie Tweed war und satte dunkle Farben hatte, die mit roten oder goldenen Streifen durchwirkt waren. Ich erwarb einen Ballen dunkelbraune Baumwolle, die grüne Tönungen aufwies, sowie zwei Ballen in cremig beiger Farbe. Nachdem ich meine Einkäufe getätigt hatte, eilte ich zu unserem Fahrzeug zurück, rollte mich auf zwei leere Sitzplätze und war nach wenigen Minuten fest eingeschlafen.

Nächste Station war Monywas berühmte Pagode der Tausend Bodhi, in der tausend Statuen aufbewahrt werden, die wie eine Truppe in fünfundzwanzig Reihen aufgestellt sind und alle unterschiedlich aussehen, weil sie nach den Wünschen ihrer Spender gestaltet wurden. Die Sonne brannte vom Himmel. Es gab keine Bäume, die Schatten gespendet hätten, doch einige Banyanschösslinge kämpften verzweifelt ums Überleben.

Die Statuen wurden von dicken Betonschirmen geschützt. Im hinteren Bereich des Tempelgeländes wurde gerade ein merkwürdig aussehender Pavillon gebaut, und mein Blick erfasste die obere Hälfte einer Palme, die über die unvollendeten Mauern hinausragte. Nicht weit entfernt, jedoch hoch oben im bergigen Gelände, befand sich ein großer liegender Buddha, der mit weißer und goldener Farbe bemalt war und dessen hoch gewölbte Augenbrauen ihm ein nachdenkliches und sympathisches Aussehen verliehen. Es war eines der schönsten Gesichter einer Statue, die ich jemals gesehen hatte, denn es enthielt viele einfühlsame Einzelheiten.

Als Paw Paw bekanntgab, dass unser nächster Haltepunkt der große *Thanakha*-Markt sein würde, konnte ich mich nicht des Gedankens erwehren, dass die von unserer Gruppe bereits eingekauften *Thanakha*-Vorräte für mindestens drei Jahrhunderte reichen mussten.

Der *Thanakha*-Markt befand sich neben der zierlichen Pagode Aung Setkya. Überall lagen große Haufen des goldenen Holzes herum, und die Luft war von einem äußerst intensiven Aroma erfüllt. Während alle anderen Frauen auf den Markt

Tragbare Zuckerrohrpresse

stürmten, begab ich mich zu einem tragbaren Stand am Straßenrand, um ein Glas Zuckerrohrsaft zu trinken, den der Inhaber frisch presste, indem er lange abgeschälte Zuckerrohrstangen durch ein mit der Hand angetriebenes Walzwerk schob. Der Saft sah aus wie flüssige Jade. Er hatte ein weiches milchiges Grün und war mit hohem Schaum bedeckt, der von elfenbeinfarbenen Blasen durchsetzt war.

Zum Abendessen hielten wir an einem Rasthaus, in dem unser bereits fertig gekochtes Essen ausgeteilt wurde, das im Bus in Töpfen befördert worden war, die der Koch sicher vertäut hatte. Als wir die Thanbodday-Pagode erreichten, war es nahezu dunkel. Die Spirale der Pagode war von zahlreichen Terrassen mit schönen Stuckverzierungen und von Säulen umgeben, die mit dem üblichen Farbenspektrum bemalt waren, in dem jedoch warme Farbtöne überwogen, was der eleganten Zartheit des sich nach oben hin verjüngenden Bauwerks zusätzliche Eleganz

verlieh. Der schönste Bereich der Pagode aber war die Gebetshalle, die durch eine Reihe Tamarinden vom Stupa getrennt
war. Die Halle war groß und hoch, und jeder Zentimeter ihrer
Außenverkleidung war mit Reliefdarstellungen versehen, die
Jataka (Geschichten aus dem Leben Buddhas) erzählten, deren
Inhalte die Kunsthandwerker mit vielen schrulligen Besonder-
heiten angereichert hatten. Die Läden boten nichts anderes als
Bilder des Stupa an. Da derartige Fotos nur der Verehrung und
nicht dem ästhetischen Genuss dienen, konnten die Ladenbesitzer nicht so recht begreifen, warum ich nach Bildern der Gebetshalle suchte.

Da die Lichtverhältnisse für meine Kamera bei Weitem
nicht ausreichten, zeichnete ich rasch einige Skizzen, wobei ich
in zornigen murmelnden Worten beklagte, dass es keine An-
sichtskarten dieser wunderschönen Gebetshalle gab. Ich tau-
melte in benommenen Bahnen um das Gebäude herum, und
da ich meine Blicke nicht von den Figuren dort oben losreißen
konnte, rannte ich wiederholt in andere Leute hinein.

Im Bus herrschte tiefe Stille, als wir zurück Richtung Mandalay fuhren. Alle waren erschöpft, und selbst der Fette Unbedarfte zeigte Anzeichen von Müdigkeit. Die Sonne ging wie ein
großer roter Lutscher unter. Ich sah zwei entblätterte Bäume,
deren weißes Holz wie Elfenbeinskulpturen in orangerotem
Licht glühten. Um 22 Uhr erreichten wir das Kloster in Mandalay, in dem wir übernachteten. Der *Kappiya* (Laiendiener des
Abtes) begrüßte uns herzlich. Er gehörte zu den Menschen der
freundlichen Sorte und bot uns unverzüglich an, einen Video-
film zu besorgen, falls wir noch einen solchen zu sehen wünsch-
ten. Wir bedachten ihn mit entsetzten Blicken, bevor wir in die
Richtung unserer Bettmatten taumelten. Ich sah noch, dass die
Armbereifte wie ein Stein auf ihre Matte sank.

Achter Tag

Ein Baby als Novize und zurück
nach Meikhtila

Um fünf erwachte ich aus einem tiefen, tiefen Tiefschlaf. Nicht, dass wir irgendwohin hätten aufbrechen müssen … doch inzwischen waren wir alle darauf getrimmt, bei den ersten Lichtschimmern eines neuen Tages auf den Beinen zu sein. Aye, die neben mir schlief, eröffnete mir, dass ich in der Nacht im Schlaf gelacht hätte. Wahrscheinlich war ich selbst im Traum glücklich darüber, nicht in diesem engen Bus zu sitzen.

Ich nahm ein gemütliches Bad und wusch meine Wäsche. Gerade als Junn, Aye und ich zum Frühstück aufbrechen wollten, erblickten wir eine Reihe Novizen, die in Form einer Parade, die im Kloster nebenan begann, auf die Zeremonie zur Aufnahme in die Mönchsgemeinde vorbereitet wurden, die wir *Shin-pyu* nennen. Mandalay ist eine Stadt, die vor Prunk und Zeremoniell überfließt – vielleicht, weil es die frühere Hauptstadt myanmarischer Könige war. Auf jeden Fall geraten dort Hochzeiten und *Shin-pyu* zu wesentlich größeren Ereignissen als in Yangon.

Bei einer *Shin-pyu* müssen Burschen oder Männer lediglich mit den erforderlichen Roben, Schalen und anderen Dingen zu einem Kloster gehen und den Abt um seinen Segen und die Aufnahme in den Orden bitten, doch für diejenigen, die es so wünschen und es sich leisten können, werden die Zeremonien als Festakt veranstaltet. In Anspielung darauf, dass Buddha vor

Warten auf die Zeremonie des Durchstechens der Ohrläppchen

seiner Flucht aus dem Palast und der Suche nach der Wahrheit ein Kronprinz war, werden die angehenden Novizen in die prächtigsten Hofgewänder gekleidet, die aus Satin und golden glitzernden Stoffen geschneidert und mit Plastikpailletten besetzt werden. Die kleinen oder nicht mehr ganz so kleinen Burschen müssen sich dem Horror unterziehen, ihre Gesichter mit einem Make-up verkleistern zu lassen, das häufig genug alles andere als geschmackvoll wirkt. Je nach Stadt und finanzieller Situation der Familie dient dieser gesamte Aufputz dem Zweck, auf einem Pferderücken, einem Elefanten oder in einer Autokarawane durch die Menschenmengen zu paradieren. Mädchen unter zehn Jahren werden in derselben großspurigen Weise herausgeputzt und bekommen zu diesem Anlass die Ohren durchstochen, und ihre älteren Schwestern führen die Paraden mit Betelschalen und Blumenkübeln in den Händen an. Den Betelkasten tragen zu dürfen bedeutet nichts anderes, als zur Schönsten des Dorfes gewählt worden zu sein, doch um das Schicksal nicht zu provozieren, müssen beide Elternteile des Mädchens noch leben und dürfen nicht getrennt sein.

Die Paraden finden morgens statt und führen in einer Runde zu verschiedenen Pagoden, bevor es zurück zum Kloster geht, wo ein Fest für die Gäste vorbereitet ist. Am Nachmittag bekommen die Novizen die Köpfe geschoren. Im Rahmen dieser Zeremonie spannen die Eltern ein viereckiges weißes Baumwolltuch auf, um die Haare aufzufangen.

Eine Gruppe Jungen und eine Schar Mädchen, die vermutlich mit den Novizen verwandt waren, nahmen säuberlich aufgereiht vor unserem Kloster Aufstellung. Die älteren Schwestern hatten sich mit den modernsten Kleidern herausgeputzt und trippelten auf hohen Absätzen umher, während Mütter und Tanten wichtigtuerisch herumfuhrwerkten. Der jüngste *Koyin* (Novize) war noch ein Kleinkind. Er wurde hoch über dem Boden in einer goldenen Sänfte getragen und schaute von dort würdevoll auf seine lärmenden Vettern und Cousinen hinab. Als ich nach seinem Alter fragte, rief mir einer der jungen Sänftenträger zu: »Drei.«

»Also, *Koyin*«, hänselte ich, »du willst also nun ein *Ngeh-hpyu* werden?« *Ngeh-hpyu* bedeutet wörtlich übersetzt »Weißer Jüngling« und ist die Bezeichnung für Mönche, die während der Kindheit dem Orden beitreten und ihn niemals wieder verlassen. Das Kind richtete seine winzige Nase zu mir herab und schwieg.

»Er bleibt nur drei Tage im Kloster«, erklärte mir lachend der Träger.

Dies ist wahrscheinlich die maximale Zeit, die ein junges Kind wie jenes eingepfercht in einem Kloster, in dem es nach dem Mittagessen keine feste Nahrung mehr gibt, aushalten kann. Ich hoffte zum Wohle des Kindes, dass der Abt und die residierenden Mönche nicht so lange durchhalten würden, denn ein Kind in gelbe Roben zu kleiden bedeutet nur in Aus-

Der jüngste Novize

nahmefällen, es gleichzeitig mit Würde zu bemänteln. Ich hatte mehrere Neffen, die ein resoluter Abt gewaltsam zurück in den Status von Laienkindern versetzt und noch vor dem Ablauf des ersten Tages wieder nach Hause geschickt hatte.

Kurze Zeit später suchten Aye, Junn und ich uns den Weg durch schmale Gassen in die Richtung der Mahamuni-Pagode. Wir kamen an Werkstätten vorbei, in denen aus Marmorblöcken große Buddhastatuen gemeißelt wurden. Die Statuen waren so kunstfertig und fein gestaltet, dass sich die Säume der Roben wie echte weiße Seide zu kräuseln schienen.

An der Pagode setzten wir uns als Erstes auf kleinen Hockern an einen Tisch, um eine Portion *Mon-ti* zu verdrücken – dicke Reisnudeln mit geschnetzeltem Hühnerfleisch, die in Bratensauce gekocht und mit Bohnenpulver sowie ein wenig Zwiebelöl versetzt werden. Es ist das traditionelle Hauptgericht von Mandalay, das dort ebenso verbreitet ist wie *Mohinga* in Yangon.

Nachdem wir die Pagode umrundet hatten – natürlich eingedenk der Vorschrift, ihr nur den rechten Arm zuzuwenden –, ließen mich Junn und Aye allein, da sie noch einige Freundinnen besuchen wollten. Ich bummelte noch ein wenig herum und bemühte mich, meine Augen von allen Kacheln, Fliesen und Ziegeln abzuwenden. Nachdem ich eine benachbarte Gasse durchschritten hatte, gelangte ich zur Ananda Pagode, die Königin Pyinsa errichten ließ, die Frau des Königs von Pagan, eines stets betrunkenen Renegaten. Sie leistete Buße, indem sie sich guten Werken verschrieb.

In einem versteckt in einer Ecke stehenden Pavillon standen einige bemalte Tonfiguren aus der Geschichte *Padu-ma*. Eine Szene zeigte, wie die Königin ihren Gatten über die Klippen stieß. Ich dachte, dass viele Frauen, die jene Szene anschauten, den Wunsch in sich aufkeimen spürten, dasselbe mit ihrem Ehemann zu tun, und da ich bei diesem Gedanken böswillig in mich hineinzuprusten begann, verharrte ich an diesem Platz, um ein Foto zu machen.

Ich streifte zu diesem Zweck meine Plastiksandalen ab, vergaß sie beim Weitergehen, und als sie mir wieder einfielen und ich später zurückkam, waren sie verschwunden. Das hatte ich verdient. Es waren die Schuhe, die ich am ersten Tag draußen vor der Shwesattaw-Pagode gekauft hatte. Nun kaufte ich mir ein neues Paar an einem der Stände, die den hiesigen Wandelgang säumten. Anschließend tröstete ich mich mit einer Schale *Mee-shay* am selben Stand, an dem ich bereits am Vorabend gegessen hatte, und außerdem schob ich fünfzig Pya in eine Musikbox, um eine Prinzessin und ihr Gefolge tanzen zu sehen.

Aus einer Gemischtwarenhandlung rief ich Wendy in Yangon mit der Bitte an, dafür zu sorgen, dass ihre Freundin in Taunggyi ein wenig Geld für mich bereithielt. Wir würden in wenigen Tagen dort sein, und das Bündel Bargeld, das sie mir mitgegeben hatte, wurde allmählich dünn. Die Ladenbesitzerin bot mir protzend einen Korb mit drei Birnen und drei Äpfeln an ... die größten Früchte ihrer Art, die ich jemals gesehen

Tableau der unlauteren Frau, die ihren Ehemann
von der Klippe stößt (Mandalay)

hatte. Ihre in Japan arbeitende Tochter war zu einem Besuch heimgekehrt, und dieser Korb gehörte zu den Geschenken, die sie mitgebracht hatte. Da sich die Tochter gegenwärtig im Rahmen einer Besichtigungsreise in Bagan befand, wirkte die Ladenbesitzerin allem Stolz zum Trotz ein wenig weinerlich. Genau in diesem Augenblick kam eine Gruppe junger Leute mit Trommeln, Becken und einem Drachenkopf daher, um für sie zu musizieren und zu tanzen, denn das chinesische Neujahrsfest stand vor der Tür. Sie spendete ihnen tausend Kyat als *Hangbao* (Glücksgeld).

Nach dem Mittagessen, das aus süß-sauren Garnelen mit Reis bestand, erklärte Paw Paw, dass wir zurück nach Meikhtila fahren würden, um dort einen anderen Bus zu nehmen, der für die steilen Strecken im gebirgigen Staat Shan besser geeignet war.

Wir fuhren um eins los, und zwar mit doppelt so viel Gepäck wie zuvor, denn Monywa und Mandalay hatten gute Einkaufsmöglichkeiten geboten. Eines der Mädchen aus Dawai hatte eine große Kiste voller Stahlgeschirr *Made in India* erworben, die nun auf dem Dach festgezurrt war. In ihrer Heimatstadt gab es Stahlgeschirr aus Thailand, doch aus irgendwelchen Gründen schien es die Mühe wert zu sein, diese klimpernde Kiste den ganzen weiten Weg bis nach Hause zu befördern.

Wieder legten wir in Ku-me eine Teepause ein. Da ich mich ein wenig unwohl fühlte, begnügte ich mich mit einer Flasche Orangensaft. Die beiden Paare hatten im Verlauf der Reise schon oft von den Brathühnchen gesprochen, die wir unterwegs im Dorf Let-pan-pya gegessen hatten, und einer der Männer erläuterte laufend, wie gut Hühnchen zu Orangensaft passen würden. Offensichtlich war er kein Biertrinker. Jetzt saß er an einem Ecktisch und hatte Orangensaft und gebratenes Hühnerfleisch vor sich stehen. Er kaute sorgfältig, doch ich konnte erkennen, dass er enttäuscht war. Ich hatte das bestimmte Gefühl, dass er seinen Mitmenschen noch jahrelang von Hühnerschenkeln aus Let-pan-pya erzählen würde.

Alsbald rollten wir wieder über die Straße. Allen fielen schläfrig die Augen zu, bis es plötzlich zwei Sitzreihen hinter mir unruhig wurde und uns ein durchdringender Mief aufschreckte. Nwes Mutter hatte eine plötzliche Durchfallattacke erlitten und es nicht vermeiden können, sich zu erleichtern, bevor sie FU ein Zeichen für einen Notfallstopp geben konnte. Wir empfanden alle tiefes Mitleid für sie, auch wenn FU stöhnte und die Hände vor dem Gesicht zusammenschlug; Nwe und ihre Mutter hasteten aus dem Bus und strebten auf ein kleines Häuschen neben der Straße zu.

Während der Weiterfahrt stöhnte FU immer lauter, sobald wieder jemand dringend nach einem Halt auf freier Strecke rief, doch immer entsprach er den Bitten unverzüglich. Zwei Dawai-Mädchen und ich kletterten aus dem Bus und eilten zu einem kleinen Klohäuschen, das etwa dreißig Meter von der Straße entfernt mitten in einem Feld stand, und bei unserem Sturmlauf wehte eine Fahne aus pinkfarbenem Toilettenpapier hinter uns her. Es war das engste Klohäuschen, in dem ich jemals gewesen bin … ein sechzig Zentimeter breiter Verschlag, der an drei Seiten von Matten umgeben war, die als Sichtschutz dienten und an dessen vorderer Türöffnung ein zerlumpter Fetzen Stoff hing. Dieser Aufbau umgab ein in den Boden gegrabenes Loch. Es war der erste von mehreren Stopps, bei denen FU zu seiner Mutter flehte. Die süß-sauren Garnelen hatten uns geschafft.

Wir erreichten Meikhtila um sechs und übernachteten dort im selben Kloster, in dem wir den zur Verfügung stehenden Raum mit einer anderen Busladung Pilger teilen mussten. Es entstand ein ziemliches Wirrwarr. Mir war eher nach einem Spaziergang zumute, zumal noch nicht die geringste Spur von einem neuen Bus zu entdecken war. Zusammen mit Junn und Aye schlenderte ich zur »Wünsche Erfüllenden Pagode« Hsutaung-pye, die in der Innenstadt direkt neben einem großen Lebensmittelgeschäft stand, das von hellen Stangen beleuchtet wurde, die ein fluoreszierendes Licht verstreuten und in dem Horden von Menschen umherliefen. Die Pagode hingegen war nahezu verlassen. Es sah seltsam aus, dass sich der Stupa unter einem Dach befand, in dem nur die Schirmspitze durch ein Loch nach oben ins Freie lugte. Das Bauwerk besaß schöne Säulen, die gemäß der eleganten Handwerkskunst verflossener Jahre mit Glasmosaiken besetzt waren.

Auf dem Rückweg waren die Straßen dunkel, denn die Stromversorgung war zusammengebrochen, doch verschwommenes Mondlicht und flackernde Kerzen aus Häusern spannten einen Schleier der Verzauberung über die Stadt. Als wir ins Kloster zurückkehrten, begann soeben die Verteilung des Abendessens. Es gab mit Sojasauce gekochtes Huhn. Wir nahmen ein Bad, cremten uns ein und kuschelten uns gegen 20.30 Uhr erschöpft auf unsere Bettmatten. Auch die Leute aus dem anderen Bus hatten sich längst auf ihren Plätzen ausgestreckt.

Neunter Tag

Eine goldene Spinne und
ein langer Aufenthalt

Als ich erwachte, fühlte ich mich sehr erfrischt und hatte den
Eindruck, dass alle anderen schon aufstanden. Meine Arm-
banduhr zeigte auf 2.30 Uhr. Instinktiv sagte ich zu mir: »Neue
Batterie für die Uhr kaufen.«

Aber nein, es war 2.30 Uhr. Die Leute aus dem anderen Bus
hatten es irgendwie geschafft, beim Abmontieren ihrer Mos-
kitonetze sämtliche Schnüre aufzuknoten, sodass alle unsere
Netze in einer Kettenreaktion auf uns niedergestürzt waren. Ich
schlief sofort wieder ein, ohne mich weiter um mein Netz zu
kümmern.

Um sieben waren wir angekleidet und zur Abfahrt bereit,
doch es war keine Spur von dem Bus zu entdecken, der um
sechs hatte eintreffen sollen. Paw Paw verließ uns, um sein
Hauptquartier anzurufen.

Allein begab ich mich nach draußen, um in der Teestube
nebenan einen starken Tee zu trinken und myanmarische
Popmusik zu hören. Es lief das Band eines Freundes von mir,
Khin One, der ein sehr bekannter Künstler, Komponist und
Sänger war, ein Mann mit guten Umgangsformen und einem
wilden Herzen. In seiner Person waren höchste Intelligenz und
äußerste Torheit vereinigt. Ihm hätte gefallen, was ich auf meiner auf dem Tisch liegenden Tasche sah: eine kleine Spinne mit
hellgrünen Beinen und einem schimmernden goldenen Punkt
auf dem Rücken. Ich hatte große Mühe, sie zurück auf die

Tischplatte zu drängen, damit sie nicht in meine Tasche kroch, denn es hätte mich bedrückt, sie später unbemerkt zu zerquetschen. Irgendwie schaffte sie es kurz darauf, auf meine Schulter zu gelangen. Schließlich aber entschloss sie sich zu einem längeren Aufenthalt an der Tischkante, wo sie wie ein deplatzierter Ohrring wirkte. Der Punkt glitzerte wie pures Gold.

Ich richtete meine Aufmerksamkeit auf den an mir vorbeifließenden Verkehr. Ein verschwitzter dickbäuchiger Tourist versuchte ein Fahrzeug herbeizuwinken, und die Beiden Netten Paare eilten ihm zu Hilfe. Da es mit der Kommunikation haperte, baten sie mich zu dolmetschen. Der Rucksackreisende wollte nach Bagan, doch er verhielt sich nicht besonders freundlich oder gar dankbar zu den Paaren, die für ihn schließlich einen Lastwagen anhielten und den Fahrer baten, ihn in Bagan abzusetzen. Er schien davon überzeugt zu sein, dass die Transportkosten in Höhe von hundert Kyat zu hoch seien.

Ich ging zurück in die Halle. Alle unsere Taschen standen dort fertig gepackt, doch ein Bus war nicht in Sicht. Um 10.30

Erschöpft!

Uhr nahmen wir ein trostloses Mittagessen zu uns. Anschließend schnitt Junn eine große saftige Melone auf und bot allen unseren Gruppenmitgliedern ein Stück an, doch manche hatten zum Frühstück Eier gegessen und lehnten die Melone deshalb ab, denn viele Burmesen glauben, dass man sich eine Lebensmittelvergiftung zuzieht, wenn man beides am selben Tag isst. Ich pfiff auf diesen Aberglauben und aß zwei Stücke.

Anschließend saß ich mit den jüngeren Reiseteilnehmerinnen zusammen, und wir tratschten über Filme, Filmstars und die Armbereifte, die irgendwohin verschwunden war. Gehässig gaben wir uns der Hoffnung hin, ohne sie losfahren zu können.

13.30 Uhr. Und noch immer war kein Bus da. Ich breitete mein Bettzeug aus, um mich für ein Mittagsschläfchen zusammenzurollen, denn diese Maßnahme hätte eigentlich garantieren müssen, dass der Bus innerhalb von zwei Minuten eintraf. Doch diesmal wirkte diese List, mit der ich das Schicksal hinters Licht zu führen versuchte, nicht. Auch um 15.30 Uhr war noch keine Spur von einem Bus zu sehen.

Als Aye, Junn und die fünf Dawai-Mädchen die Halle betraten, machten sie einen mitgenommenen Eindruck. Sie hatten spontan beschlossen, einen Abstecher zur Pagode Shwe Myin Tin zu machen, die sich auf der anderen Seite der Stadt befand, und so hatten sie einen Bus herbeigewinkt, um zu fragen, ob er dorthin fuhr. Als man ihre Frage bejahte, waren sie eingestiegen und hatten sich an dem Ausflug gefreut, bis der Schaffner die Bemerkung von sich gab, dass Yamethins Shwe Myin Tin Pagode sehr berühmt ist. Alarmiert durch den Tonfall seiner Bemerkung und den Namen der Stadt Yamethin, die immerhin fast siebzig Kilometer weiter südlich lag, hatte Junn gefragt, was er eigentlich meine, und es hatte sich herausgestellt, dass sie in einem Highway-Bus saßen, der nach Yamethin unterwegs war. Der Schaffner hatte geglaubt, dass sie eine Pagode desselben Namens in der dortigen Stadt besuchen wollten. Mit spitzen Schreien hatten die Mädchen daraufhin den Busfahrer zum Anhalten veranlasst, waren aus dem Fahrzeug gestürzt und hatten es geschafft, per Anhalter zu uns zurückzukehren, ohne noch einen weiteren Gedanken an irgendwelche Pagoden unterwegs zu verschwenden.

Um 20 Uhr nahmen wir verdrießlich unser Abendessen ein. Endlich ratterte der Bus in den Hof. FU blieb uns als Fahrer erhalten, doch selbst er, der stets Optimismus versprühte, stellte in Zweifel, dass uns dieses Fahrzeug hinüber nach China bringen könnte. Da das vorige Fahrzeug jedoch in noch wesentlich schlechterem Zustand war, beschlossen wir, uns mit diesem Bus abzufinden und das Unternehmen in Angriff zu nehmen, denn wir wollten im Grunde nur endlich raus aus Meikhtila. Früh und hoffnungsvoll begaben wir uns zu Bett.

Zehnter Tag

Der Staat Shan und Statuen in einer Höhle

Alle waren um 1.30 Uhr erwartungsvoll auf den Beinen, und um 3 Uhr waren wir glücklich unterwegs. Wir fuhren in die Richtung der Berge im Osten und sahen, wie sich vor uns der Himmel beständig aufhellte und allmählich lila wurde, bis die Sonne langsam bis zur Größe einer Pfirsichhälfte empor-gestiegen war und sich in eine Kugel aus gleißendem Licht verwandelte, deren Feuer uns blendete. Am Straßenrand blühten wilde Blumen, die noch vom Tau überzogen waren, in Rot, Violett und Gelb. Wie baumwollene Büschel hingen Nebelschwaden unter uns in den Senken. Als wir um 7.15 Uhr Kalaw erreichten, bemerkten wir unverzüglich, dass die Luft mit Pinienduft durchsetzt war. Erster Haltepunkt war natür-lich der Zentralmarkt, wo wir unser Frühstück zu uns nahmen: ein Shan-Gericht aus flachen klebrigen Nudeln mit in wässe-rigem Bratensaft gekochten Hühnerfleischstreifen. Ohne auch nur einen einzigen Gedanken an eventuell erforderliche Not-fallstopps zu verschwenden, gaben wir unserer Gier nach und schlemmten große Tellerladungen fermentierte eingelegte Senf-blätter in uns hinein, die das Shan-Äquivalent des koreanischen Kimchi sind.

Mir fiel Paw Paws Bemerkung vom Beginn dieser Reise ein, dass wir Kohlepfannen für die Hände benötigen würden, so-bald wir China erreichen, und so erwarb ich eine gestreifte Jacke mit Kapuze, deren hellblaue Farbe freundlich wirkte, so-

Pindaya-Höhle

wie ein Paar dicke Socken. Andere stolperten beladen mit großen Bündeln, in denen sich wer weiß was verbarg, zum Bus zurück. Schließlich lag *Thanakha*-Land nun hinter uns.

Unser nächstes Ziel waren die Pindaya-Höhlen. Dieses tiefe Höhlensystem befindet sich hoch oben in einem steilen Abhang und ist bereits vor langer Zeit entdeckt worden. Die Höhlen sind mit vielen Hunderten Bildnissen in allen denkbaren Größen und Stilrichtungen gefüllt, doch es ist nicht bekannt, wann und von wem sie errichtet wurden. Als wir uns dem Fuß des Berges näherten, stellten wir erfreut fest, dass gerade ein Pagodenfest gefeiert wurde. Zwischen den zahlreichen Ladenständen, Riesenrädern und Karussellen bewegte sich eine wogende Menge aus Erwachsenen, Kindern, abgedeckten Karren und Vieh. Urplötzlich richtete sich unsere Aufmerksamkeit auf die Geräusche, die FU von sich gab. Trotz seines Namens machte er keinen auffallend törichten Eindruck, doch nun lehnte er sich aus dem Fenster und schrie lauthals »tut-tut, tut-tut«, während seine fetten Finger das Lenkrad umklammert hielten.

»Los jetzt, Mann! Lauter, mach schon!«, rief er Paw Paw zu, der aus dem Türrahmen hing. Mit sich vor Zorn rötendem Gesicht begann auch Paw Paw zu »tuten«. Erst jetzt ging uns ein Licht auf: Die Hupe dieses neuen Busses funktionierte nicht. Fürwahr ein geeigneter Zeitpunkt, dies festzustellen, dachte ich bei mir … inmitten von Hundertschaften verdutzt wirkender Landmenschen, die in wirren Knäueln konfus durcheinanderlaufen. Irgendwie aber erreichten wir das untere Ende der langen Treppenflucht, ohne irgendjemanden unter den Rädern zu zerquetschen. FU wischte sich das Gesicht mit einer Ecke seines *Longyi* ab und brüllte in den Bus: »Eine Stunde!« Bei diesen Worten bedachte er Junn und Aye, die gerne herumspazierten, mit einem bösen Blick.

Die Stufen waren hoch, und der Anstieg war steil, doch zum Glück hielt man hier an einem schönen Brauch fest: Die Geschäfte, die Pökeltee und grüne Teeblätter verkauften, luden die vorüberziehenden Pilger ein, »einmal zu probieren, ihr müsst nicht kaufen, lasst uns einige Verdienste erwerben, ruht euch etwas aus«. Wir alle rasteten ein ums andere Mal.

Pökeltee, *Le-hpet*, ist ein Snack, der als Dessert oder zu jedem beliebigen Zeitpunkt des Tages gegessen wird und Bestandteil aller wichtigen traditionellen Zeremonien ist. Er hat einen höheren sozialen Stellenwert als *Mohinga*. In der Vergangenheit wurden höfische Angelegenheiten mit dem gemeinsamen Genuss eines *Le-hpet*-Gerichtes definitiv besiegelt. Er schmeckt wie die kräftigere Version einer Pesto-Sauce und wird aus den obersten Spitzen der Teeblätter hergestellt, die noch am Tag des Pflückens gedämpft und anschließend zusammengepresst in großen Martaban-Krügen oder als schmale, mit Blättern umwickelte Packen gelagert werden. Nachdem er sechs Monate lang vergraben war, ist die nötige Reife für den Verkauf erreicht.

Um ihn für den Verzehr vorzubereiten, wird er mit Knoblauch, grünen Chilischoten und einigen Spritzern Limonensaft zu einer Paste zerrieben. Diese Paste wird in Öl eingelegt und zusammen mit gerösteten Bohnen, Erdnüssen, Sesamsamen, gebratenem Knoblauch und getrockneten Krabben verspeist. Gourmets fügen gerne mit der Hand enthülste Kürbiskerne und frittierte Insekten, die im Bambus leben, hinzu. Zähe alte Damen bevorzugen ihr *Le-hpet* ohne diese Zutaten und nehmen nur die in Öl eingelegte Paste zu sich.

Sehr gerne wird diese Paste für das Würzen von Salaten verwendet – ein nicht so verfeinerter, dafür jedoch köstlicher Genuss. Alle Zutaten werden sorgfältig mit geschnittenen Kohlstreifen, gewürfelten hart gekochten Eiern, Tomatenkeilen, frischen Knoblauchzehen und einigen grünen Chilischoten gemischt. Am besten schmeckt ein solcher Salat zu kaltem Reis. Wenn sich einige Feinschmeckerinnen zusammenfinden, leeren sie eine große Schüssel innerhalb von nur wenigen Minuten.

Pindaya hat den besten und aromatischsten Tee, was sowohl für *Le-hpet* als auch für grünen Tee gilt, für den die getrockneten Teeblätter unter hoher Hitze frisch geröstet werden, bevor man sie zusammen mit einer Prise Salz mit kochendem Wasser übergießt.

Ich entdeckte einen Laden, der kleine Tongefäße führte, doch es war kein Verkäufer zu sehen. Eine Nonne, die vor dem Laden nebenan saß, kam zu mir hinüber und nannte die Preise, denn da sie eine Nachbarin war, kannte sie deren Größenordnung. Ich hinterließ die Geldscheine unter einer Vase.

Die Höhlen winden sich durch die Tiefen der Klippe und bilden ein Labyrinth aus kleinen Kammern, die mit Tausenden von Bildnissen ausgestattet sind. Es finden sich darunter auch schöne neue Statuen aus Marmor, doch nur die Steinfiguren des alten Stils haben Gesichter, die eine eindrucksvolle Würde ausstrahlen. Mir war irgendwie unheimlich in diesen Felsenhöhlen, in denen die Statuen jahrhundertelang umgeben von einer vollkommenen Stille gesessen hatten. Der Überlieferung zufolge gibt es mehrere, tief ins Gestein hineinführende Tunnel, und es gibt sogar Erzählungen über einen Gang, der bis nach Bagan führen soll. Vor vierzig Jahren waren ein junger Novize und zwei Klosterburschen aus Neugierde nach unten in einen dieser geheimnisvollen Gänge gekrochen und waren niemals wieder aufgetaucht. Der Eingang zu diesem Gang wurde später versiegelt.

Wir setzten den Koch und einen Schaffner an einem Rasthaus ab, damit sie das Mittagessen vorbereiten konnten, und fuhren weiter, um einem in der Nähe lebenden berühmten Mönch unsere Aufwartung zu machen. Er war zurzeit in Yangon, doch seine Wohnstätte war voller Pilger, die überwiegend noch sehr jung waren. Ich sah eine Gruppe Jugendlicher, die wie westliche Punks aussahen – Lederjacken, Köperhemden, eng anliegende Jeans, schmalzige Haare, Metallketten, Ohrringe und Tätowierungen. Und doch hatten sie sich ein typisch myanmarisches Merkmal bewahrt: Alle jungen Männer trugen eine Gebetsschnur am Handgelenk. Sie verhielten sich sehr höflich und freundlich und erläuterten mir ehrfurchtsvoll die verschiedenen religiösen Fotos, die an den Wänden hingen. Zum Glück hatten sie sich noch nicht vollständig der wahren Essenz des Punk hingegeben.

Wir aßen zu Mittag und waren alsbald auf der Straße in Richtung Inle unterwegs. Die Landschaft war sehr schön: Geschwungene Hügel, ein satter tiefroter Erdboden, stämmige Bäume und Wildblumen im Überfluss. Zwei Kaninchen stellten sich am grasigen Straßenrand auf die Hinterläufe, als wir vorbeifuhren. Eines der Tiere war braun und hatte weiße Socken, das andere war tiefgrau; das Sonnenlicht schimmerte durch die Haare auf ihren Ohrenspitzen. Im Restaurant »Cherry« in Aungban legten wir eine Teepause ein. Vor der Tür der großen, kühlen und sauberen Halle standen zahlreiche Topfpflanzen. Das Restaurant schien besonders unter Lkw-Fahrern populär zu sein.

Erst nach Einbruch der Dunkelheit erreichten wir die am Ufer des Inle-Sees gelegene Stadt Nyaung Shwe, wo wir in einem Kloster einquartiert wurden. Auf der anderen Straßenseite gab es ein Haus, in dem wir für fünf Kyat pro Person baden konnten. Es war ein sehr kalter Abend, doch wir fühlten uns so verstaubt, dass wir alle ausschwärmten, um ein Bad zu nehmen und die Haare zu waschen. Das eiskalte Wasser wurde vom See nach oben gepumpt. Ich versuchte, alle Gedanken über seine Sauberkeit zu verjagen, während ich mir mit klappernden Zähnen den Schmutz des Tages vom Körper wusch.

Nach einem Abendessen, das aus Hühnercurry (stöhn) und heißer, sehr heißer Suppe bestand, begaben wir uns zur Ruhe. Um 1 Uhr wurde ich wach, weil ich mitten im Durchzug kalter Windböen lag. Ich zog meine Bettmatte in eine behaglichere Ecke und schlief sofort wieder ein.

Elfter Tag

Ein blauer See in den Bergen

Im Morgengrauen trank ich in einer nur zwei Häuser weiter gelegenen Teestube, die einen großen Innenraum besaß, starken heißen Tee. Draußen über der Tür verkündete ein großes Schild den Namen der Teestube: *Johnson*. Nicht *Johnson's*. Im Angebot waren alle möglichen Imbisse und Lebensmittel: Tee, Kaffee, Kuchen, Toast, Kekse, mit Fleisch gefüllte Dampfbrötchen, in schwimmendem Fett gebackene Teigstangen, Vanillepudding, *Mohinga,* Shan-Nudeln, myanmarische und chinesische Nudeln, scharfe Suppen, Haferschleim und Eier in jeder Form – als einseitig und beidseitig gebratenes Spiegelei, Rührei, Omelette, hart gekocht oder weich gekocht. Zu den leckersten Imbissen gehörten bauschige Pfannkuchen aus Teig namens *Htut-tayar,* »Einhundert Schichten«. Die von *Johnson's* waren groß, flockig, butterweich, weiß und rund. Wir aßen sie mit cremigen gedämpften Erbsen.

Der Eigentümer war der aufmerksamste Ladenbesitzer, dem ich auf dieser Reise begegnete. Er ging von Tisch zu Tisch und setzte sich überall zu einer kleinen Plauderei hin, wodurch er uns das Gefühl vermittelte, willkommene Gäste und nicht bloß Kunden zu sein. Im nächsten Oktober wollte er einige Enkel als Novizen einführen, und er lud uns alle zu diesem Fest ein, falls wir in der Nähe sein sollten. Als ich ihn nach dem Schild befragte, erklärte er mir, dass er aus Yangon stamme und dort einst für eine amerikanische Firma namens Johnson gearbeitet habe, die Außenbordmotoren herstellte. Nachdem die Firma

1963 verstaatlicht wurde, war er hierher gezogen und hatte sich den Lebensunterhalt mit der Reparatur von Johnson-Motoren verdient, mit denen viele unten am See liegende Boote ausgestattet waren. Er hatte ein einheimisches Mädchen geheiratet und war seitdem nicht mehr von hier fortgegangen.

Die Teestube hatte er erst vor rund einem Jahr gegründet. Er verhielt sich eher wie ein freundlicher Gastgeber als wie ein Ladenbesitzer und vermittelte uns das Gefühl, alte Freunde zu sein, die auf dem Weg nach Irgendwo bei ihm hereinschauten. Den Passanten rief er zu: »Kommt doch herein und trinkt einen heißen grünen Tee ... es ist doch so kalt draußen ... es macht nichts, wenn ihr nichts verzehren wollt ... manche können so früh noch nichts essen, das weiß ich, es geht mir selbst so ... probiert nur einmal diesen guten grünen Tee.« (Grüner Tee wird in allen Teestuben Myanmars kostenlos ausgeschenkt.) Bald war die Teestube gefüllt, und draußen auf der staubigen Straße standen Leute, die auf einen freien Tisch warteten.

Seine Frau, eine stille mollige Shan-Dame, kümmerte sich um den *Mohinga*-Stand. Ihre Enkel – offenbar sechs an der

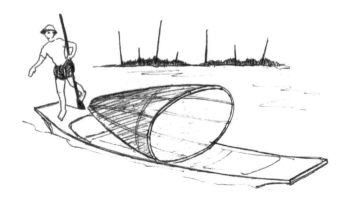

Beinruderer und bewegliche Küchengärten

Zahl (es ist schwer, ständig herumflitzende Kinder unter zehn Jahren zu zählen) – lagen ihr beständig mit den Möglichkeiten, die sie zur Auswahl hatte, in den Ohren: entweder mit ihnen nach Taunggyi zu fahren oder sie ein Video anschauen zu lassen.

»Seid nicht so quengelig, ihr Bengel, und setzt euch endlich hin!«, rief ihnen ihr Großvater zu. Die Kinder begannen zu kichern. Ihre Großmutter lächelte weise und sagte nichts, doch ich hatte das bestimmte Gefühl, dass die Kinder weder ein Video sehen noch Taunggyi besuchen würden.

Beim ersten Tageslicht saßen wir in zwei langen Booten und nahmen Kurs auf den See. Über unseren Köpfen zogen Seemöwen stumm ihre Kreise. *Seemöwen?* Sie sahen jedenfalls wie Seemöwen aus. Die Frage, wie sie den Weg über hohe Berge und weite Ebenen hierher gefunden hatten, ging weit über mein begrenztes Wissen über Dinge aus dem Bereich der Ornithologie hinaus. Doch obwohl sie wie Seemöwen aussahen (Oder gibt es Bergmöwen? Inlandseemöwen? Was ist eigentlich eine Seemöwe? Wird es mir jemand erklären?), gaben sie keine Schreie von sich, während sie unseren Booten folgten. Am Ufer hatten wir beutelweise Vogelfutter eingekauft, sodass wir ihnen nun knusprige Bissen in die Luft werfen konnten. Die Szenerie war schon fast kitschig: eine purpurne Bergkette, eine ruhige Wasserfläche, auf der sich das Licht der aufgehenden Sonne spiegelte, golden umrandete Wolkenumrisse, Vögel und Boote. Auf einer Leinwand hätte die Stimmung überzeichnet ausgesehen, glaubt mir. Mutter Natur zeigte sich einmal wieder von ihrer schönsten Seite.

Inle ist ein langer schmaler See, der sich eingekeilt zwischen die umliegenden Hügel schmiegt. Als die Boote die Geschwindigkeit erhöhten, glitzerte die Gischt des Wassers im Sonnenlicht. Wir feuerten uns gegenseitig an und drängten die Bootsführer zu einem Wettrennen, doch sie ignorierten uns lächelnd. Der erste Aufenthaltsort war ein kleines Geschäft, das gewobene *Longyi* aus Seide und Baumwolle verkaufte. Die *Longyi* aus Baumwolle zeichneten sich durch leuchtende Motive auf dunklem Hintergrund aus, während diejenigen aus Seide alle Farben eines vage am Himmel stehenden pastellenen Regenbogens aufwiesen.

Die Häuser standen auf einem Untergrund aus treibenden Pflanzeninseln, die fest im Seeboden verankert waren. Diese Inseln waren im Laufe vieler Jahre durch angeschwemmtes Pflanzenwerk beständig gewachsen, bis sich ein solider Boden gebildet hatte. Ganze Farmbetriebe werden auf solchen treibenden Inseln als schwimmende Gärten angelegt, und es ist ein Leichtes, den eigenen Küchengarten loszubinden und anderswo zu vertäuen.

Um im Wasser treibende gefährliche Hindernisse rechtzeitig erkennen zu können, haben die Menschen am Inle-See eine Technik entwickelt, die es ihnen gestattet, mit einem Bein ein Ruder anzutreiben, während sie mit dem anderen auf dem Bootsrand stehen. Bei der jährlichen Regatta und den Rennen in Yangon können diese Männer, die in dichter Reihe auf ihren langen Ruderbooten stehen, alle anderen Mannschaften scheinbar mühelos besiegen, gleichgültig mit welchen Booten diese auch immer antreten.

Die Preise der *Longyi* waren unverhältnismäßig hoch. Vielleicht wollten die Verkäufer dadurch mehr Spielraum zum Handeln gewinnen. Da Handeln eine Sache ist, die ich nie zu meinem Vorteil nutzen kann, stand ich verloren herum und wagte nicht, irgendetwas einzukaufen. Mitleidig empfahl mir Paw Paw, doch schon voraus zur Paung-daw-Oo-Pagode zu gehen, und er erklärte mir den Weg dorthin.

Ich schritt über eine schmale Holzbrücke und sah mehrere Geschäfte, die gewobene Schultertaschen verkauften. Schultertaschen sind ein unerlässliches Reiseutensil für Künstler und Schriftsteller, doch ich hatte eine gründliche Abneigung gegen sie entwickelt, nachdem ich während aller Jahre, in denen meine Entwicklung beeinflusst werden konnte, meine Schulbücher in ihnen herumtragen musste. Ich hatte Schule und Schulbücher

Paw Paw beim Frühstück

gehasst, und ohnehin hatte ich nie gelernt, wie eine richtige Künstlerin auszusehen. Auf dem schmalen Pfad, der sich zwischen Häusern, in die ich schamlos hineinstarrte, Richtung Pagode schlängelte, erreichte ich eine Reihe Verkaufsstände, die kunsthandwerkliche Gegenstände anboten. In einem dieser »Antiquitätengeschäfte« entdeckte ich Schachteln, welche die Form von Vögeln und knienden Elefanten sowie ein winziges keilförmiges Loch im Rücken hatten. Ich kaufte nur zwei von ihnen, obwohl ich gerne mehr mitgenommen hätte, doch ich musste angesichts meines geschrumpften Budgets Vorsicht walten lassen.

Die Paung-daw-Oo-Pagode hat eine Halle im oberen Stockwerk, in der fünf Statuen stehen, die im Laufe der Zeit so dick mit Blattgold beschichtet worden sind, dass sie heute nur noch wie runde goldene Kugeln aussehen. Der Legende zufolge können sie an keinen anderen Ort transportiert werden.

Einzige Ausnahme sind bestimmte Festtage, an denen sie mit einem Boot zu den Dörfern rund um den See gefahren werden. Doch selbst dann lassen sich nur vier von ihnen von der Stelle bewegen. Zu allen anderen Zeiten würden Boote, die sie transportieren, unweigerlich kentern, und die Statuen würden auf wunderliche Weise zurück in ihre angestammten Schreine wandern.

Zu meinem Bedauern waren auch in dieser Pagode die Säulen mit Kacheln bedeckt. In der Halle im Erdgeschoss befand sich ein Markt, auf dem ich zu Hunderten die alten Shan-Lackwaren entdeckte, die ich so sehr liebe. Bei diesen *Soon-oke* handelt es sich um Lebensmittelbehälter, die eine spitz zulaufende Form haben, schmale Proportionen aufweisen und äußerst elegant und liebenswert wirken – Elemente, die bamarischen Werken fremd sind.

Nachdem ich eine Stunde lang herumspaziert war, nahm ich in einer Teestube Platz, in der Nwe und ihre Eltern gerade ein zweites Frühstück genossen. Ich schaute mich um, stand auf und kraulte die fetteste Katze, die ich in meinem Leben gesehen hatte – sie hatte die Größe eines Ferkels. Der graue gestreifte Kater machte durch Überfütterung und Trägheit einen schläfrigen Eindruck.

Bald saßen wir wieder in unserem tuckernden Boot und nahmen Kurs auf ein Kloster namens »Schweinebraten«. Wahrscheinlich handelte es sich um den Namen eines Dorfes. Eine Gruppe junger Männer aus dem nahen Dorf half unter Oberaufsicht des Abtes beim Pflastern der Straße.

Sie luden uns ein, mit ihnen das Mittagessen zu teilen, das der Abt ihnen gab. Der Reis war sehr grobkörnig, doch er schmeckte gut zu der dünnen scharfen Suppe aus Tamarindenmus, Kürbis, Kartoffeln und Senfgemüse. Zum Würzen dienten mit Knoblauch und Salz zerstampfte trockene Chilischoten, die mit Öl durchtränkt waren.

Als wir nach dem Mittagessen im Uferbereich auf die anderen warteten, kaufte Khaing eine Flasche eisgekühltes Wasser, die sie unter allen Anwesenden – auch unter den Fremden – herumreichen ließ. Eine ältere Dame sagte, nachdem sie einen Schluck getrunken hatte: »Möge dein Leben so kühl wie dieses Wasser und so duftend wie Blumen sein.« Eiswasser an einem so entlegenen Ort ist so etwas wie ein seltsames Wunder.

Eine Reihe wackliger Stände säumte die Anlegestelle. Ein Baby schlummerte fest und geborgen in einer schmalen Wiege, die sein Vater aus einem alten *Longyi* improvisiert hatte. Die beiden Enden des Tuches waren mit einer Schnur an niedrige Äste gebunden. Der Bootsführer döste vor sich hin. Er trug eine Baseballmütze auf dem Kopf, und das Logo auf seinem T-Shirt verkündete stolz den Namen *American Steel*.

Auf dem Weg zurück zu unserer Unterkunft passierte das Boot einen Farmbetrieb, in dem sich soeben mehrere Albino-Wasserbüffel auf den Weg zurück zum Stall machten. Mehrere muntere Kälber, die noch im Babyalter waren, folgten einer stattlichen Mutter. Alle Tiere hatten ein bleiches beigefarbenes Fell. Wie wertvoll wären sie als Elefanten gewesen? Weiße Elefanten werden im Osten als noble Vorboten eines guten Schicksals verehrt. Dabei ist anzumerken, dass weiße Elefanten nicht vollkommen weiß sein müssen, obwohl manche Tiere es sind. Es ist noch zulässig, wenn sie so hell wie Milchkaffee sind. Jene Tiere dort aber waren nur Wasserbüffel, und deshalb wurden sie gewiss bloß als schrullige Laune der Natur eingestuft. Und doch – warum sollten sie ihren Besitzern kein Glück bescheren? Ihre Besitzer mussten sich glücklich schätzen, solche prächtigen Tiere zu besitzen. Ich hatte niemals zuvor Albino-Wasserbüffel gesehen, und als ich meinen Freundinnen nach der Rückkehr von ihnen erzählte, schenkten sie mir keinen Glauben.

Wir erreichten Taunggyi am frühen Nachmittag. Nachdem wir am Zentralmarkt ausgestiegen waren, winkte ich hastig ein Taxi herbei, das mich zum Haus von Wendys Freundin bringen sollte, die von ihr telefonisch beauftragt worden war, neue Geldmittel für mich bereitzuhalten. »Mone« und ihr Ehemann waren entzückt, mich zu sehen, und boten mir an, mir mit jeder Geldsumme auszuhelfen, die ich wünschte – Wendys Wort war ihnen Sicherheit genug. Als wir damals eine kichernde Clique aus sieben Teenagermädchen am College gebildet hatten, war Wendy diejenige gewesen, die am seltensten ausging und das geringste Vertrauen im Freundeskreis besaß, doch inzwischen hatte sie sich längst zu einem Menschen entwickelt, den wir anderen vertrauensvoll um Hilfe oder auch nur um guten Rat baten, wenn wir vom Leben, vom Pech oder von sich verschlechternden Ehen gestraft wurden.

Sie war ein anderer Mensch geworden, seitdem sie als Schülerin die Kurse eines buddhistischen Mönchs namens U Zawtikka besuchte, der auf folgerichtige und sensible Weise lehrte, wie man die Unwägbarkeiten und emotionalen Leiden des Lebens mithilfe der *Vipassana*-Meditation überwinden kann. Ich wusste, dass ich (wenn ich es gewollt hätte) allein auf ihr Wort hin die zehnfache Geldmenge hätte bekommen können, doch ich nahm nur zehntausend Kyat mit (etwas weniger als hundert Euro), die in myanmarischer Währung jedoch eine bedeutende Summe darstellten. Und ich fühlte mich gerettet.

Ich fuhr zum Markt zurück und sah, dass die anderen noch immer die Verkaufsstände belagerten. Paw Paw rief das Hauptquartier in Yangon an, um die Bestätigung einzuholen, dass wir nach China einreisen durften, und um einzufordern, dass nach unserer Rückkehr nach Mandalay ein besseres Fahrzeug als der uns für die nun vor uns liegende Schlaufe zur Verfügung stehende Bus bereitstehen solle. Er erhielt die Zusicherungen Ko Tus, und wir erfuhren, dass dessen Tochter ausgesprochen süß war.

Wir richteten uns in einem Kloster in Mingun, das nicht weit vom Markt entfernt war, für die Nacht ein. Man warnte uns vor den grimmigen Klosterhunden, die sich jedoch als äußerst freundliche Geschöpfe erwiesen, obwohl sie für eine Paria-Gattung äußerst groß geraten waren: Sie waren lieb, intelligent, stämmig und gesund. Eines der Tiere kam in den Raum, schaute sich freundlich mit dem Schwanz wedelnd um, trabte zu Paw Paws Matte und legte sich dort hin. Paw Paw tadelte den Hund und befahl ihm, sich fortzuscheren, worauf dieser sich auf den Rücken warf und grinsend die Pfoten in die Höhe warf. Wie sauber und verhätschelt Hunde auch sein mögen, man sollte sie nicht bereitwillig auf Betten oder Bettmatten lassen.

Gebadet und eingecremt nahmen wir ein frühes Abendessen zu uns, bevor die jüngeren Frauen zu einem Bummel über den Nachtmarkt aufbrachen, während ich unter Kopfschmerzen und einer leichten Halsentzündung litt. Um neun kamen sie zurück und äußerten sich nicht sonderlich beeindruckt über das Nachtleben, das sich auf die üblichen Reihen von Verkaufsständen beschränkte, die Essen und Schmuck anboten. Abseits der Großstädte hat das Wort »Nachtleben« in unserem Land eine vollkommen andere Bedeutung als in der westlichen Welt. Die Frauen reichten Pfannkuchen herum, die sie draußen gekauft hatten; sie waren dünn wie Papier und zergingen auf der Zunge. Es war ein köstliches Gute-Nacht-Essen.

Zwölfter Tag

Zurück nach Mandalay

Wir erwachten um 4.30 Uhr und verließen Taunggyi eine Stunde später. Der Raum, in dem wir übernachtet hatten, war sehr klein, und so war es warm und stickig geworden. Die drei Hunde standen dicht nebeneinander und schauten uns beim Aufbruch zu, wobei sie langsam mit den Schwänzen wedelten.

Bei Sonnenaufgang befanden wir uns kurz hinter einem Dorf namens Pyay-daw, »Nobles Land«. Felsige Klippen, die fleckenweise von Wiesen durchsetzt waren, säumten die Straße, und Kletterpflanzen mit baumelnden zerbrechlichen Blüten in den Farben Malve, Purpur und Karmesin hingen von den Felsen herab. Es gab auch dornige Büsche, zwischen denen an Tassen erinnernde gelbe Blumen standen, und an manchen Stellen sah ich Teppiche aus violetten Blüten und gleich anschließend Gräben mit klarem Wasser, auf dessen Oberfläche winzige weiße Blumen trieben, die wie in Miniatur gefasster Lotos aussahen. Ich wartete förmlich darauf, am Rande eines Wasserlaufs winzige goldene Pavillons zu entdecken, deren Größe für eine Puppenstube geeignet war. Zinnoberrote Blüten standen grell leuchtend vor gelblich grünen Blättern, und dicke samtene Beete mit *Saun-daw-ku*-Blumen erfüllten die Luft mit schwerem Duft.

Wir hielten an einem Schrein des Ko Myo Shin – des »Patrons der Neun Städte«, eines *Nat*-Geistes der Shan –, um im Rasthaus nebenan zu Mittag zu essen. Im Innenbereich des Schreins hingen mehrere runde Gongs. Als jemand aus unserer

Mitte gegen das Metall schlug, um sich seine Wünsche erfüllen zu lassen, gaben die Armbereifte und die Dawai-Mädchen widerhallende Töne von sich, die ihnen Gesundheit und Glück bescheren sollten.

Zum Tee hielten wir in Ku-me an derselben Teestube wie zuvor. Als ich zum Klo an der Rückseite des Hauses ging, begegnete ich dem typischen Großvater, der sich um zwei verzogene Kinder kümmert (»sie sind doch nur eine Handvoll«), während die Großmutter den Laden verwaltete. Zwei schmutzige, ausgezehrte Katzen faulenzten behäbig auf einer langen Bambusbank unter einem schattigen Baum. Das Alter hatte die Bank bereits golden gefärbt. Gleich nebenan befand sich der Hackklotz eines Fleischers – ein rundes Stück Holz aus einem Tamarindenstamm und der wuchtigste zu diesem Zweck verwendete Klotz, den ich jemals gesehen hatte; er hatte einen Durchmesser von rund sechzig Zentimetern. Die Küche bestand aus einem Ziegelofen, der von Ruß und Asche geschwärzt war, sowie aus einem schwarzen Wok, der auf roten Eimern stand.

Als wir durch Kyaukse fuhren, bereitete es mir Unbehagen, erneut die Statuen zu sehen, die in der sengend heißen Nachmittagssonne standen.

Um 17.30 Uhr erreichten wir Mandalay, wo wir unverzüglich Kurs auf das Kloster nahmen, in dem wir bereits zuvor übernachtet hatten. Der Abt und sein *Kappiya* empfingen uns wie eine aus dem Krieg zurückkehrende Familie. Paw Paw ging fort, um mit Yangon zu telefonieren. Wir anderen nahmen ein Bad und wuschen Wäsche, und alle mussten ein ums andere Mal niesen.

Drei Busladungen Pilger waren anwesend, und so war das Kloster recht voll, doch wir hatten das gesamte Erdgeschoss für uns. Zu den Bussen gehörte das große Fahrzeug, mit dem wir losgefahren waren – Fahrer und Schaffner waren dieselben, nur die Ladung Passagiere war neu. Wir begrüßten die Burschen so freudig, als seien sie lange vermisste Verwandte. Die Passagiere aus den verschiedenen Bussen beäugten einander mit nicht allzu freundlichen Blicken, denn es entstanden nun zwangsläufig lange Schlangen vor den Baderäumen. Ich sah kein Gesicht, das mir auf Anhieb sympathisch gewesen wäre, doch wenn ich mit diesen Leuten zusammen in einem Bus gesessen hätte, wären sie mir wahrscheinlich genauso nahe gewesen wie meine jetzigen Reisegefährten – natürlich mit Ausnahme der Armbereiften.

Zum Abendessen aß ich zu viel. Der Abt hatte uns das Fernsehgerät nach unten bringen lassen, das uns in voller Lautstärke mit einem Kung-Fu-Film beschallte. »Ich wünsche euch gute Unterhaltung, ihr armen Geschöpfe«, sagte er mit Bezug auf unsere ungewissen Aussichten, nach China zu gelangen. Paw Paw kehrte zurück und machte einen unglücklichen Eindruck. Er sagte, dass er uns einen besseren Bus besorgen würde, koste es, was es wolle.

Um 22 Uhr lagen wir alle erschöpft auf unseren Lagern.

Restaurant am Straßenrand

Dreizehnter Tag

Ein entstehender Film und
eine Lieblingstante

Um 3.30 Uhr waren wir auf den Beinen, um Richtung Maymyo aufzubrechen, das nun Pyin Oo Lwin hieß. Dies war
ein kühler Erholungsort in den Bergen, an dem sich die Briten in der Kolonialzeit gerne aufhielten. Damals war der Ort
nach Colonel May benannt. Es war der Sommeraufenthaltsort
meiner Teenagerjahre, an dem ich meine erste Liebe und mein
erstes Herzeleid erlebte. Ich erinnerte mich an die jährlichen
Fahrten mit dem Auto aus Yangon, bei denen Vater am Steuer
knurrte, wenn ich Stopp! Stopp! Sto-o-oppp! rief, weil ich
mich dringend um mein körperliches Wohlbefinden kümmern
musste.

Wir rumpelten durch ein dunkles schlafendes Mandalay. Im
unheimlich wirkenden silbernen Nebel vor uns zeichneten sich
undeutlich die Umrisse von Bergen ab. Um 5 Uhr erreichten
wir auf halber Strecke ein Gasthaus, das schlicht und einfach
»Meile 21« hieß. Vor etlichen Jahren hatte es an diesem Haltepunkt desselben Namens nur wenige Baracken gegeben, die
Tee verkauften, doch nun wimmelte es an diesem Ort von großen und kleinen Imbissständen. Ich bestellte einen Kaffee und
kaufte ein Stück Kuchen, das wundervoll sahnig schmeckte.
Pyin Oo Lwin ist das Milchwirtschaftszentrum von Myanmar.
In der Teestube lief auf dem Bildschirm eines großen Fernsehge-
räts ein Schwarzenegger-Film, und die Gäste schauten gebannt
zu, während sie aßen. Ich empfand es als unglaublich tapfer,

dass sich Menschen schon zur frühesten Morgenstunde darauf einließen, ständig sich wiederholende »Ah-noe« verdauen zu müssen.

Wir ließen Maymyo hinter uns und fuhren weiter zu den Wasserfällen von Pwekauk. Sie sind nicht hoch, dafür jedoch sehr hübsch und ein beliebter Picknickort. Ich hatte befürchtet, nebelhaft nostalgisch in die romantischen Zeiten zu versinken, die ich dort verbracht hatte, doch in denkbar unromantischster Weise wimmelte es an diesem Ort von Soldaten. Eine Militärübung? Ein Truppenpicknick? Ich fand heraus, dass ein vom Staat finanzierter Kriegsfilm gedreht wurde und dass die Soldaten echte Soldaten waren, die man als Komparsen abgestellt hatte.

Ich erfuhr, dass Nay San, ein junger Schauspieler aus meinem Bekanntenkreis, zu den Hauptdarstellern gehörte, und ging auf ihn zu, als ich ihn stehend mit dem Regisseur sprechen sah. Er schnappte überrascht nach Luft, als er mich sah, und wir unterhielten uns einige Minuten über gemeinsame Freunde und seine abgeschnittenen Locken.

Dann überließ ich ihn wieder seiner Pflicht, auf dem Bauch durch dichtes Buschwerk zu kriechen und wurde von den Dawai-Mädchen, die eng nebeneinander hinter mir standen, mit vor Überraschung aufgesperrten Mündern empfangen. Sie machten einen so verblüfften Eindruck, dass sie mir nichts über die Frequenz ihres Herzschlags zu erzählen brauchten. Auch sie hätten gerne mit dem Filmstar gesprochen, doch sie waren zu schüchtern. Ich ermunterte sie mit den Worten: »Geht doch hin, er ist sehr nett und wird sich geschmeichelt fühlen. Fragt ihn einfach nach einer Statistenrolle.« Nun waren sie es, die sich von meinen Worten geschmeichelt fühlten.

Um einen besseren Überblick zu gewinnen, nahm ich Kurs auf einen Stuhl, der an einer erhöhten Stelle stand, und nahm dort neben einem Offizier Platz, mit dem ich eine ganze Weile über das Drehen von Filmen plauderte. Er sagte, es sei Stumpfsinn.

Es folgte ein Mittagessen am Fluss.

Einige Stände boten dort Körbe mit scharlachroten Erdbeeren, Gläser mit goldenem Honig, Flaschen mit klarem lilafarbenem Erdbeerwein sowie rot schimmernde Pflaumen und grüne Zitrusfrüchte an. Im Sonnenlicht glänzten die Farben wie Juwelen.

Ich kaufte einen Korb Erdbeeren und aß sie im Gedenken an Thomas Mann ungewaschen. Die Beeren waren groß und saftig, sehr süß und hatten einen herben Beigeschmack. Die Körbe waren aus Bambusstreifen gewoben, die mich an die Ferienhütten von Shwesattaw erinnerten. Ich erwarb zwei weitere Körbe und aß die köstlichen Früchte, während unser Bus in die Richtung des Botanischen Gartens rollte. Eine ganze Busladung Menschen, die gierig ungewaschene Erdbeeren verschlang, trieb FU fast an den Rand des Wahnsinns. Ein weiteres Mal flehte er zu seiner Mutter, ihn vor solcher Narretei zu bewahren.

Während ich meine Erdbeeren aß, bemerkte ich, dass der Sohn der Armbereiften, der inzwischen auf dem Sitz vor mir saß, eine Beere in Händen hielt, die wesentlich größer als alle meinigen war. Ich verspürte große Lust, ihm auf den Schädel zu schlagen und die Frucht an mich zu reißen, und bis zum heutigen Tag bedauere ich, dass ich es nicht getan habe. Verflucht sei das zivilisierte Verhalten!

Wir erreichten den Botanischen Garten, der sehr säuberlich angelegt und äußerst sorgfältig gepflegt war. Bäume und Büsche waren mit Blüten übersät, die ich im warmen Yangon niemals gesehen hatte, doch am meisten liebte ich das natürliche Gehölz, das am entfernten Ende der Anlage im wilden Urzustand belassen worden war. Ich eilte im Galopp dorthin und kam schnaufend an, doch es war die Mühe wert.

Ich setzte mich hin und lehnte mich mit dem Rücken an einen hohen Banyanbaum. Grasflächen und Wildblumen erstreckten sich in Beeten aus Grün und Veilchenblau, und dazwischen sorgten vereinzelte Krokusse für Spritzer aus Lila und Orange. Das Sonnenlicht, das sich in schrägen Strahlen durch die hohen Kiefernhölzer streute, erhellte die Köpfe des Löwenzahns und ließ die Butterblumen leuchten.

Die Luft war frisch, sauber und reglos. Vollkommen reglos. Andere Menschen waren zu weit entfernt, um in meine stille Welt eindringen zu können, die nur vom Summen von Bienen erfüllt war. Schmetterlinge schienen miteinander zu summen, während sie in Paaren umherflatterten, und Libellen standen mit glasigen Flügeln in der Luft. Ich befand mich offenbar in einem tiefen, tiefen Zauberwald.

Doch schon bald ging es weiter zum chinesischen Tempel, der berühmt für seine vegetarische Küche war. Rund hundert Touristen vom chinesischen Festland waren anwesend. Rotwangige Frauen waren eifrig mit Kochen beschäftigt, Kinder rannten herum und spielten Fangen, und Teenager waren bemüht, äußerst cool zu wirken. Zwei alte Männer, deren lange weiße Bärte Würde ausstrahlten, saßen auf einer Bank und unterhielten sich mit nahe zueinander gerichteten Köpfen im Flüsterton, während ihre Hände auf den Knäufen ihrer Spazierstöcke ruhten. Von irgendwoher ertönte schrille chinesische Musik.

Auf einem winzigen Rasenstück sah ich Blumen, die mich an Mohnblumen erinnerten, doch ihre Farben waren ein prachtvolles kaiserliches Gelb sowie ein unschuldig und zerbrechlich wirkendes Lila. Ihre auf langen zierlichen Stängeln sitzenden Köpfe neigten sich nach unten.

Nächste Station war der Markt im Stadtzentrum. Meine Mitreisenden begannen sofort, dicke von Hand gestrickte Pullover zu kaufen, da es hier die besten gab, die im gesamten Land produziert wurden. Ich steuerte auf den Kunstgewerbeladen eines gewissen Mohamed Ali zu, den man mir wegen seines angemessenen Preisgefüges empfohlen hatte, und die Hinweise erwiesen sich als richtig.

Ich erwarb einige kleinere Stücke, doch der Inhaber weigerte sich, mir andere Dinge, für die ich mich interessierte, zu verkaufen, und zwar mit dem Argument, dass ich sie in Yangon billiger einkaufen könnte. Er ließ sich nicht erweichen, obwohl ich lauthals jammerte, dass ich vermutlich nicht herausfinden würde, wo sie dort billiger waren (ich fand es nicht heraus).

Auf dem Rückweg kam ich zufällig an einer Kunstgalerie vorbei, die den Namen 3D trug. Ich wusste, dass sie einem Komponisten namens Thawdi Wai gehörte, einem Mann, den ich bis dahin noch nicht kennengelernt hatte, der jedoch bei meiner sechsten Einzelausstellung zwei meiner Bilder gekauft hatte. In der Hoffnung, vielleicht jetzt seine Bekanntschaft machen zu können, trat ich ein, doch leider war er unterwegs nach Mandalay. Aber ich sah meine Bilder, die mit dem Vermerk »Unverkäuflich« versehen waren. Ich ließ meine Karte zurück und eilte zum Bus.

(Erst einige Monate später erfuhr ich, dass Thawdi Wai selbst ein Maler ist und als solcher unter dem Künstlernamen Wai Chit Ko auftritt. Bis dahin hatte ich ihn und jenen Maler für zwei verschiedene Menschen gehalten. Die Verwendung von Schriftsteller- und Malerpseudonymen scheint zum Ehrenkodex der Intelligenzia meines Landes zu gehören. Viele meiner Bekannten sind erstaunt, dass ich meine Werke so unbedacht unter meinem richtigen Namen publiziere.)

Die anderen waren noch mit dem Einkauf von Pullovern beschäftigt. Um 15 Uhr aber waren wir an der Shwe Sar Yan Pagode, die angeblich vor tausend Jahren von der Shan-Prinzessin Saw Mon Hla errichtet wurde. Mit einem Eid auf ihren Glauben an Buddha soll sie das Bauwerk herumgedreht haben, sodass es dem Königreich Bagan zugewendet war, das sie verlassen hatte. Ihr Ehemann König Anawrahta, der sie glühend liebte, sandte Höflinge aus, die auskundschaften sollten, ob der Tempel ihm zugewandt war oder ihrem eigenen Land im Westen. Die Höflinge erhielten den Auftrag, sie hinzurichten, falls sie ihrer Familie ihm gegenüber den Vorrang gegeben habe. Und das, nachdem er sie aus politischen Gründen nach Hause geschickt hatte. Sie war berühmt für ihre außerordentliche Schönheit und Intelligenz.

Shwe Sar Yan bedeutet »Umringt von Spatzen«, denn es heißt, dass sich bei der Fertigstellung der Pagode Spatzen um die Schirmspitze, die in unserer Sprache *Hti* heißt, geschart hätten. Im ganzen Land verstreut gibt es mehrere Pagoden, die diesen Namen tragen. Vielleicht haben diese kleinen Vögel fromme Absichten, doch es ist wohl eher wahrscheinlich, dass sich ihr Verhalten auf reine Neugierde gründet. Spatzen sind sehr intelligente Vögel – das wusste ich sehr gut, seit ich als Mädchen einige von ihnen großgezogen hatte, einige Babyvögel, die in Stürmen aus dem Nest gefallen waren. Das Wort »Vogelhirn« ist auf Spatzen einfach nicht anwendbar, denn sie denken, kommunizieren miteinander und haben eigene Persönlichkeiten.

Da soeben ein Fest stattfand, waren viele Reihen Bambusläden errichtet worden. Ich kaufte einige Spielzeugfische und -vögel aus Palmenblättern, die in grellem Blau, Rot und Purpur bemalt waren. Offensichtlich waren sie das Markenzeichen des Festes.

Um 17 Uhr waren wir zurück in Mandalay.

Kaum hatten wir den Bus verlassen, da wurden wir auch schon mit einer guten und einer schlechten Nachricht begrüßt: Wir erfuhren, dass ein neuer Bus zur Verfügung stehe, doch nicht weit hinter Pyin Oo Lwin sei auf der Straße zur Grenze eine Brücke zusammengebrochen, sodass wir selbst mit dem neuesten Bus nicht weiterreisen könnten.

Sofort brach ein Tumult aus.

Paw Paw zog mit der Armbereiften, Aye und mir los, um an anderen Busstationen Erkundigungen einzuholen. Es stimmte: Die Brücke war unpassierbar. Wir konnten jedoch mit dem Zug nach Lashio fahren und von dort mit einem Wagen weiter nach Mu-se reisen, aber die Zugfahrt würde über zwölf Stunden dauern. Als wir entkräftet zurückkehrten, saßen die anderen noch genau dort, wo wir sie zurückgelassen hatten, starr vor Erschöpfung und Enttäuschung.

Wir setzten uns zu einem Kriegsrat zusammen. Die Armbereifte, Junn und ich wollten unbedingt weiterfahren, egal auf welche Weise. Paw Paw erklärte, dass er das Geld für die restlichen Tage zurückerstatten werde, und sein Bus werde auf jeden Fall am nächsten Morgen zurück nach Yangon fahren. Wir seien herzlich willkommen, mit ihm zurückzureisen. Ich war inzwischen resolut zur Weiterfahrt entschlossen. Gleichgültig ob mit ordentlichen Mitteln oder mit schlechten, ich wollte weiterfahren, China oder der Tod. Ich argumentierte, dass wir schließlich mit dem Bus bis zur Brücke fahren und auf der anderen Seite mit einem anderen Fahrzeug weiterreisen könnten. Niemand dachte darüber nach, wie wir den Fluss überqueren würden.

Junn und Aye unterhielten sich leise, bis Aye schließlich verkündete, dass sie ihrem alten Vater nicht mit der Nachricht, sie würde ohne den Rest der Gruppe weiterreisen – auch wenn Junn dabei war –, große Sorgen bereiten dürfe. Fast von jedem Aufenthaltsort hatte sie nach Hause angerufen, denn im Gegensatz zu mir war sie nicht darauf vorbereitet, ihre Familie schamlos über ihren Aufenthaltsort im Ungewissen zu belassen.

Die Armbereifte hielt viele ermüdende Minuten lang eine laute Ein-Frauen-Debatte mit abfälligen Bemerkungen in Richtung Paw Paw, der gelassen blieb und amüsiert wirkte. Die beiden Paare wollten nicht weiterreisen; denn sie vermissten ihre Kinder und machten sich Sorgen um sie. Ich fragte schonungslos nach dem Alter der Kinder … Sie waren Ende zwanzig.

Nwe und ihre Eltern fühlten sich unpässlich. Daw Saw und ihre Nichten, Daw Kyaing und ihr Sohn sowie die Dawai-Mädchen konnten sich mit der zu erwartenden Ungewissheit nicht abfinden. Khaings Mutter musste auf jeden Fall am vorgesehenen Tag zurück sein.

Zur Überraschung aller Anwesenden ergriff der Mann der Armbereiften das Wort, wohl zum ersten Mal während der gesamten Reise. Er sagte: »Nein, es hat keinen Sinn weiterzufahren, denn wir können nicht sicher sein, auf der anderen Seite ein Fahrzeug zu finden.«

Wie eine einzige Person richteten wir unsere Blicke auf die Armbereifte, denn wir waren davon überzeugt, dass sie ihm nun eins aufs Dach geben werde, doch zu unserem Erstaunen nickte sie nur stumm. Kein Theater, einfach so, Ende der Diskussion. Wir waren aufrichtig beeindruckt. Ich verspürte den Drang, in stürmischen Applaus auszubrechen.

Paw Paw begann mit der Erstattung der zu viel gezahlten Beträge und gab mir als Erster meinen Anteil zurück, da er bemerkte, dass ich zu diesem Zeitpunkt eigentlich schon aus der Tür war. Es brachen bereits erste Auseinandersetzungen zwischen denjenigen aus, die erst nach einem morgendlichen Einkaufsbummel mit dem zurückerstatteten Geld in Richtung Yangon aufbrechen wollten, und denen, die lieber schon zum Tagesanbruch im Bus sitzen wollten.

Inmitten des schwelenden Tumultes verkündete ich hastig meine Abschiedsworte, versprach zu schreiben und hastete durch die Tür nach draußen, wo ich fast mit dem Abt zusammenstieß. Ich bezeugte ihm meinen Respekt und bedankte mich sowohl für die Kost als auch für den angebotenen Kung-Fu-Kurs. Er machte sich Sorgen darüber, wo ich wohl unterkommen würde.

Ich versicherte ihm, dass meine Lieblingstante in Mandalay wohnte und ich geradewegs zu ihr gehen würde, ohne Umwege und ohne die geringste Abweichung. Er wirkte erleichtert, doch er rief hinter mir her: »Vergiss nicht, mir zu schreiben! Lass mich wissen, was dir widerfahren ist!«

FU wirkte nach einem Bad erfrischt und kam mit *Thanakha*-Schlieren auf seinen fetten Babywangen zu mir, um mir Lebewohl zu sagen. Ich riet ihm, sich im Kloster nebenan zu verstecken ... nur für den Fall, dass zu Felde ziehende Passagiere ihm nachstellen wollten. Die jungen Schaffner gingen hinaus auf die Hauptstraße, um mir ein Taxi herbeizuwinken, und nachdem sie mich verfrachtet hatten, winkten sie mir bekümmert hinterher.

Daw Daw Kyin, meine Tante, hatte sich nicht verändert; sie war lebhaft und munter wie eh und je, obwohl sie nur ein Jahr vor ihrem achtzigsten Geburtstag stand. Zufällig traf ich an der Haustür meine Cousine Ni Ni, die hastig wisperte, dass sie es irgendwie nicht geschafft hatten, meine Tante über den Tod meiner Mutter vor sechs Monaten zu informieren.

Ich dachte, dass es nichts Abwegigeres gebe, als meine Tante über was auch immer im Ungewissen zu belassen, doch ich fasste den Entschluss, mitzuspielen. Meine Tante, ein Einzelkind, und meine Mutter, eine einzelne Tochter, hatten sich einander näher gefühlt als Schwestern.

Die Geschichten aus den Jahren, in denen sie im alten Mandalay aufwuchsen, hatten mich stets entzückt. Meine Mutter hatte nach turbulenten Jahren, in denen sie von einer jungfräulichen Tante aufgezogen wurde, die Universität in Yangon besucht, wo sie meinen Vater kennenlernte, den sie nach ihrer herausragendsten Lebenszeit als schöne Göttin und einem herzzerreißenden Flirt heiratete. Vater bemerkte häufig mit einem gewissen Maß an Ehrfurcht, dass er als Student zufällig auf Liebesbriefe an Mutter gestoßen war, die nachlässig zwischen Seiten von Bibliotheksbüchern abgelegt waren, und einer seiner Kommilitonen hatte in den vier Jahren des Universitätslebens ein Tagebuch geführt, in dem Tag für Tag sorgfältig aufgeführt war, welche Kleidung Mutter trug. In meinem Erwachsenenleben habe ich wiederholt ältere Männer getroffen, die mir die Hand tätschelten und vage zu erkunden suchten, ob ich denn wirklich, wirklich »Khins Tochter« sei. Ich hatte unglücklicherweise nicht die Schönheit meiner Mutter geerbt, und offenbar hielten mich viele für ein untergeschobenes Kind.

Mit siebzehn heiratete meine Tante den achtzehnjährigen Sohn und das einzige Kind einer wohlhabenden Familie. Sie war das winzige kleine Abbild einer menschlichen Person, hübsch und zierlich wie eine Porzellanpuppe und stets geschmackvoll gekleidet. Sie hatte ein unglaublich lebendiges Gemüt, einen feinsinnigen Humor und eine Willenskraft, die hinter ihrer zerbrechlichen Erscheinung nicht zu vermuten war.

Mutter in den 1930er-Jahren

Ich bezweifelte, dass sie jemals erlebt hatte, ihren Willen nicht durchsetzen zu können, doch hatte sie niemals Dinge verlangt, die andere gestört hätten, und sie verhielt sich stets so, als könne sie nur durch die Liebenswürdigkeit anderer existieren. Doch dies war eine vollkommen vorgetäuschte Front, denn diese hübsche kleine Dame war ein zähes Püppchen und wahrscheinlich die einzige Person auf der Welt, vor der ich bei einem einzigen Blick verzagen würde.

Ihr verstorbener Ehemann war von Geburt an verzogen und verhätschelt, wie es einem einzelnen Sohn gebührt, aber dennoch hatte er ein angenehmes Wesen, das in späteren Jahren keinesfalls einher mit dem Verlust der Hälfte seines Vermögens verkümmerte. Er war ein Abenteurer der eigenen Art und stahl sich, als er fast Ende sechzig war, nur mit seinen Kleidern auf dem Rücken von zu Hause weg, um mit Schwarzhändlern auf der Dschungelroute mit Mulis, Elefanten und zu Fuß nach Thailand zu marschieren. Nur um herauszufinden (so erklärte er, als er sechs Monate später wieder auftauchte), wie sie es machten. Er sah recht mitgenommen aus, doch schien ungeheuer zufrieden mit sich selber zu sein.

Er war ein kleiner, gut aussehender Mann. Ich hatte Fotos von dem frisch verheirateten Paar, das noch im Kindesalter war, gesehen. Beide waren reich in Seide gekleidet, und an ihr tropften Diamanten herab, während sie Händchen haltend den Rennen in Yangon zuschauten. Wenn sie einen Ausflug von Mandalay unternahmen, konnte eine plötzliche Laune sie durchaus zu einer Lieblingsgarküche in Yangons Chinatown führen. Das nötige Geld dafür konnten sie unterwegs von jedem Vertreter des Familienunternehmens bekommen, und außerdem unterhielten sie nicht nur in der Hauptstadt ein Haus, sondern auch in verschiedenen anderen Städten auf der Strecke.

Ihre Villa in Mandalay hatten sie in einem großen Garten bauen lassen, in dem Rotwild und Pfauen, Papageien, Hamster, Kaninchen, Katzen, Hunde und Ponys umherstreiften. Obwohl das Familienvermögen schrumpfte, konnten sie noch ein vermögendes Leben führen. Rotwild und Pfauen wurden aufgegeben, doch da meine Tante Tiere liebte, hielt sie weiterhin verhätschelte Hunde und faule Katzen in ihrem großen Haus in der Innenstadt. Von ihren Kindern aber war keines verhätschelt ... vielleicht mit Ausnahme des ältesten Sohnes, der ein umgängliches und wohlerzogenes Schätzchen war, das sehr meinem Bruder ähnelte. Er brachte es bis zum Direktor der Union Bank.

Ich erinnerte mich noch gut an ihren geliebten deutschen Schäferhund, der ungeachtet einer näheren Überprüfung jeden außer meiner Tante als Paria betrachtete. Er war ein geiziges und rotziges Tier, denn er wollte nicht zulassen, dass irgendwelcher Abfall weggeworfen wurde. Es war lästig und unangenehm, dass er alles aus dem Abfalleimer anschleppte, was die

Hausmädchen am Morgen weggeworfen hatten, egal ob es alte Schlappen oder gebrauchte *Thanakha*-Hölzer waren. Aus diesem Grund gingen meine Vettern dazu über, die Abfallkörbe in den Chevrolet der Marke Bel-Air zu laden, um ihn irgendwo in der Stadt zu entladen.

Aus irgendwelchen Gründen hatte Tante ihren Hund »Whisky« genannt, und da er es, abgesehen vom Zurückbringen des Mülls, liebte, draußen auf der Straße unvorbereitete Fußgänger zu attackieren, war es eine verantwortungsvolle Pflicht für uns, ihm nachzulaufen und ihn zu suchen, wenn er sich wieder einmal davongeschlichen hatte. Aus diesem Grund war ich vor langen Jahren als damals gerade Achtzehnjährige an einem heißen Nachmittag auf den Pflastern von Mandalays Innenstadt unterwegs und hatte laut und wild nach »Whisky« geschrien. Für den Rest jener Ferien war ich im Haus geblieben.

Alle diese Erinnerungen überfluteten mich, als ich ihr Haus betrat, und ich musste daran denken, dass ihre sechs Kinder sie ausnahmslos ebenso sehr bewunderten, wie ich es tat. Ende siebzig war sie nun. Ihr schwarzes Haar war wie gewöhnlich in einen gepflegten Haarwulst gerollt, der hoch über ihren Kopf aufragte und von einer diamantenen Haarnadel gehalten wurde. Ihr mit Kokosöl eingeriebenes Haar schillerte im Licht. Ihr Gesicht war ebenso wie ihre Hände und Füße mit einer dünnen Schicht *Thanakha* bedeckt, und sie trug einen eleganten pastellvioletten *Longyi* mit Blumenmuster sowie ein dazu passendes Jackett.

Sie klang genauso wie immer: Ihre hohe süße Stimme hatte einen schönen trällernden Klang. Auch ihre Augen leuchteten mit demselben lebendigen Glanz, den ich von früher her kannte. Sie war glücklich, mich zu sehen, und fragte nach Neuigkeiten über meine Mutter. Ich stammelte eine Antwort und dachte, dass ich mich so schnell wie möglich Richtung China aufmachen sollte, denn sie hätte mir die Wahrheit innerhalb von nur zehn Minuten entlocken können.

Meine Tante zeigte sich äußerst fasziniert von dem Gedanken, dass jemand aus unserer Familie nach China reisen wollte, denn ihr Großvater (mein Urgroßvater) war ein chinesischer Kaufmann, der nach Mandalay gekommen war, um Jade zu kaufen und in dieser Stadt ein siamesisches Mädchen geheiratet hatte. Sie hatte einer siamesischen Familie angehört, die im achtzehnten Jahrhundert von einem myanmarischen König als Kriegsgefangene verschleppt worden war. Urgroßvater hatte vielleicht auch zu Hause in China eine Frau und Familie, doch mit der Siamesin hatte er drei Kinder, von denen eines mein Großvater, ein anderes der Vater meiner Tante und das dritte die Großmutter von rund fünfunddreißig meiner Vettern und Cousinen in Yangon war.

Meine Tante hatte irgendwo den Namen seiner Heimatstadt aufgeschrieben. Ob ich eines Tages hinfahren und nach möglichen Verwandten forschen wollte? Ich erklärte mich begeistert einverstanden und dachte insgeheim an die fünftausend starken chinesischen Vettern, die ich dort aller Wahrscheinlichkeit nach auftreiben würde.

Meine jüngste Cousine Ni Ni, die stärker nach ihrer Mutter kam als alle anderen, sowie ihr Ehemann, der wie ein Wahnsinniger arbeitete, sofern er seine Nase nicht gerade in irgendwelchen Finanzmagazinen stecken hatte, erläuterten mir die Optionen, die mir blieben. Ich musste entweder einige Tage abwarten, bis die Brücke repariert war, oder aber den Zug nach Lashio nehmen, da momentan keine Autos durchkamen. Tante wollte unbedingt, dass ich warten und einige Tage bei ihnen bleiben solle, um Besuche abzuleisten und vor allem an der einwöchigen *Shin-pyu*-Novizenzeremonie teilzunehmen, die sie für ihre Enkelkinder organisierte und die schon am nächsten Tag begann. Meine Cousinen wollten bereits zur Morgendämmerung auf den Beinen sein, um sich um die Kosmetik und die Vorbereitung der Feierlichkeiten zu kümmern. Sie zeigten mir die Berge von Juwelen und Seide, die sie tragen würden, und bekundeten freundlich, dass ich gerne etwas davon geliehen haben könnte. Alles das bestärkte mich in meinem Entschluss, so rasch wie möglich abzureisen, denn Schmuck im Mandalay-Stil ist schwerer Stoff, der Tonnen wiegt.

Und außerdem fühlte ich mich stark verunsichert, weil ich immer dann, wenn Mutters Name fiel, das Thema wechseln musste. Ich war mir ziemlich sicher, dass Tante es nun wusste. Ich entschied mich für den Zug. Nachdem wir uns bis tief in die Nacht hinein unterhalten hatten, begaben wir uns zu Bett.

Vierzehnter Tag

Eine zusammengebrochene Brücke und nackte Hinterbacken

Ich wachte um fünf Uhr auf und ging hinüber zu meiner Cousine Ni Ni, die in ihrem Schlafzimmer bereits von einer Kosmetikerin geschminkt wurde. Sie war enttäuscht, dass ich den Zug nehmen wollte, und warnte, dass er mit Menschen und Waren vollgestopft sein würde. »Denk doch nur an die Reissäcke im Gang!«, sagte sie.

Um uns herum schwebten Wolken aus Haarspray. Ihre Haare wölbten sich in steifen Locken, in welche die Friseuse nun winzige Orchideen zu stecken begann. Ihr normalerweise goldener Teint hatte sich in ein lilafarbenes Beige verändert, und auf ihren Augenlidern schimmerte ein blassgrüner Lidschatten. Auf dem Bett waren die Kleider ausgebreitet, die sie tragen würde. Sie waren aus einem elfenbeinfarbenen gestärkten Satinbrokatstoff, der mit winzigen Perlen und Pailletten besetzt war. In Myanmar sind prunkvolle Kleidungsstücke und Schminke nicht für den Abend oder die Nacht bestimmt, sondern für formelle und sorgfältig vorbereitete Zeremonien, die zu jeder Tageszeit stattfinden können. Auf dem Schminktisch stand eine offene Lackschachtel, aus der glitzernder Schmuck hervorquoll.

Ich erwiderte, dass mir die Reissäcke nichts ausmachen würden. Unbehagen bereitete mir lediglich die Aussicht auf zwölf lange Stunden Fahrt.

Ihr Ehemann konnte unser Geplapper nicht länger ertragen.

Bus nach Lashio

Er kroch aus dem Bett, wo er eifrig in einem Wirtschaftsmagazin geblättert hatte, und fuhr nach nur kurzer Zeit auf seinem Moped davon. Als er nach zwanzig Minuten zurückkehrte, überbrachte er mir die Nachricht, dass kleine Limousinen bis zur Brücke fahren würden. Dort musste man durch den Fluss waten, um anschließend am gegenüberliegenden Ufer ein anderes Auto zu nehmen. Ein Sitzplatz in einem Wagen, der beim ersten Tageslicht abfuhr, wurde für zweitausend Kyat gehandelt, und er hatte einen Platz für mich gebucht. Okay?

Wundervoll. Eingedenk der Tatsache, dass ich das Hindernis, das jene Brücke bildete, aus eigener Kraft würde überwinden müssen, packte ich nur die wesentlichsten Dinge in einen Rucksack und ließ das restliche Gepäck zurück. Ni Ni bat mich, Einladungskarten an ihre Schwägerin in Lashio mitzunehmen, da sie es versäumt hatte, sie rechtzeitig abzuschicken, und ich versprach, sie persönlich abzuliefern, während ich sie in meinem Gepäck verstaute.

Das Auto, ein robuster Toyota Super Roof, fuhr um sechs Uhr vor, um mich abzuholen. Da meine Tante noch nicht aufgestanden war, überließ ich es meinen Cousinen, ihr zu erklären, warum ich so hastig aufgebrochen war.

Im Wagen saßen bereits andere Passagiere. Auf dem Sitz neben dem Fahrer hatte ein alter chinesischer Mann Platz genommen – natürlich auf der dem Verkehr zugewandten Straßenseite. Es war mir unerklärlich, warum der vordere Beifahrersitz als bester Platz gehandelt wurde; er kostete dreitausend Kyat. Ich selbst saß auf dem Rücksitz hinter dem Fahrer und neben einem großen jungen Chinesen, der sich als Sohn des alten Mannes vorn entpuppte. Er hatte dickes schwarzes Haar, das ihm strähnig über die Stirn fiel, sowie einen auffällig hohen Nasenrücken. Äußerst schlechte Zähne ruinierten sein aristokratisch gutes Aussehen, denn obwohl er noch sehr jung war – etwa zwanzig – sah er aus, als kaue er bereits seit Jahrzehnten Betel. Ich gab ihm insgeheim unverzüglich den Spitznamen »Betel«.

Der Mann auf der anderen Seite des Rücksitzes war ein Shan. Da er sich als Chefbäcker einer sehr bekannten Bäckereikette Yangons zu erkennen gab, nannte ich ihn »Bäcker«. Er sah auch aus wie ein Bäcker: mollig, kurz, viereckiges Gesicht, kräftige Arme, dicke Finger. Er war auf dem Heimweg nach Lashio und hatte einen großen Eimer Backfett bei sich.

Betel war unterwegs nach China. Da sein Vater dringend medizinische Behandlung brauchte, wollten sie dort tief ins Landesinnere reisen. Ich vermutete, dass sie berühmte traditionell arbeitende Naturheilpraktiker aufsuchen wollten, die sich mit chinesischen Heilkräutern auskennen.

Betels Vater, ein sehr hagerer Mann, der offenbar bereits die siebzig überschritten hatte, bestrickte durch sein freundliches Augenzwinkern. Neben seinem Platz stand ein lose geflochtener Korb mit grünen Weintrauben, die durch das von der Windschutzscheibe gefilterte Licht in die denkbar schillerndsten Jadeperlen verwandelt wurden. Ich spürte das heftige Verlangen, einige dieser Trauben abzubekommen, und während der Anfangsphase unserer Fahrt drehten sich die meisten meiner Gedanken um die Frage, wie ich dieses Ziel auf möglichst höfliche Weise erreichen könnte. Früchte, die wie Juwelen leuchten, sind mein Verderben. Ich kann meine Gier nach ihnen einfach nicht kontrollieren.

Die Reise nach Lashio führte zunächst über die Straße nach Maymyo, und auch diesmal legten wir am Gasthaus Meile 21 eine Pause ein. Entweder war es das beste Gasthaus der Stadt, oder aber die Fahrer strichen eine Provision ein. Vielleicht auch beides. Ich wählte einen Kaffee und in schwimmendem Fett gebackenen Tofu, und auch diesmal kaufte ich ein Stück von dem wundervoll cremigen Kuchen.

Der Raum erbebte unter Rockmusik, die aus großen Lautsprechern dröhnte, denn es gibt keine myanmarische Kaffee- oder Teestube ohne dieses Klangsystem ... und es gilt die Regel: Je lauter, desto besser. Zumindest aber drängte man uns an diesem frühen Morgen keinen Arnold auf.

Die Männer aus meinem Wagen nahmen ein ausgiebiges und herzhaftes Frühstück zu sich, während ich ungeduldig mit den Zähnen knirschte, bis sie endlich vom Tisch aufstanden und sich satt und zufrieden mit Zahnstochern die Zähne reinigten. Um 10.30 Uhr und rund zehn Kilometer von Naungcho entfernt erreichten wir die Stelle am Fluss, an der die Brücke zusammengebrochen war. Der Fluss hieß Gote-kwin und gehörte zu den malerischsten Landschaften der gesamten Strecke.

Der Ort war so idyllisch, dass der *Sawbwa* (Prinz) von Hsipaw vor hundert Jahren einen Komponisten beauftragt hatte, ein Lied über ihn zu schreiben, und jener Komponist hatte es tatsächlich irgendwie geschafft, den skurril klingenden Namen in einem Reim mit etwas Schönem zu verknüpfen. Man sieht die dortige Landschaft häufig in Dokumentarfilmen über die »Alte Burmastraße« – ein Fluss tief unten in einer Senke, aus der die Straße in spiralförmigen Schlaufen einen steilen Abhang nach oben klettert, bevor sie in den nebligen Höhen dahinter verschwindet.

Menschen kauerten sich in den schmalen staubigen Schatten, den überstehende Klippen spendeten. Wir konnten die Brücke sehen, die in der Mitte nach unten durchhing und unter der Arbeiter emsig hin und her liefen. Auf der gegenüberliegenden Seite säumten Kleinfahrzeuge und Lastkraftwagen die Serpentinen, und auch auf unserer Seite wuchsen die Schlangen beständig an. Nur wenige Meter flussaufwärts versuchten einige Männer, eine Fußgängerbrücke aus im Wasser aufgereihten Steinen aufzubauen, doch die starke Strömung schwemmte die Steine immer wieder fort. Ich erfuhr, dass es sich um eine freiwillige Aktion von Lastwagenfahrern handelte, deren schwer beladene Fahrzeuge zu beiden Seiten der Brücke aufgereiht standen. Sie wollten eine Passage aufbauen und ihre Fracht von Tagelöhnern über den Fluss tragen lassen.

Mehrere Ingenieure beaufsichtigten die Reparaturarbeiten, doch die Oberaufsicht lag in den Händen des Verwaltungschefs des Bezirks, der ein Militäroffizier war. Die Verantwortlichen diskutierten unter einem behelfsmäßig errichteten Stand, der mit einem Stück Segeltuch überdacht war. Zahlreiche Dorfbewohner aus der näheren Umgebung hatten sich eingefunden, um Wasser und Lebensmittel zu verkaufen. Offenbar waren ganze Hühnerställe geleert worden, denn überall wurden hart gekochte Eier und Berge von Brathühnchen angeboten. Mir fiel auf, dass rund zwei Drittel der Handel treibenden Personen Frauen und Kinder waren. Die Kinder trugen Körbe auf den Köpfen oder im Arm, und die Frauen schleppten zwei Körbe an einem improvisierten Joch, das aus einem frisch von einem Baum abgeschlagenen Ast bestand. Ihre Männer waren wahrscheinlich rekrutiert worden, um bei den Reparaturarbeiten zu helfen.

Auf Kinderköpfen, die mit ausbalancierenden und Halt bietenden Schlingen aus alten Lumpen umwickelt waren, wurden Töpfe voller Wasser zur Baustelle geschleppt. Menschen, die mehr Kapital besaßen, hatten Stände errichtet, an denen sie in Flaschen abgefülltes Wasser und Dosen mit Softdrinks verkauften. Unter einem Banyanbaum stand ein recht großer *Nat*-Schrein aus Ziegelsteinen, in dem ein *Nat*-Geist der Shan wohnte, der mit nachsichtigen Augen hinab auf das geschäftige Treiben der Menschen schaute. Ich erfuhr, dass er der Patron der Neun Städte war.

Betels Vater und ich blieben bei unseren Gepäckbündeln sitzen, während Betel und Bäcker zur Kante der Brücke spazierten. Ich war bestens darauf eingestellt, die von einer Frau erwartete Rolle zu spielen und abzuwarten, bis das Mannsvolk die nötigen Dinge arrangiert hatte. Nachdem eine halbe Stunde verstrichen war, hatten wir nicht die geringsten Fortschritte erzielt. Bäcker, Betel und der Fahrer jammerten herum, dass uns nichts anderes übrig bleibe als zu warten, während ich mit den Zähnen knirschte und die Fäuste zusammenballte. Ich beschloss zu tun, was Frauen in meinem Land in solchen Situationen üblicherweise tun … mich laut zu beklagen. Dies beunruhigte und irritierte die Männer zumindest in einem Maße, dass sie weitere Versuche unternahmen, zu einer Lösung unseres Problems zu finden.

Fünfzehn Minuten später keimten noch immer keine Hoffnungen auf.

»Wir durchqueren den Fluss«, sagte ich schließlich in meinem »Ich-versuche-wirklich-nur-höflich-zu-sein-habt-ihr-verstanden«-Ton.

Im selben Augenblick fiel mir der alte Mann ein, und ich drehte mich schuldbewusst zu ihm um. Er war mager und ausgezehrt und ging gekrümmt wie ein zerbrechlicher Kranich. Ich war mir nicht sicher, ob er sich darauf einlassen würde, den Fluss zu durchqueren, doch es war unnötig, über seine Bereitschaft, sich durch rauschende Wassermassen zu kämpfen, nachzudenken, denn er hatte seinen zahnlosen Mund zu einem gewaltig anmutenden Grinsen geöffnet und raffte bereits seine Bündel zusammen. Bäcker und Betel wirkten erleichtert, nachdem ihnen die Entscheidung abgenommen worden war.

Mehrere Männer wateten bereits ins Wasser und erkämpften sich ihren Weg gegen die starke Strömung. Die Idee mit der Fußgängerbrücke hatte sich als nicht realisierbar erwiesen. Ich konnte nicht verstehen, warum niemand auf den Gedanken kam, ein Seil über den Fluss zu spannen, an dem man sich festhalten konnte.

Mit steifen Schritten kletterte ich den Abhang zum Wasser hinab. Der alte Mann hielt sich dicht an meiner Seite, und die beiden jungen Burschen wirkten plötzlich munter und eilten uns trabend hinterher.

»Ihr werdet alle durch Hitzschlag sterben, ihr Schwachsinnigen! Kommt zurück!«, erschallte ein Schrei über uns, der die Luft zerriss. Es war der Militäroffizier, der die Hände in die Hüften stützte und aufgeregt hinter uns her brüllte. Die Menschen meines Landes sind davon überzeugt, dass man unweigerlich einen Sonnenstich bekommt, wenn man in der prallen Sonne nass wird … soviel dazu, vor dem Schwimmen am Strand zu liegen.

»Könnt ihr nicht eine halbe Stunde warten? Dann wird die Brücke fertig sein!«, schrie er hinter uns her, bevor er verärgert abwinkte und sich umdrehte. Ich fragte mich, warum er ausgerechnet hinter uns her schrie und nicht hinter den anderen, die längst mit der Durchquerung des Flusses begonnen hatten. Vielleicht handelte es sich um das traditionelle myanmarische »Mann-passt-auf-Frauen-auf«-Ding, denn keine andere Frau schickte sich an, durch den Fluss zu waten. Bei dieser Vermutung beschlich mich das Gefühl, dass es eigentlich eine liebenswert gemeinte Geste war, obwohl sie in typischer Machomanier vermittelt wurde. Ich war zwischen Onkeln aufgewachsen, die mich anbrüllten, um mich sofort danach mit zärtlichen Gesten zu umarmen und mir alle meine Launen und Grillen zu verzeihen. Aber ich wusste, dass »eine halbe Stunde« eher eine

Umschreibung für mindestens drei Stunden war, und deshalb war ich nicht bereit, hier noch länger zu warten.

Wir zögerten nur, bis er außer Sichtweite war. Als er wieder in seinem Unterstand Platz genommen hatte, brachen wir eilig auf. Der alte Mann hatte sich die Hose ausgezogen, und Bäcker und Betel hatten sich ein Beispiel an ihm genommen und standen nun in Unterhosen am Ufer. Alarmiert, dass ich nasse Boxershorts zu sehen bekommen würde, stopfte ich meine Plastiklatschen in den Rucksack, warf diesen über die Schulter und stapfte als Erste in den Fluss.

Das Wasser war eiskalt und stieg mir rasch bis zur Hüfte, und die Strömung war so stark, dass sie mich fast fortriss. Die großen weißen Steine auf dem Grund des Flussbettes waren mit schleimigen und schlüpfrigen Algen bedeckt. Krampfhaft kämpfte ich mich mit vorsichtig gesetzten Schritten voran, während mir bereits Schweißtropfen auf die Stirn traten.

Betel und Bäcker schlossen zu mir auf und hakten sich zu beiden Seiten in meine Finger ein. Mit fest ineinander gegriffenen Fingergliedern arbeiteten wir uns Zentimeter um Zentimeter durch das Wasser voran. Sie berührten nur meine Finger. Ich war mir dessen bewusst, dass sie es als höchst unschicklich empfunden hätten, mich mithilfe einer Körperumarmung zum anderen Ufer zu ziehen oder auch nur meine Arme zu halten, obwohl die Flussdurchquerung auf diese Weise wesentlich einfacher gewesen wäre, und ich fragte mich, ob sie mich wohl ertrinken lassen würden, wenn ich stürzte, um meine Ehre nicht zu beflecken. Ich hoffte, dass sie es nicht tun würden.

Wir kämpften uns langsam vorwärts, indem wir unsere Schritte sorgfältig ertasteten, damit unsere Füße nicht zwischen Steinen eingekeilt wurden, doch die Strömung schien unsere Schenkel nicht nur an den Knöcheln zerbrechen zu wollen. Immer wenn die Fluten mich in eine seitliche Lage zu schwemmen drohten, hakten sich die Finger der beiden Männer fester in die meinigen, um mir auf diese Weise wieder zu aufrechtem Gleichgewicht zu verhelfen. Der alte Mann überholte uns mit raschen Schritten. Er benutzte einen angeschwemmten Ast als Wanderstab und schien nicht die geringsten Schwierigkeiten zu haben. Wahrscheinlich bin nur ich so unbeholfen, fuhr es mir kläglich durch den Kopf. Schwache Frau, die du bist! Meine übliche großspurige Einstellung mit der Basis »Alles-was-ihr-könnt-kann-ich-besser« erlitt eine erniedrigende Schmach.

Oberhalb der Hüften triefte ich vor Schweiß, und mein Unterleib war klatschnass, als wir uns endlich dem rund fünfzehn Meter entfernten anderen Ufer näherten. Bäcker und Betel ließen meine Finger los und hielten sich dicht hinter mir, bis ich einige Meter flussabwärts auf das andere Ufer zustrebte, wo fremde Männer soeben wieder in ihre Hosen schlüpften.

Betels Vater, der sich schon auf trockenem Boden befand, hielt mir ein Ende seines Astes entgegen, um mir die letzten Schritte zu erleichtern. Ich lächelte ihm dankbar zu, kletterte mithilfe des Astes auf eine Felsbank und ließ meinen Blick über den Uferbereich schweifen. Der Abhang war recht steil, jedoch nicht allzu hoch – es mochten sieben Meter sein, die es zu überwinden galt. Allerdings war das steile Stück mit sehr schlüpfrig aussehendem Grasbestand überwuchert, in dem einige abgegriffene Bambusstängel standen, an denen ich mich würde festklammern müssen. Da ich unter panischer Höhenangst leide, empfand ich den bevorstehenden Aufstieg als eine ungleich grausigere Kletterpartie als jede andere, die ich jemals zuvor in einem Kinofilm gesehen hatte. Szenen flogen an meinem geistigen Auge vorbei, in denen ich schroffe Abgründe sah, worin sich lang gestreckte winzige Wesen verzweifelt an Steine oder Strünke klammerten, die sich laaaangsaaam lösten, bevor sie, AaaarrrGgghh!!!, hinab auf die Felsen stürzten, wo die Hirne der Unglücklichen wie Eier auf den Felsen zerschellten.

Vor mir gewahrte ich einen älteren Mann, einen Shan, der auf der schmalen Felsbank stand und etwas trug, was ich zunächst für eine cremefarbene flanellene Pyjamahose mit blau-

grauen Aufdrucken im Stile Laura Ashleys hielt, doch als ich
das Wasser von der Brille geschüttelt hatte, realisierte ich, dass
es sich nicht um einen Pyjama handelte, sondern um nackte
Hinterbacken und Gliedmaßen, die nach alter myanmarischer
Tradition von der Hüfte bis zum Knie vollkommen mit Tätowierungen überzogen waren.

Ich werde mich niemals daran erinnern können, wie ich den
Abhang hinaufgekommen bin. Das Einzige, was in meinem
Bewusstsein hängengeblieben ist, sind panische Krabbelbewe-
gungen und ein rund zehnjähriger Junge, der mich auf dem
letzten Meter lachend nach oben zog.

Auf der Straße, die in schlingenden Haarnadelkurven hinauf
auf den Berg führte, warteten Autos und Lastwagen in unge-
ordneten Reihen, und in zahlreichen Gruppen standen Menschen zusammen, die hinab zur Brücke schauten. Ich drückte
mich zwischen zwei Fahrzeuge, um mir trockene Wäsche an-
zuziehen, wobei ich den *Longyi* mit den Zähnen festhielt, um
mir einen genügend großen Schutzschild zu verschaffen, hinter
dem ich in frische Unterwäsche schlüpfen konnte.

Bäcker und Betel zogen sich wieder schickliche Hosen an
und brachen auf, um ein Fahrzeug anzuheuern. Der alte Mann
machte einen äußerst gelassenen Eindruck, so als habe er soeben seinen Innenhof und keinen reißenden Fluss durchquert.
Ich sah Bäcker lebhaft fuchtelnd mit jemandem sprechen und
glaubte, dass er um den Fahrpreis feilsche, doch nein, er hatte
einen Schulkameraden getroffen, den er zehn Jahre nicht gesehen hatte, und so hatten sich die beiden auf die Schnelle einiges zu erzählen. Er kam zurück, weil er uns die frohe Botschaft
über das zufällige Treffen nicht vorenthalten wollte, und als er
sich wieder auf den Weg machte, war ich wild entschlossen,
Steine hinter ihm her zu schmeißen, falls er irgendwo stehen
bleiben und sich anschicken sollte, länger als fünf Minuten zu
palavern – so schnell hatte ich schon vergessen, dass ich ihm
und Betel zu Dank verpflichtet war, weil sie mir über den Fluss
geholfen hatten.

Wir benötigten eine weitere halbe Stunde, um ein Auto aufzutreiben, das uns nach Lashio bringen würde. Normalerweise hätte uns ein Bus innerhalb von fünfzehn Stunden von Mandalay nach Mu-se gebracht, doch da wir an der Brücke reichlich Zeit eingebüßt hatten und außerdem eine Sperrstunde für Autos die Zufahrt und das Verlassen der Stadt auf bestimmte Zeiten beschränkte, hatten wir keine andere Wahl, als in Lashio zu übernachten.

Das Fahrzeug, das wir letztendlich auftrieben, war eine verbeulte grüne Limousine, an der nur ein um den Rahmen gebundener großer schmuddeliger Stofflappen dafür sorgte, dass eine Tür geschlossen blieb. Der Fahrer, ein älterer, jedoch hurtiger Inder, sah ebenso mitgenommen aus wie sein Fahrzeug. Die Enden seines grauen Schnurrbarts waren gezwirbelt, und er hatte einen zerlumpten und übel riechenden Turban bis dicht hinab über die buschigen Augenbrauen geschlungen. Er hielt unentwegt Ausschau nach Schlaglöchern und unebenen Stellen, während er gleichzeitig spähende und grimmige Blicke auf alle anderen Fahrzeuge richtete, von denen er offensichtlich jedes einzelne überholen wollte, was er irgendwie auch schaffte, denn er fuhr wie ein Teenager, den der Geschwindigkeitswahn ereilt hatte.

Ich hatte den Verdacht, dass er auf dieser Strecke sehr bekannt war, denn andere Fahrer schauten resigniert und steuerten ihre Fahrzeuge zur Seite, um ihm Platz zu machen. An manchen Stellen (besonders in den Haarnadelkurven) standen Schilder am Straßenrand, die mahnend verkündeten: *Vergesst nicht, dass Eure Lieben zu Hause auf Eure Heimkehr warten.* Unser Fahrzeug rauschte so schnell an ihnen vorbei, dass ich mehrere von ihnen an mir vorbeifliegen sah, bevor ich die gesamte Botschaft erfasst hatte. Das alte Blässhuhn am Steuer hatte offenbar niemanden, der auf seine Heimkehr wartete, ob jemand Liebes oder nicht.

Der Inder erzählte, dass er in Maymyo lebte und nein, Madame, leider könne er uns am nächsten Tag nicht nach Mu-se fahren, da er nach Mandalay zurückkehren müsse, weil eine dringende Reparatur an seinem Wagen erforderlich sei. Oh?

Niemals zuvor in meinem Leben war ich bei einer so rasanten Geschwindigkeit in einem solchen Maße durchgeschüttelt worden – ich wurde rauf und runter und seitwärts und in die Schräge geschleudert. Der nach Shwesattaw rumpelnde Bus hatte die Kurven zumindest in einem langsameren Tempo genommen. Ich klammerte mich verbissen an den Vordersitz und redete mir stolz ein, dass ich auf einer harten Strecke unterwegs war und mich auf ein Abenteuer einließ. Ich war eine Reisende und durfte Pläne schmieden, wie ich mich nach der Rückkehr vor meinen Freundinnen mit dieser Fahrt brüsten konnte.

Wir schlossen rasant zu einem Fahrzeug auf, das ich für einen Viehtransporter gehalten hatte, da es von Weitem zur Hälfte hinter einer roten Staubwolke versteckt war, die seine Räder wie von einem Tornado entfacht in die Luft wirbelten. Erst als wir näherkamen erkannte ich, dass die Ladefläche so dicht mit Frauen gefüllt war, dass sich manche von ihnen auf die hintere Fußleiste stellen oder sich draußen an der Planke festklammern mussten. Die meisten von ihnen hatten den Kopf mit einem Schal geschützt. Eine junge Frau aber hatte eine Tasche um die Schulter geschlungen und trug keinen Schal, sodass ihr Haar wild im Wind flatterte. Da alle in farbenfrohe Batikstoffe gekleidet waren, vermutete ich, dass es sich um Händlerinnen handelte, zumal ich auf der Ladefläche des Lastwagens viele Waren entdeckte. Es waren Einheimische, und ich wurde hier lediglich Zeuge, auf welche Weise *sie* Tag für Tag von einem Ort zum anderen reisten. Plötzlich fühlte ich mich sehr klein, und alle Visionen über meine eigene Herrlichkeit zerflossen. (Anmerkung: Rund zwei Jahre später wurde die Straße von Mandalay nach Mu-se endlich ausgebessert und zu einer Schnellstraße ausgebaut, sodass jene Frauen heute unter besseren Bedingungen reisen können.)

Um 12.30 Uhr hielten wir in Kyaukme, um zu Mittag zu essen. Ich schlug vor, dass wir ohne Mittagessen weiterfahren sollten, doch hielt unverzüglich den Mund, als ich in die Gesichter der anderen schaute, aus denen pures Entsetzen sprach. Der arme kleine Betel dachte offenbar, dass ich mir kein Mittagessen leisten könnte, und lud mich höflich ein, mit ihm und seinem Vater gemeinsam zu Mittag zu essen. Er vermutete wohl, ich hätte kein Geld. Es war sehr nett von ihm, dass er die Einladung in Worte kleidete, die mich nicht erniedrigten.

Ich hatte glatt vergessen, wie wichtig Mahlzeiten für Männer sind, besonders für chinesische Männer, und nun hatte ich die Gelegenheit herauszufinden, wie wichtig sie ihnen wirklich sind. Zu meiner Bestürzung bestellten die beiden ein volles Menü mit fünf Hauptgerichten, an dem sie den Fahrer teilhaben ließen. Aus purer Boshaftigkeit notierte ich mir, was sie wählten: zwei Fleischgerichte, einen ganzen Fisch, ein vegetarisches Gericht, zwei Suppen (zwei!), diverse Beilagen sowie rohes Gemüse und Salat. Ich begnügte mich mit *Htaminbaun* – gedämpftem Reis, der für mich eine komplette Mahlzeit darstellt, denn der weiße Reis wird mit gebratenen Fleischstreifen und mehreren Gemüsesorten in einer dickflüssigen Sauce übergossen.

In einer Vitrine entdeckte ich eine Substanz, die mich unwillkürlich an ein weißes zerknittertes Plastiktuch erinnerte. Der Restaurantbesitzer erklärte mir, dass es sich um eine getrocknete Milchmasse handele. Wie wundervoll es doch sein muss, dachte ich, eure Milch, die wie Löschpapier aussieht, genüsslich durchzukauen. Ich hätte wirklich liebend gerne einige Stücke probiert, doch ich widersetzte mich meinem Verlangen aus Furcht vor verzweifelten Notfallstops, die ich möglicherweise jenem Satan am Steuer hätte abnötigen müssen.

Da die Männer mich drängten, ihnen Gesellschaft zu leisten, nahm ich an ihrem Tisch Platz und beendete meine Mahlzeit innerhalb von nur acht Minuten, doch ich bezahlte meinen Reis, bevor Betel mir zuvorkommen konnte. Sie genossen jeden Happen ihres Festmahls und bekundeten ihre Zufriedenheit durch regelmäßiges Rülpsen. Wie es in myanmarischen Speise-

lokalen üblich ist, wurden die Beilagen kostenfrei gereicht. Bei
dieser Mahlzeit bestanden sie aus gegrillten Tomaten, in Scheiben geschnittenen rohen Zwiebeln, zerhacktem Koriander und
Fischsauce. Die Fischsauce war eine köstliche Tunke für rohe
Gemüsebrocken und trug in hohem Maße zur Verbesserung
meiner allgemeinen Gemütsverfassung bei.

Während die Männer bei der Weiterfahrt noch in ihren
Zähnen stocherten, verteilte der alte Mann die Weintrauben.
Sie waren herzhaft und süß, und ich konnte sie mit der Zunge
zerdrücken. Der alte Mann bestand darauf, dass ich den Lö-
wenanteil erhielt. Er beherrschte meine Sprache nicht, doch wir
mochten einander sehr.

Als wir um 16.30 Uhr Lashio erreichten, stieg ich an einem
Taxistand aus und nahm hastig von meinen Mitreisenden Abschied. Ich wählte ein Fahrzeug, das meiner Einschätzung zufolge recht gesund aussah, und der Fahrer zögerte eine Weile,
bevor er mir den Fahrpreis zur Lila Lotus Straße 63, wo Ni Nis
Schwägerin wohnte, mitteilte. Als ich ungehalten zu murmeln
begann, räumte er ein, dass der Preis vielleicht etwas zu hoch sei.

»Ich erwarte ein faires Angebot«, sagte ich.

»Also gut, fünfzig Kyat«, erwiderte er. Ich hätte ihm bereitwillig hundert Kyat gegeben.

Nur wenig später war ich auf der Suche nach dem Haus von
Ni Nis Schwägerin, und es dauerte nicht lange, bis ich es gefunden hatte – es war ein netter und gepflegter kleiner Bungalow,
der versteckt in einem Hof stand. Er befand sich genau gegenüber einer Gruppe von Jugendlichen, die mir erklärt hatten,
dass es in dieser Straße keine Nummer 63 gebe. Es war dumm
von mir, dass ich nicht unter Nennung des Namens der Bewoh-
ner nach der Adresse gefragt hatte. Im Haus der Schwägerin
lief mit voller Lautstärke ein Stallone-Video, und ein übel ge-
launter kleiner Terrier sorgte beständig für einen schrecklichen
Radau.

Ich fingerte die Einladungskarten aus der Tasche, die nach
meinem Bad im eiskalten Flusswasser durchweicht und fil-

zig waren, und überreichte sie behutsam, während ich überschwänglich um Entschuldigung bat.

Die Familie war glücklich, die Nachricht über die Zeremonie zu erhalten, und bedauerte, dass sie wegen der eingestürzten Brücke nicht rechtzeitig zu den Feierlichkeiten nach Mandalay gelangen konnte. Ich fragte nach einer Empfehlung für eine saubere und preiswerte Unterkunft mit *äußerster* Nähe zum Busbahnhof, und sie erklärten, dass sie mir liebend gerne die Übernachtung anbieten würden, obwohl ihr Haus viel zu weit vom Bahnhof entfernt liege, um mir beim Tagesanbruch einen bequemen Aufbruch zu ermöglichen.

Ich erwiderte, dass ich sehr dankbar für das Angebot sei (was auch tatsächlich zutraf), doch dass es mir lieber wäre, so nahe wie möglich am Busbahnhof zu übernachten. Es handelte sich um die üblichen freundlichen Floskeln, die im sozialen Umgang erwartet werden und die wir innerhalb von fünfzehn Minuten bei Kaffee und Kuchen austauschten. Sie empfahlen mir ein Gasthaus, und die Tochter, ein sehr hübsches Mädchen Mitte zwanzig, bot sich unverzüglich an, mich hinzubringen und mir bei der Einquartierung behilflich zu sein. Ich protestierte, doch nein, es sei das Geringste, was sie für mich tun könne. Da ich das Gefühl hatte, dass es ihnen aufrichtiges Unbehagen bereitete, mich ganz auf mich allein gestellt in einem Gasthaus übernachten zu lassen, versicherte ich ihnen, dass ich in vielerlei Hinsicht nach meiner Tante käme, woraufhin sie lachten und augenblicklich erleichtert wirkten.

Als wir zurück in die Stadt spazierten, schloss sich uns eine Freundin des Mädchens an, damit das bezaubernde Geschöpf den Rückweg nicht ohne Gesellschaft zurücklegen musste. Wir schlenderten auf Umwegen durch Gassen, in denen bereits die Stände für den Nachtmarkt aufgestellt wurden. Ich hätte mir gerne mehr Zeit genommen, denn es war so angenehm, nach vielen durchgerüttelten Stunden mit unbeschwerten langsamen Schritten herumzustreifen und zu schauen, doch ich wollte nicht, dass die Mädchen auf dem Rückweg vom Mantel der Dunkelheit überfallen wurden.

Zunächst kümmerten wir uns darum, eine Fahrkarte nach Mu-se zu kaufen, und rasch hatte ich die Auswahl zwischen Sitzplätzen in einer Limousine und in einem Toyota Super Roof. Gesegnet seien sie, diese robusten japanischen Maultiere der Bergwelt! Ich bezahlte denselben Preis wie für die Fahrt von Mandalay bis hierher, also zweitausend Kyat.

Anschließend führten mich die Mädchen zu einer sauber wirkenden Unterkunft direkt gegenüber vom Busbahnhof, die den charmanten Namen *Home Full* trug. Der Manager, ein kleiner adretter Kerl, sprach so wenig wie möglich und vermied jegliches Lächeln. Das Zimmer kostete zweihundert Kyat für die Nacht. Es war winzig, aber sauber, und es gab dicke flaumige Bettdecken. Im Raum standen zwei Einzelbetten, zwischen denen rund dreißig Zentimeter Platz war. Unten neben der Tür stand ein Tisch mit einem aufmontierten Spiegel, unter den man einen Stuhl gerückt hatte. Die Einrichtung wurde durch einen emaillierten Spucknapf ergänzt, der mit Pfingstrosen verziert war und unter dem Stuhl stand.

Ich spannte mit dem Rest der mir verbliebenen blauen Schnur eine Leine, an der ich meine nassen Kleider aufhängte. Es war ein himmlisches Gefühl, endlich allein zu sein, eingepfercht in ein sauberes Zimmer mit einem gemütlichen Bett, auf dem ich die durchweichten Papiere und Banknoten auseinandersortieren und trocknen lassen konnte. Wenn ich fünftausend Kyat für die Rückfahrt nach Yangon zur Seite legte, blieben mir noch ungefähr zweitausend Kyat zum Verjubeln. Ich war fest entschlossen, diesen Rahmen nicht zu überspannen. Nachdem ich mir zum Abendessen ein Stück Kuchen einverleibt hatte, ging ich hinab zu den aufgereihten Baderäumen unten in der Halle. Sie waren recht sauber, doch draußen im Flur standen überall Wasserlachen.

Zurück im Zimmer kuschelte ich mich unter die Decke und nahm mein Tagebuch zur Hand. Von irgendwoher schallte laute Rockmusik auf mich ein, und irgendjemand sang fürchterlich falsch mit und quälte damit eines meiner Lieblingslieder zu Tode. Gab etwa jemand ein Amateurkonzert? Erst viel später realisierte ich, dass es sich um eine Karaoke-Veranstaltung mit vollster Lautstärke handelte. Myanmarische Rocksongs wechselten sich mit chinesischen Liebesliedern ab, die herzzerreißend schmalzig waren, und die gesamte Aufführung endete abrupt um 21.45 Uhr. Danach herrschte eine schneidende Stille, die lediglich vom weit entfernten scharfen Bellen der streunenden Hunde gestört wurde.

Selbst wenn ich hätte ausgehen wollen, schien Lashios Nachtleben nicht besonders einladend zu sein, erst recht nicht an einem Ort gegenüber des Busbahnhofs. Plötzlich wurde mir bewusst, dass ich Junn, Aye und die anderen vermisste. Immer wieder trat mir das Bild vor Augen, wie ich sie mit Bedrücktheit überrieselt in jener Klosterhalle stehen gelassen hatte. Ich spürte das heftige Verlangen, sie alle um mich zu haben, selbst die Armbereifte. Fast alle Freundinnen und Freunde, die ich auf dieser Reise gewonnen hatte, hätten einander spätestens jetzt versichert, dass unser zufälliges Zusammensein gewiss darauf beruhe, dass wir in einer vergangenen Existenzform in irgendeiner Weise miteinander verbunden waren.

Der gängige Begriff für diese Vorstellung lautet *yay-set,* was wörtlich übertragen »Wassertropfen« bedeutet und sich auf das Wasser bezieht, das tropfenweise vergossen wird, wenn Menschen eine Spende darbringen, denn wir sind davon überzeugt, dass eine geteilte Spende (ein Verdienst) geteilte Existenzformen nach der jetzigen bewirkt.

Wie fremd muss es in ausländischen Ohren klingen, wenn sie uns sagen hören (sofern sie unsere Sprache verstehen), dass wir wegen Wassertropfen zusammenkommen. Doch aus welchem Grund auch immer – ich schätzte mich glücklich, diese Menschen getroffen und kennengelernt zu haben. Für einen kurzen Zeitraum waren sie meine »Familie« gewesen.

Fünfzehnter Tag

Näherrückendes China und Starren auf glamouröse Reisende

Ich erwachte um 4.30 Uhr. Außer meiner Jeans war alles so gut wie trocken. Nach einer Blitzwäsche ging ich hinab in die Eingangshalle, wo aufgereiht große Thermoskannen mit heißem Wasser standen. Ich löste ein Päckchen Pulverkaffee auf, rührte mit dem Kugelschreiber um und stopfte etwas übrig gebliebenen Kuchen in mich hinein.

Um sechs Uhr hatte ich mein Zimmer geräumt und saß auf einer Bank am Busbahnhof. Zwei Shan-Mädchen, die auf dem Heimweg nach Mu-se waren, hatten denselben Wagen wie ich gebucht, doch sie nahmen zusammen auf dem vorderen Beifahrersitz Platz, für den sie gemeinsam dreitausend Kyat bezahlt hatten. »Wir sind doch so dünn«, scherzten sie. Eine der beiden war ungewöhnlich groß. Sie plauderten fortwährend miteinander und bezogen auch mich in ihre Gespräche über so banale Dinge wie das Verbringen einer Woche mit Besuchen und Einkäufen in Lashio sowie über Vettern, Hochzeiten und Feierlichkeiten ein. Wiederholt stöhnten sie, dass sie von ihrer Reise erschöpft seien, obwohl sie nicht im Geringsten diesen Eindruck erweckten.

Sie öffneten eine Schachtel, in der sich Glasampullen mit Traubenzuckerinjektionen befanden, jeweils zwanzig Milliliter. Ich fragte mich, ob sie nun einander abwechselnd Injektionen verpassen wollten, denn Burmesen halten intravenöse Injektionen mit einem Cocktail aus Traubenzucker und Vitaminen für

Unterkunft in Mu-se

die bestmögliche Stärkung und schätzen besonders die langsameren und kräftigeren Infusionen aus großen Ampullen. Wir nennen dies »eine Tropfinfusion einwerfen«. (Mieses Gefühl? Tropfinfusion einwerfen!)

Zu meinem Erstaunen aber ließen sie sich vom Fahrer einen Schraubenschlüssel geben, schlugen mit einem fachmännischen Schlag die Spitzen einiger Ampullen ab und kippten sich den Inhalt in den Mund. Es war das erste und einzige Mal, dass ich so etwas sah, aber vielleicht funktioniert es ja auch auf diese Weise. (Ich habe bislang nicht gewagt, einen Arzt aus meinem Bekanntenkreis danach zu fragen. Meine Freundinnen und Freunde wissen, dass ich nicht lüge, es sei denn, es gibt einen triftigen Grund, aber dennoch glauben sie mir die verrückter klingenden Dinge, von denen ich ihnen erzähle, nie.)

In der Nähe gab es eine Shan-Nudelküche, aus der mir verlockende Duftwolken um die Nase strichen. Ich sagte mir, dass ich besser nichts essen sollte, um unsere Abfahrt nicht zu verzögern, doch nach einer Viertelstunde gab ich mich geschlagen und gönnte mir eine Schale klebrige Nudeln mit warmem Tofuteig. Die Mädchen aßen jeweils zwei Schalen, die sie mit einer Büchse Tamarindensaft herunterspülten. Tamarindensaft wirkt wie Pflaumen auf den Organismus ein. FU hätte gestöhnt und zu seiner Mutter gefleht.

Um 7.30 Uhr warteten wir noch immer, und zwar »auf einen weiteren Wagen, damit wir die Strecke gemeinsam befahren können«, wie mir der Fahrer erklärte. Er sah ein wenig konfus aus, und obwohl ich ungeduldig darauf wartete, dass es endlich losging, hielt ich es für eine gute Idee, zusammen mit einem anderen Fahrzeug aufzubrechen. Nur für den Fall der Fälle.

Als wir Lashio endlich in Begleitung eines anderen Fahrzeugs verließen, fuhren wir an einem großen Schild vorbei, das verkündete: *Lebt artig im Rahmen der gesetzlichen Bestimmungen.* Ich empfand dies als eine höfliche Warnung in einem Gebiet, das für seinen Drogenhandel berüchtigt ist.

Die anderen beiden Passagiere waren ein junger Mann und seine hübsche Braut oder Freundin. Sie saßen eng aneinander geschmiegt neben mir auf dem Rücksitz und hielten Händchen. Ich hatte die chinesische Sprache bislang immer als klackend, schrill und laut empfunden, so dass sie mir quasi in Klumpen aus den Ohren fiel. Die Stimme des Mädchens aber klang süß und weich. Ich betrachtete die Lippen des jungen Mannes heimlich im Rückspiegel und dachte, dass ich selten ein so zufriedenes Lächeln gesehen hatte. Die beiden Mädchen auf dem Vordersitz schwatzten in klackendem Tonfall miteinander, der mich an das Mischen der Steine auf einem Mahyong-Spieltisch erinnerte, sangen zwischendurch ein im Stereo-Autoradio laufendes chinesisches Rocklied mit und flirteten mit dem Fahrer, der darüber so verzückt war, dass er die ganze Fahrt über kein Wort herausbrachte, sondern nur albern lächelte.

Der Straßenbelag bestand aus grobem Schotter auf glattem staubigem Untergrund. An vielen Stellen aber war der Schotter längst zur Seite geschleudert worden, sodass sich tiefe Schlaglöcher auftaten. Obwohl der Fahrer ein wenig einfältig wirkte, war er klug genug, um so häufig wie nur eben möglich neben der Straße zu fahren. Die Straße war einfach nur dort; sie war ein sozialer Tatbestand und nicht unbedingt für die Nutzung gedacht. (Anmerkung: Inzwischen ist sie zu einer ebenen Schnellstraße ausgebaut worden.)

In der staubigen Erde neben der Straße gab es feste Spurrillen, die von Traktoren stammten, deren wir recht viele sahen. Nicht selten entschied sich auch unser Fahrer für die Benutzung dieser Spurrillen, auf denen er sein Fahrzeug auf einer von der Straße abzweigenden Tangente quer durch die Büsche steuerte. Ich dachte träge, dass wir auf diese Weise mindestens zwei Monate benötigen würden, um Nepal zu erreichen. Das Begleitfahrzeug, ebenfalls ein Super Roof, hielt mit uns Schritt. Beide Fahrzeuge fuhren so häufig wie nur eben möglich neben der Straße.

Als wir uns Kutkai näherten, sah ich am Straßenrand ein verblasstes Schild mit der Aufschrift *Zum Kutkai Golfkurs*. Es stand zwischen einigen Büschen versteckt, zwischen denen es offensichtlich einen Pfad gab. Ringsum war das Land überwiegend flach, der Boden war mit rotem weichem Staub bedeckt, und es gab viel hohes Gebüsch. Ich fragte mich unwillkürlich, wie wohl das Grün des Golfplatzes aussehen würde.

Um 10.15 Uhr erreichten wir Kutkai. Der Fahrer wollte eine Pause einlegen, um zu Mittag zu essen, doch wir anderen waren der Meinung, dass es noch zu früh sei. »Lasst uns lieber noch ein Stück weiterfahren und in Man-lwe essen«, sagte eines der beiden Mädchen, »wir haben dort Verwandte, die ein großes Restaurant betreiben.«

Zur Überraschung aller ergriff nun zum ersten Mal überhaupt der junge Mann auf dem Rücksitz das Wort. Er rief: »Prima! Wir haben also Aussicht auf eine Gratismahlzeit!«

Die beiden Mädchen drehten sich irritiert zu ihm um, woraufhin er hysterisch und schrill zu kichern begann und sich halb totlachte. Das Mädchen begann mir leidzutun, obwohl ich seine aufrichtige Zuneigung für sie ebenso bemerkt hatte wie die Tatsache, dass seine Brieftasche zwei Zentimeter dick mit 500 Kyat-Scheinen gefüllt war. Nach einer Weile hielten wir in Man-lwe, wo wir lange Schlangen mit überladenen Holzsattelschleppern sahen, die offensichtlich hier darauf warteten, dass die Brücke repariert wurde.

Als die Mädchen ihre Verwandten begrüßten, wurden wir mit einem immensen Schwall klackender Worte überhäuft. Das Restaurant war voll. Auch andere Fahrzeuge hatten angehalten, darunter eine schnittige neue Limousine mit äußerst schnittigen Insassen. Es handelte sich um ein Paar Mitte dreißig, schick und schlank, elegant gekleidet, groß und gut aussehend. Es schienen Filmstars zu sein. Ich starrte sie an wie ein Bauerntrampel vom Land und war traurig, als sie in die Richtung abfuhren, aus der wir gekommen waren.

Ich wählte eine Schale Nudeln und dachte, dass sich die anderen wahrscheinlich für ein komplettes Mahl mit sechs Gängen und Haifischflossensuppe entscheiden würden. Da ich meine Mahlzeit bereits nach fünf Minuten verdrückt hatte, ging ich nach draußen und setzte mich in die Ecke einer breiten Veranda. Die Fahrer warteten gewöhnlich ab, ob die Fahrgäste sie zum Essen einladen würden. Geschah dies nicht, so bestellten sie etwas für sich selbst. Meistens aber wurden sie eingeladen – unser Fahrer aß zusammen mit dem jungen Paar. Das Angebot, meine karge Mahlzeit mit mir zu teilen, hätte ihn sicher beleidigt.

Ich starrte auf die Hauptstraße hinaus, die von Läden gesäumt wurde, aber vollkommen leer war. Offenbar wohnten die Geschäftsleute über ihren Läden. An einem Balkon hingen mehrere Getreidegarben zum Trocknen. Eine faule fette Katze schlief zusammengerollt auf einem Flecken Sonnenlicht und sah wie ein frisch gebackener Brotlaib aus. Vor dem Restaurant standen säuberlich aufgereiht einige rostige Kanister mit knorrigen Krotongewächsen. In der Nähe hantierten mehrere Fahrer mit einer Wasserpfeife aus Bambus herum, in deren kleine untere Öffnung sie eine Zigarette steckten. Die Pfeife war so dick und so lang wie ein Arm, denn sie war aus einem vollständigen Abschnitt der größten Bambusart gefertigt. Sobald jemand an ihr zog, brachte der Rauch das Wasser zum Blubbern.

Die Männer schnitten Grimassen und erklärten auf meinen fragenden Blick hin: »Viel zu mild!« Und viel zu tölpelhaft, dachte ich, denn schließlich benutzt ihr den größten Filter der Welt! Aber was für ein Thema für eine Cocktailparty!

Nach einem gemächlichen Mittagsmahl, das über eine halbe Stunde in Anspruch nahm, waren die anderen endlich zur Weiterfahrt bereit.

Um 15.30 Uhr erreichten wir Maing Yu, und einher damit ergab sich ein unverzügliches Wunder: Die Straße war plötzlich so glatt wie diejenigen im Zentrum von Yangon. Wir fuhren an einem blau-weißen Schild vorbei, das irgendetwas über die Zeugen Jehovas verkündete. Nicht weit entfernt warb ein größeres Schild für eine Kur für psychologisch Kranke, und es war auch die Rede von schwarzer Magie. Es stand noch einiges andere darauf, doch weil das Auto zu schnell vorbeirauschte, konnte ich nicht lesen, für was genau es Reklame machte.

Innerhalb von nur fünfzehn Minuten erreichten wir das sechzehn Kilometer entfernte Mu-se. Der Besitzer des Gasthauses in Lashio hatte mir das Gasthaus *Maw Shwe Li* empfohlen, da es sauber und preiswert sei. Als wir am Uhrturm der Stadt hielten, erklärte mir das hübsche Mädchen in sehr liebenswürdiger Weise den Weg zu diesem Gasthaus und erläuterte mir außerdem, wie ich am nächsten Tag am besten nach Shweli (Ruili) kommen würde.

Mu-se ist eine saubere und wohlhabende Stadt, die sich im Aufschwung befindet. In der Nähe des Uhrturms wurde bereits der Nachtmarkt aufgebaut: Ich sah die üblichen auf den Kopf gestellten Kisten, Plastikfolien und Bambusmatten.

Da ich mich in der Nähe der Büros befand, in denen die Busfahrkarten verkauft wurden, erwarb ich für den übernächsten

Tag einen Fahrschein für die Rückfahrt nach Lashio. Er kostete vierhundert Kyat. Ich konnte das Geld für eine bequeme Fahrt in einer Limousine nicht erübrigen, doch zumindest hatte ich eine Fahrgelegenheit, mit der ich aus der Stadt kam. Der Bus würde um 3 Uhr losfahren.

Das Gasthaus befand sich nur wenige Meter vom Busbahnhof entfernt, und nur zwei Türen weiter stand ein hoch aufragendes Hotel mit einem blinkenden Neonschild und Kronleuchtern in der Eingangshalle. Ich schritt durch die schmale düstere Pforte des *Maw Shwe Li* und hatte zunächst einige schmale Planken zu überqueren, die über einen Graben neben der Straße führten. Die Tür gab den Weg in einen langen Korridor frei, der dunkel, feucht und schmutzig war und an dessen fernem Ende sich der Empfangstisch befand, über dem ungeordnet einige staubige Kalenderblätter und vergilbende Fotos von Filmstars hingen, die von ramponierten Papierblumen umringt waren. Ein junges Mädchen mit scharfem Profil spähte mir durch die Dunkelheit entgegen.

Ich hastete zurück, überquerte die Planken und strebte auf das luxuriöse *Lucky Dragon Hotel* mit den glitzernden Kronleuchtern zu. Ein Türsteher in Livree hielt mir die dicken Glastüren auf, als ich schmutzig, aufgelöst und mit wild entschlossenem Blick angestürmt kam.

Wie viel? Siebenhundertundachtzig Kyat pro Nacht. Ebenso schnell wie ich gekommen war, huschte ich zum *Maw Shwe Li* zurück.

Wie viel? Zweiachtzig die Nacht. Ich fand niemals heraus, wie es überall zu der mysteriösen achtzig am Ende kam. Vielleicht war es eine Glückszahl? Ich blätterte das Geld für zwei Nächte hin und schleppte meine Tasche in Zimmer 203. Im *Home Full* hatte ich ebenfalls Zimmer 203 bewohnt. Vielleicht sah ich aus irgendeinem Grund wie eine 203-Person aus, doch was trug zu einem solchen Aussehen bei?

Das Zimmer war recht sauber, allerdings nicht so sauber wie Nummer 203 im *Home Full*. Ich breitete meine Siebensachen an der frischen Luft aus, spannte die Wäscheleine und ließ mich auf das komfortable Bett plumpsen. Ich ließ den Blick schweifen und stellte fest, dass es tatsächlich einige Schmuck-gegenstände gab: In einer herzförmigen Porzellanvase steck-ten zwei gelbe und weiße Blumen sowie eine rote Rose, die allesamt aus gestärktem Stoff waren. Auf der Seite der Vase küssten sich die Profile eines Jungen und eines Mädchens mit geschürzten Lippen. Außerdem standen für mich eine Ther-moskanne mit lauwarmem Wasser sowie zwei unvergleichlich hässliche, dafür jedoch saubere Gläser bereit. Zwei hölzerne Einzelbetten mit Schaumstoffmatratzen und Schaumstoff-kissen, eine dicke Steppdecke und ein Kopfpolster unter dem Kopfkissen ergänzten die Einrichtung. Die hellgrünen Wände waren an manchen Stellen mit Schmutzflecken ver-ziert, und an der dunklen meeresgrünen Decke baumelte eine nackte 60-Watt-Birne. Schmuddelige braune Gardinen hingen am Fenster, das mir von Wand zu Wand Aussicht auf die Straße gewährte, sodass ich die Baustelle sehen konnte, die sich hinter dem Uhrturm befand. Das Neonlicht des *Lucky Dragon* blinkte in mein Zimmer, und ich konnte die Kronleuchter von dessen Zimmern des oberen Stockwerks erkennen.

Nachdem ich mich gebadet und eingecremt hate und auch meine Wäsche gewaschen war, packte ich mich in meinen Pull-over und kuschelte mich unter die Decke, um wie ein verrück-ter Geizkragen mein Geld zu zählen. Trotz der Proteste meiner Freundinnen hatte ich meinen Schmuck zu Hause gelassen, und so hatte ich, sollten meine Geldmittel versiegen, weder et-was zu verkaufen noch eine Wendy, die wie ein Engel zu meiner Rettung erschien. Ich überlegte, dass ich mir wohl etwas Geld verdienen musste, wenn ich nicht zu Fuß nach Hause gehen wollte, denn ich vergaß in diesem Augenblick die bereits sicher in meiner Tasche geborgene Busfahrkarte.

Ich schritt hinaus in das dunstige Zwielicht des Abends. Soeben verblasste das Licht, und ich erlebte einen magischen

Augenblick, der von den Farben Malve und Blau geprägt war. Hungrig spazierte ich hinüber zu einer Nudelküche neben dem Uhrturm, der an der Straßenkreuzung stand, die offenbar das Zentrum der Stadt bildete.

Die Nudeln und die klare heiße Suppe waren köstlich, denn sie wurden mit gestampften gerösteten Erdnüssen und blanchierten Erbsenblättern aufgetischt. Da es keine Löffel gab, sondern nur Essstäbchen, war ich mir unsicher, wie ich die Suppe verzehren sollte, bis ein anderer Kunde seine Schale einfach an die Lippen setzte und in mehreren Zügen leerte. So einfach war es also.

Der Nachtmarkt füllte sich mit Menschen, die alle möglichen Dinge ausbreiteten oder einfach nur interessiert zwischen den Ständen herumschlenderten. Ich entdeckte viele Leute mit dem unverwechselbaren *a-nyar*-Aussehen der Menschen Obermyanmars, die drahtig und dunkel wirken und eine kerzengerade Haltung haben. Ihr Tonfall und Vokabular unterscheidet sich beträchtlich von der Sprache, die in Yangon gesprochen wird; sie ist langsamer und klingt volkstümlicher.

Die Ladenstände boten vorwiegend chinesische Waren feil, doch die Stoffe, Schuhe, Spielwaren und Kleidungsstücke waren anders als diejenigen, die auf Yangons Märkten gehandelt wurden. Nicht gerade viele Gegenstände wirkten attraktiv, doch ich entdeckte einen kissengroßen grünen Samtfrosch, den ich liebend gerne für meinen Patensohn mitgenommen hätte, aber da er neunhundert Kyat kostete, blieb mir nichts anderes übrig als weiterzugehen.

Ich kaufte für meine Freundinnen einige aus Stoffresten hergestellte Büstenhalter mit schrillen Mustern für 50 Kyat pro Stück, ein wahres Schnäppchen. Insgesamt dürften rund sechzig Ladenstände auf dem Markt versammelt gewesen sein, und hinzu kamen natürlich noch die festen Geschäfte am Straßenrand. Ich spazierte umher, bis mir schwindlig wurde.

Ermüdet ging ich zurück zum *Maw Shwe Li*, wo ich vorsichtig über die wackeligen Planken schritt und mich sofort auf mein Zimmer begab. Um 21.30 Uhr war ich fast eingeschlafen und dachte noch verschwommen, dass sich jeder Eindringling mit Sicherheit in meiner Wäscheleine verheddern würde.

Sechzehnter Tag

Verkäufe unter der Hand und der Barbier der reichen Dame

Ich erwachte um vier und schlummerte in der Hoffnung noch einmal ein, dass sich diese Gewohnheit nicht zu einem künftigen Reflexverhalten entwickeln würde. Ich träumte, dass ein Vetter in Mandalay, den ich kaum gekannt hatte, gestorben sei und ich deshalb dorthin zurückfuhr, ohne nach Ruili zu gelangen. Erschreckt fuhr ich aus dem Schlaf hoch und war erleichtert, mich in meinem schäbigen Bett in Mu-se wiederzufinden, neben dem meine Wäsche trocknete. Inzwischen war es sechs Uhr, und zumindest an diesem Tag gab es keinen Bus, den ich hätte verpassen können.

Doch ich hatte keine Ruhe, um den Tag in Muße zu beginnen. Nach einer halben Stunde war ich gewaschen und rührte mit dem Kugelschreiber in einer Tasse Kaffee herum. Ich zog mir eine weiße Baumwollbluse an, schlüpfte in Pullover und Jeans, warf mir den schmuddeligen Rucksack über die Schulter, drückte mir den Strohhut aufs Haupt und war nun bereit für China. Das Wetter schien keine Kohlepfannen für das Wärmen der Hände erforderlich zu machen, wofür ich aufrichtige Dankbarkeit verspürte.

Ich machte mir Kopfzerbrechen darüber, wo ich Geld wechseln sollte, und fühlte mich ein wenig verloren, als ich allein durch die Straßen spazierte. Als ich schließlich an einem Stand um Rat fragte, schickte man mich hinüber zu drei Bamar-Frauen, die im Sonnenlicht kauerten. Ich hatte gedacht, dass sie sich dort nur aufwärmen wollten. Langsam ging ich zu ihnen hinüber, beugte mich hinab und hielt ihnen 1500 Kyat hin. Aus den Tiefen ihrer überlappten Kleidung kramten sie Stofftaschen hervor, aus denen mir eine von ihnen ein Bündel der filzigsten, schmutzigsten und zerfetztesten Banknoten reichte, die ich in meinem Leben gesehen hatte. Im Vergleich dazu waren die dreckigsten myanmarischen Geldscheine unverdorben und frisch. Sie teilten meine drei 500-Kyat-Scheine unter sich auf, und ich erhielt den Gegenwert von genau 97,50 chinesischen Yuan, die hier jedoch großspurig »Daw-lar« genannt wurden.

Ich nahm einen Bus zur nahe gelegenen Grenze, für den ich zwanzig Kyat zu entrichten hatte, und im Büro der myanmarischen Zoll- und Immigrationsbehörde, das sich in einem großen Schuppen befand, in dem rund zwanzig Männer lärmend ein Schachspiel verfolgten, erhob man von mir eine Gebühr in Höhe von weiteren zehn Kyat. Von dort folgte ich zwei jungen Mädchen, die den Weg zu kennen schienen, und alsbald gelangte ich zu einem hohen Bogen aus Ziegelsteinen, hinter dem

Kohl in der Größe dicker Oberschenkel

ich bei der chinesischen Immigrationsbehörde vorstellig wurde, die aus einer Reihe von Fenstern in einem großen Backsteingebäude bestand. Auf einem Hocker lagen einige Broschüren für Touristen, die in bamarischer Sprache geschrieben waren und zum Verkauf angeboten wurden.

An einem Schalter saß ein Chinese, der nicht Bamarisch sprach, und so reichte ich ihm einfach mein Bündel des schnöden Mammons, aus dem er verächtlich zwei Yuan herauszog. Hinter dem nächsten Fenster saß ein sehr hübsches junges Mädchen mit funkelnden großen Augen, langen schwarzen Wimpern und rosigen Wangen, die von mehreren Grübchen durchsetzt waren. Sie sah aus wie eine brünette Goldie Hawn, sprach vorsichtig und bedächtig Bamarisch, kicherte über ihre eigenen Fehler und verlangte umgerechnet rund 50 Cent an Gebühren von mir. Mehrere adrett wirkende junge Männer in Uniform trieben sich in ihrer Nähe herum. Eingedenk des Grundsatzes *Wenn man sich nicht auskennt, muss man die Augen aufsperren* ließ ich den Blick schweifen und entdeckte einen Parkplatz, auf dem mehrere Fahrzeuge standen. In einem dieser Fahrzeuge, einem dreirädrigen Motortaxi, saßen bereits die beiden Mädchen, denen ich zwischen den Grenzposten gefolgt war. Der Fahrer rief mir etwas zu, das ich als »Nach Ruili« interpretierte, und so stieg ich umgehend ein, doch ich fragte bei den beiden Mädchen noch einmal nach, um sicherzugehen, dass ich nicht ganz woanders landen würde.

Ja, nach Ruili, ganz sicher, und der Fahrpreis betrage vier »Daw-lar«.

Das Taxi erwachte mit einem röhrenden Geräusch zum Leben. Zwei beschichtete Fotos von Mao Zedong, die am Rückspiegel hingen, schaukelten an roten Bändern hin und her.

Wir fuhren durch eine nahezu kahle Landschaft, die verschwommen an diejenige auf myanmarischer Seite erinnerte. Ich sah Unterstände und Schuppen mit Wänden aus geflochtenem Bambus, die in derselben Art und Weise gebaut waren wie die Unterstände und Schuppen zu Hause, doch manche Gebäude, die zerbröckelten und nicht angestrichen waren, wiesen einen Architekturstil auf, den ich in meinem Heimatland noch nie gesehen hatte. Es war irgendwie seltsam, diese Mischung aus Fremdem und Vertrautem zu sehen. In der Ferne erhob sich ein hoher Baukran neben einem noch höheren unvollendeten Gebäude. Als wir uns Ruili näherten, fiel mein Blick auf eine große Skulptur neben der Straße, die in Stein vier Menschen zeigte, die etwas vor sich herschoben, was wie der Teil einer großen Röhre aussah, während sie mit kalten Augen geradeaus starrten und ihre Finger für ewige Zeiten auf etwas deuteten, was nur sie selbst sehen konnten.

Von der Grenze bis zum Zentrum Ruilis waren es ungefähr fünf Kilometer. Wir rauschten in einem eleganten großen Bogen in den Taxistand. Der Platz quoll über von dreirädrigen Taxis und Fahrradrikschas. Nebenan standen zahlreiche Kleinbusse, deren Dächer hoch mit Gepäck beladen waren und die offensichtlich Ziele im Landesinneren bedienten. Das nächste Mal, so versprach ich mir, würde ich weiterfahren, um nach meinen chinesischen Verwandten zu forschen.

Ich hatte gehört, dass Ruili eine wilde Stadt sei, aber alles wirkte ruhig, was jedoch angesichts der noch frühen Stunde nicht weiter verwunderlich war. Doch dann durchfuhr mich ein Gedanke wie ein Blitz: Es war ein Sonntag. Ich war an einem Sonntagmorgen in einer Stadt angekommen, die an allen anderen Tagen äußerst lebendig und unterhaltsam war. Ich verspürte das dringende Bedürfnis, mich auf das Straßenpflaster zu werfen und in einem temperamentvollen Wutanfall schreiend mit den Fäusten auf den Boden zu trommeln. Zumindest hätte dies für ein wenig Aufregung gesorgt, und vielleicht hätte ich sogar die Innenräume eines chinesischen Gefängnisses kennengelernt. Da ich jedoch meiner Tante nicht mit einer solchen Nachricht unter die Augen treten wollte, beschloss ich, einen schicklichen Spaziergang zu den Läden, die vielleicht geöffnet haben würden, zu unternehmen. Auch wenn es ein Sonntagmorgen war, hegte ich starke Zweifel daran, dass es möglich sei, irgendwo einen Gottesdienst zu besuchen.

Mit schleppenden Schritten wanderte ich über die breiten Bürgersteige und stellte fest, dass ich mir keine Sorgen über einen Ruhetag hätte machen müssen, denn viele Geschäfte und sogar das Postamt hatten geöffnet. Die Straßen waren breit und die gesamte Stadt wirkte ein wenig heruntergekommen, doch dieser Außenposten an der Grenze schien fast so groß wie die größten Städte meines Landes zu sein. Die Stadt hatte jedoch einen ganz anderen Grundriss als unsere Städte. Die Straßen myanmarischer Städte verlaufen parallel zueinander, und die Rückseiten der Häuser, zwischen denen eine sehr schmale Gasse verläuft, stehen dicht beieinander. Aus diesem Grund haben die Häuser vorn und hinten Fenster, während der lange Innenbereich kein natürliches Licht erhält.

Hier jedoch befanden sich hinter hoch an den Hauptstraßen aufragenden Gebäuden mit Einkaufszentren, Büroräumen und Apartments große Höfe, in denen sich kleinere Geschäfte und Wohnräume oder zuweilen auch größere Villen mit kleinen Gärten oder weitere große Apartmentblöcke befanden. Es gefiel mir, dass zwischen den Gebäuden Platz vorhanden war, und besonders entzückte mich die Möglichkeit, an ihnen vorbei zur Rückseite gehen zu können und dort statt einer schmutzigen engen Gasse andere herrliche Wohnhäuser vorzufinden.

An den Straßenecken saßen rotwangige Frauen auf den Bürgersteigen, die Esswaren feilboten. Eine von ihnen hütete einen Plastikbehälter mit den größten Erdbeeren, die ich jemals gesehen hatte. Ich hielt ihr zwei Yuan hin, deutete mit dem Finger auf die Früchte, und sie gab mir sechs Erdbeeren. Sie waren süß, hatten jedoch nicht den wilden Beigeschmack und das starke Aroma der kleineren Früchte, die ich in Pyin Oo Lwin gegessen hatte. Dann begab ich mich zum Stand eines Verkäufers, der Dampfbrötchen anbot, und da ich unfähig war, mit ihm über so komplizierte Dinge wie Füllungen zu kommunizieren, wählte ich einfach zwei verschiedene Formen, eine runde und eine viereckige. Die Dampfbrötchen waren weich und dampfend heiß. Eines war mit süßer Bohnenpaste gefüllt, die ich nicht ausstehen kann, und das andere enthielt überhaupt nichts. Nichts! Ich riss es in kleine Stücke, um auch wirklich sicher zu gehen: Nein, wirklich nichts. So warf ich die beiden Teigwaren in ein Gefäß, von dem ich hoffte, dass es ein Abfalleimer war, obwohl es eher nach einem Lampenständer aussah und vollkommen leer war.

Es war inzwischen acht Uhr morgens. Weitere Geschäfte öffneten die Pforten, und ich spazierte über die breiten Bürgersteige und freute mich über das Gefühl, an einem fremden Ort zu sein. Die meisten Passanten trugen ungezwungene Kleidung – Jeans oder Kittel oder leichte Garnituren. Welch glorreiche Veränderung es für sie gewesen sein mochte und wie glücklich sie sich geschätzt haben mussten, als sie endlich jene hässlichen blauen Einheitsuniformen der Mao-Epoche losgeworden waren. Ich sah einige wenige Personen mit myanmarischer Kleidung, doch da sie argwöhnisch und vorsichtig wirkten, war ich mir nicht sicher, ob es klug sein würde, zu ihnen zu gehen und zu sagen: »Hey, wo kommst du her? Auf Besuch hier? Wie gefällt es dir? Vermisst du deine Landsleute?«

An einer Kreuzung ging eine hübsche junge Frau an mir vorbei. Sie trug den Hauch eines Minilederrocks, ein schwarzes, tief geschnittenes Oberteil mit viel Glitzerkram am Ausschnitt, schweren Modeschmuck, ein perfektes Make-up und hatte eine dunkle Haarmähne, die ihr bis auf die Hüften schaukelte. Es war schwer zu sagen, ob sie gerade aufgestanden oder noch gar nicht ins Bett gekommen war. Sie wirkte frisch, doch im Licht dieses hellen Morgens war sie irgendwie sonderbar gekleidet.

An einigen Geschäften hingen Schilder, die in ungelenken bamarischen Schriftzügen auf einen *Doktor* oder eine *Handelsgesellschaft* hinwiesen. Die Akzente standen überwiegend an der

Ruili, nasser Markt

falschen Stelle, was den Schildern ein charmantes exzentrisches Aussehen verlieh.

Es herrschte nur wenig Verkehr. Die wenigen Fahrzeuge waren vorwiegend Traktoren (von denen ich auch drüben in Muse viele gesehen hatte), die lärmend über die breiten Boulevardstraßen tuckerten. Sie schienen hier, wo sie an Betongebäuden mit Glasfassaden vorbeifuhren, sehr fehl am Platz zu sein. Ich war verblüfft, als plötzlich eine funkelnde lange Limousine erhaben an mir vorbeifuhr, an deren Motorhaube eine lange Girlande aus roten Bändern flatterte. Für Augenblicke erkannte ich hinter den Scheiben einen Schleier aus weißer Spitze. Es war eine Hochzeitsprozession, obwohl keine anderen Autos folgten. Ich sollte an jenem Tag noch vier weitere Hochzeitspaare sehen.

Mir kam der Gedanke in den Sinn: Falls ich mich verirrte, wozu ich selbst in Yangon neige, musste ich einfach immer nur

»Mu-se, Mu-se« sagen, damit man mich zurück über die Grenze transportierte. Also schritt ich aus und entfernte mich von den großen Straßen, bis ich zu einem »nassen« Markt gelangte, der aus einer Reihe von etwa sechzig Läden bestand, die allesamt Schweinefleisch verkauften, während an den Verkaufsständen auf den Bürgersteigen Gemüse angeboten wurde. Die Gemüsesorten sahen knackig aus und beeindruckten durch ihre Proportionen: Es gab Kohl in der Größe und Farbe stämmiger Oberschenkel, an Ballons erinnernde Rettiche, Auberginen in der Form purpurner Globen und Korianderstängel in der Dicke junger Bäume. Ich versuchte krampfhaft, nicht an die organischen Düngemittel zu denken, die sie hier benutzten und die in meinem Land als unerhört gelten. Einige Stände verkauften Fische und Geflügel, doch ihre Zahl war verhältnismäßig gering. Das bevorzugte Fleisch stammte eindeutig von Schweinen. Am Straßenrand sitzende Fischverkäufer hatten ihre flachen Körbe auf raffinierte Weise mit Plastikfolien abgedichtet, sodass sie in stets frischem Wasser lebendige Fische anbieten konnten.

In einem Geschäft, das Videofilme verlieh, sah ich große Poster, die für chinesische Filme warben, doch auch solche, die »Terminator 3«, »Commandos«, »Tom und Jerry« sowie »Die Schöne und das Biest« anpriesen. Vor dem Schaufenster des Geschäfts nebenan, in dem Hüte ausgestellt waren, standen zwei Mädchen in eng anliegenden kurzen Röcken und knappen dünnen roten Oberteilen. Sie erweckten nicht den Eindruck, dass sie sich zu irgendeinem Zeitpunkt die Hände mit Kohlepfannen wärmen mussten.

Als ich an einer Ausstellung von Topfpflanzen vorbeischlenderte, die sich über einen großen Bereich des Bürgersteigs erstreckte, musste ich unverzüglich an Wendy und ihre Neigung denken, von überall her Pflanzen mit nach Hause zu nehmen. Gewöhnlich schickte sie ihren gutmütigen Mann aus dem Auto, um auf einem Feld irgendwelche Pflanzen, die ihr auffielen, auszugraben. Gerne hätte ich einige Pflanzen für sie mitgenommen, doch ich bezweifelte, dass sie den weiten Rückweg nach Yangon überstehen würden.

Urplötzlich wurde mir eine rote Schachtel aus Karton unter die Nase gehalten, die jemand mit einer gekonnten schwungvollen Gebärde öffnete. Auf einem weißen Satinkissen lagen darin zwei elegant drapierte Armreifen aus Jade von einer Qualität, die ich auf Yangons Markt Bogyoke Aung San in tausendfacher Ausfertigung gesehen hatte.

Ich schaute auf und blickte in die Gesichter zweier indischer Männer, die myanmarische *Longyi* trugen und mich anstrahlten. Als sie merkten, dass sie meine Aufmerksamkeit gewonnen hatten, begannen sie in gebrochenem Chinesisch auf mich einzureden.

»Ich bin eine Bamar, ich spreche nicht Chinesisch«, erläuterte ich ihnen.

Sie jauchzten so glücklich auf, als hätten sie eine lange vermisste Verwandte wiedergefunden.

»Tantchen, Tantchen, und wir haben dich für eine Chinesin gehalten«, murmelten sie entschuldigend, während sie missbilligende Blicke auf meine von Jeansstoff umhüllten Beine warfen.

»Wir sind aus Pazundaung, und wo kommst du her?«, fragten sie wissbegierig, nachdem sie den Namen ihres Stadtteils im Osten Yangons genannt hatten.

»Lanmadaw«, erwiderte ich und nannte damit den fernen Westen der Stadt. »Wie lange seid ihr schon hier? Ihr habt sicher Heimweh, nicht wahr?«

Sie erweckten den Eindruck, als ob sie jeden Augenblick in Tränen ausbrechen würden, doch als sie auf der gegenüberliegenden Straßenseite einen anderen potentiellen Käufer entdeckten, grinsten sie kurz, winkten mir zu und eilten hurtig davon. Ich winkte zurück. Als ihre *Longyi* im scharfen Morgenwind flatterten, hatte ich den Eindruck, dass ihnen kalt und elend zumute sein müsse, zumal sie sich dicht aneinander drängten, als sie hinter der nächsten Ecke verschwanden.

Alle paar Minuten ratterten Traktoren vorbei, deren tuckerndes Geräusch laut die Stille des frühen Sonntagmorgens zerriss. Als ich durch die nächste Boulevardstraße spazierte, entdeckte ich eine moderne Boutique. Die Kleider waren recht schick, jedoch ein wenig zu sehr mit Accessoires verziert, und auf einem Regalbrett standen Gläser und Flaschen mit Kosmetik von Dior. Die Verkäuferinnen trugen fesche limonengelbe Kostüme, die sehr kurz geschnitten waren und Oberschenkel enthüllten, die noch dicker als der Kohl auf dem Markt waren.

Sie saßen an einem niedrigen Tisch und schlürften zum Frühstück genussvoll eine Nudelsuppe. Auf der Tischplatte häuften sich abgenagte Hühnerknochen.

Als ich an einer Teestube vorbeiging und einige bamarische Wörter erhaschte, drehte ich mich um und sah ein Mädchen, das mit Tassen und Kesseln hantierte. Ich fragte nach dem Klo, und es deutete nach hinten, wo sich ein großer Hof auftat. Überall standen aufgereihte Topfpflanzen, und ich sah mehrere geparkte Autos. Am hinteren Ende des Hofes stand ein niedriges Gebäude mit zwei Türen, neben denen chinesische Schriftzeichen an der Wand prangten. Es gab kein erläuterndes Piktogramm mit einer Hose oder einem Rock, denn da chinesische Frauen bis in die jüngste Vergangenheit Hosen getragen hatten, wären ihnen derartige Bildzeichen wohl ohnehin nicht hilfreich gewesen.

In der Nähe stand eine Frau, die sich um zwei lärmende Kinder kümmerte. Ich zupfte sie am Arm, doch ich musste ihr zusätzlich sanft auf die Schulter klopfen, um ihre Aufmerksamkeit auf mich zu lenken. Als sie lächelnd aufschaute, gestikulierte ich in die Richtung der Türen, deutete dann auf mich selbst und zuckte mit den Achseln. Sie zeigte auf die entferntere Tür. Tatsächlich hatte ich geglaubt, dass jenes Schriftzeichen Frauen bedeutet, denn es war ein einfaches Zeichen, während dasjenige an der anderen Tür ein wesentlich komplizierteres Muster aufwies – wir in Myanmar nennen die chinesischen Schriftzeichen »Kürbisstreifen«. Männer sind meinem

Verständnis zufolge recht komplizierte Kreaturen, und deshalb hatten sie wohl auch ein Anrecht auf eine kompliziertere Schreibweise.

Als ich zurück auf der Hauptstraße war, sah ich ein großes Kaufhaus mit einem türkisfarbenen Schild aus Glas über dem Eingang, auf dem goldene chinesische Schriftzeichen prangten. Der Innenraum hatte eine sehr hohe Decke und war äußerst schmutzig. An manchen Stellen standen Wasserlachen auf dem Boden, Staub bedeckte die Regale, und in den Vitrinen war ein vielfältiges Warenangebot ausgebreitet. Ich sah Perücken, Handtücher, elektrische Geräte, die unvermeidlichen Thermoskannen, Bleistiftspitzer in der Form von Klavieren und Enten, Sportausrüstung, Tischtennisbälle und Schuhe, Schuhe, Schuhe.

Ich beschloss, ein Paar weiße Sandalen aus Segeltuch zu erwerben, und begann, der streng dreinblickenden Verkäuferin pantomimisch zu erklären, was ich wünschte. Wortlos nahm sie das Paar, auf das ich gedeutet hatte, aus der Vitrine und stopfte es unverzüglich in eine Plastiktasche. Mit stummen Gesten erklärte ich ihr: Nein, ich möchte die Schuhe erst anprobieren.

Was?, erwiderte sie, ohne die Lippen zu öffnen oder einen Ton von sich zu geben; siehst du nicht, dass der Boden dreckig ist und dass du diese schönen weißen Schuhe schmutzig machen wirst?

Es ist dein Problem, Schätzchen, wenn dein Boden dreckig ist. Wie kann man wissen, ob Schuhe passen, wenn man sie nicht anprobiert hat? Du erwartest doch nicht von mir …

Durch ein Achselzucken und ein stimmloses Oh, schon gut, unterbrach sie meine stumme Argumentation, die von lebhaften Armbewegungen begleitet war, knallte mir ein Stück Plastik vor die Nase und befahl mir durch einige Gesten, es beim Anprobieren unter die Schuhe zu legen. Die Schuhe waren zu groß, was ich ihr mit weiteren Pantomimen erläuterte, woraufhin sie ein kleineres Paar aus der Vitrine zog, das perfekt saß. Als ich bezahlte, bemerkte ich, dass das kleinere Paar rund vierzig Pfennige billiger war.

Da ich mich nach der Schlacht ermüdet fühlte, kaufte ich nur flugs an anderen Vitrinen noch einige Kleinigkeiten ein. Für meinen Patensohn Yom wählte ich eine Armbanduhr in der Gestalt eines Fernsehhelden, und für meine Freundinnen fand ich einige ulkige Ohrringe. Dann verließ ich das Kaufhaus. Ich fühlte mich hungrig. Die Erdbeeren hatten gut geschmeckt, doch die Dampfbrötchen waren leer gewesen, und das war auch ich jetzt. Draußen schaute ich mich um und entdeckte nicht weit entfernt einige Tische, die unter dem gewölbten Tor eines großen Gebäudes aufgestellt worden waren. Auf einem dieser Tische standen Töpfe.

Als ich nähertrat, entdeckte ich ein mit der Hand beschriebenes Schild, das in bamarischer Schrift verkündete: *Goldenes Gebäude – Myanmarische Gerichte und Shan-Curries.*

So wie ich es von daheim gewohnt war, überquerte ich die Straße auf dem dafür vorgesehenen Zebrastreifen. Wer in Yangon verkehrswidrig über die Straße geht, riskiert es, vor den Kadi geschleppt und zu einer Strafe von zweihundert Kyat verdonnert zu werden. Auf gar keinen Fall wollte ich riskieren, vor ein chinesisches Gericht geschleppt zu werden.

Es war noch früh, ungefähr 10.30 Uhr, als ich mich zu einem Brunch hinsetzte und mir gegrilltes Schweinefleisch, zarte Fleischstreifen mit Fettrand und knuspriger Haut, einige Stücke geröstete Ente, eine Suppe aus eingelegtem und frischem grünen Gemüse sowie aromatischen Tee bringen ließ. Der Inhaber, der gleichzeitig als Kellner fungierte, trug einen blauen *Longyi*. Er sah typisch myanmarisch aus, denn er war kurz, stämmig und dunkel. Ich fragte ihn, woher er komme, und er nannte zögernd den Namen der Stadt Namkhan.

»Seit wie vielen Jahren bist du hier?«, fragte ich, während ich aufmerksam nach dem Wind lauschte.

»Drei, vier Jahre.«

»Und geht es dir gut?«

»Nicht schlecht.«

Er fragte, wo ich zu Hause sei, und ich sagte: Yangon. Er sann eine lange Minute über den Namen nach. Offensichtlich konnte er die Hauptstadt nicht genau zuordnen, da sie so weit entfernt war.

»Oh, Yangon!«, sagte er schließlich, als er den Namen erleichtert erkannte.

Fortan wirkte er freundlicher und spendierte mir lächelnd eine weitere Kelle Suppe. Obwohl die köstlichen fetten Fleischstücke meiner Gesundheit gewiss nicht besonders zuträglich waren, ließ ich mir jeden Mundvoll schmecken, und während ich aß, schaute ich mich interessiert um. Auf der anderen Straßenseite befand sich ein Schönheitssalon, über dessen Eingang ein Schild in großen geschwungenen englischen Buchstaben verkündete: *Barber of Rich Madam*. Zu einem früheren Zeitpunkt an diesem Morgen hatte ich bereits fasziniert vor einem verbeulten englischen Schild gestanden, das über dem Eingang eines Gebäudes hing, in dem offensichtlich eine Regierungsbehörde untergebracht war, und auf dem ein Buchstabe fehlte: »*It is uty for Every Citizen To Be Taxed Accordingly*«. Die Worte ließen nicht allzu große Hoffnung erkennen, dass alle Bürger ihrer *uty* nachkommen würden.

Ich überlegte, dass ich zumindest aufschreiben sollte, was hier anders war als in meinem Land, denn schließlich befand ich mich im Ausland, auch wenn die Grenze nur wenige Kilometer entfernt war.

Als ich genauer hinschaute, fielen mir eine irritierende Gleichförmigkeit und dennoch deutliche Unterschiede zwischen den Menschen, Geschäften und Waren auf. Ich sah Rikschas, die säuberlich gestapelte Holzkohle beförderten, welche die Form von Stangen hatte. In Myanmar wird Holzkohle hingegen in kleinen Stücken ausgeliefert, und zwar in Körben oder Taschen. Obwohl alles äußerst ordentlich wirkte, machte die Stadt einen irgendwie abgenutzten Eindruck. Den Chinesen ist unser Feuereifer fürs Tünchen fremd.

237

Am späten Nachmittag fühlte ich mich ziemlich erschöpft. Ich konnte es mir nicht leisten, hier eine Nacht zu verbringen, um am Abend einen Eindruck von den lauten Karaoke-Bars zu gewinnen, die auf den Bürgersteigen aufgebaut werden. Dies war allerdings nicht sonderlich schlimm, denn Karaoke ist kein Vergnügen, für das ich besonderes Interesse aufbringe. Für einen Nachtclub oder ein Hotelzimmer hatte ich ohnehin kein Geld, und ich war mir nicht sicher, ob es in diesem Land gestattet war, auf dem Bürgersteig zu übernachten. Also fasste ich den Entschluss, in mein schäbiges kleines Zimmer in Muse zurückzukehren. Damit war mein Abschied von China besiegelt.

Ich nahm ein Taxi zur Grenze, begab mich dort zu dem hübschen Mädchen, das für die Immigrationsbehörde arbeitete, und fragte, ob ich etwas zu bezahlen oder Formalitäten zu erledigen hätte, doch sie zuckte bloß mit ihren Grübchen und erklärte in langsamem Bamarisch: »Nicht nötig, danke schön.«

Ich traf Anstalten, China den Rücken zu kehren, doch als ich an einer Mauer mehrere Verkaufsstände entdeckte, beschloss ich, etwas zu trinken, bevor ich den Bus zurück in die Stadt nahm. Die Mauer umschloss einen Komplex, der wie ein myanmarisches Kloster aussah. Mithilfe von Handzeichen, Achselzucken und gewölbten Augenbrauen brachte ich in Erfahrung, dass es sich tatsächlich um ein Kloster handelte, das eigens für myanmarische Händler errichtet worden war. Eine billige Unterkunft fürs nächste Mal, dachte ich.

Das mit geraspeltem Eis bedeckte Gebräu, das ich durch Fingerzeige auf verschiedene Gläser bestellte, bestand aus glitschigen Strängen cremiger Nudeln, zitternden Klumpen einer orangefarbenen Gallertmasse, eingelegten Kirschen sowie durchschimmernden Sagosamen, die sich in einer milchigen süßen Flüssigkeit befanden. Es schmeckte köstlich. Gefächert hielt ich der Frau meine verbliebenen Geldscheine entgegen, und sie nahm einen Yuan heraus. Noch heute bereue ich, dass ich nicht drei Schalen von diesem Zeug bestellt habe. Es war eine der köstlichsten Erfrischungen, die ich in meinem Leben genossen habe.

Zurück in Mu-se bummelte ich an jenem Abend kreuz und quer über den Nachtmarkt und freute mich an den vertrauten bamarischen Wörtern, die mir um die Ohren schwirrten. Ich war glücklich, wieder unter meinen Landsleuten zu sein. Plötzlich musste ich an den smarten Betel und seinen liebenswürdigen alten Vater denken. Die beiden waren nun wohl längst unterwegs in die inneren Tiefen Chinas, und ich war davon überzeugt, dass auch sie glücklich darüber waren, sich unter Landsleuten zu befinden.

Am Rezeptionstisch meiner Unterkunft saß diesmal ein Mann. Ich beglich meine Rechnung und wies wiederholt darauf hin, dass ich unbedingt um 2.30 Uhr einen Weckruf benötigte, da mein Bus um 3 Uhr abfahren würde. Das jedenfalls hatte die Dienstperson am Fahrkartenschalter glaubhaft beteuert.

Siebzehnter Tag

Vergessen von Streitigkeiten und Schutz vor Spannern

Ich fuhr jäh aus dem Schlaf hoch und schaute auf meine Armbanduhr: Es war 3.30 Uhr. Vielleicht war es auf meinen verschlafenen Gemütszustand zurückzuführen, dass ich dachte, ein Bus könne tatsächlich einmal pünktlich losfahren und dass ich somit meinen Anschluss verpasst hatte. Ich hätte es eigentlich besser wissen müssen, doch ich sprang in panischer Hast in meine Kleider, schöpfte mir eine Handvoll Wasser ins Gesicht, stopfte meine Siebensachen in die Tasche und stürmte hinaus zum nur wenige Schritte entfernten Busbahnhof, und alles das in weniger als fünf Minuten. Der Bus fuhr um 5.10 Uhr los.

An einem Kontrollposten, an dem unsere Identitätskarten sorgfältig inspiziert wurden, verloren wir eine weitere halbe Stunde Zeit. Es war noch dunkel, als wir Mu-se in langsamem Tempo verließen, denn der Bus rumpelte nicht mit der Geschwindigkeit einer Limousine über die Straßen.

Neben mir auf der anderen Seite des Gangs saß ein großer Mann, der Mitte dreißig sein mochte und einen rechteckigen Kiefer sowie hohe Backenknochen hatte. Er trug ein gelbbraunes Lederjackett. Es wurde unangenehm kühl, weil durch einen Spalt in der nahen vorderen Eingangstür permanent ein beißender Windzug zu uns hereinblies. Der Mann fingerte eine Decke aus seiner Reisetasche und legte sie in zuvorkommender Weise um die Schultern der alten Dame, die auf dem Platz neben ihm saß. Wie ich ihrer Unterhaltung zuvor bereits hatte entnehmen können, gehörten sie nicht zueinander. Ich hatte zum Glück einen Einzelplatz ergattert, und so starrte ich aus dem Fenster und bemühte mich, die Ohren wie eine Katze zur Seite zu drehen, um nicht schamlos ihr Gespräch zu belauschen.

Der Mann erzählte, dass er vor vier Jahren auf dieser Strecke überfallen und ausgeraubt worden war. Berittene Banditen hatten damals dem Bus aufgelauert und jedem der Passagiere exakt tausend Kyat abgenommen, nicht mehr und nicht weniger. Eine Frau hatte das Überfallkommando angeführt. Es klang irgendwie wehmütig, als er hinzufügte, dass die Region inzwischen natürlich viel sicherer geworden sei und es keine Banditen mehr gebe. Ich fühlte mich krank vor Neid und hätte liebend gerne auf tausend der mir verbliebenen zwölfhundert Kyat verzichtet, nur um erzählen zu können, dass ich von einer Banditenlady überfallen worden war. Vielleicht hätte ich sogar Zeit gehabt, sie zu interviewen (was wir in der myanmarischen Umgangssprache *byu* nennen). Ich drehte mich zu dem Mann um und ließ aus purer Eifersucht finstere Blicke über seinen Rücken streifen.

Wir fuhren an einem sehr hohen Berg mit schroffen Abhängen vorbei, auf dem natürlich irgendjemand eine strahlend weiße Pagode errichtet hatte. Der Berg war steil und konisch, und ich konnte nirgends einen Weg entdecken, der nach oben führte. Ein Schild am Fuße des Berges klärte darüber auf, dass es sich bei dem Bauwerk um die Pagode des Vergessens von Streitigkeiten und Ärger handelte, und ich dachte bei mir, dass man sich zu dem Zeitpunkt, an dem man sie nach einem aufreibenden Aufstieg erreicht, wahrscheinlich glücklich schätzen würde, wenn man sich noch an den Namen der eigenen Mutter erinnern kann, so dass Streitigkeiten und Ärger naturgemäß in Vergessenheit geraten. Selbst abseits des burmesischen Kernlands, das von tiefer Religiosität geprägt ist, sieht man auf den Spitzen der meisten Hügel weiß getünchte Stupas.

Zum Mittagessen hielten wir in Kutkai. Ich ließ mir ein auf die Schnelle zubereitetes Reisgericht mit gedämpftem Hammelfleisch schmecken und kaufte zum Nachtisch einige Kürbisstreifen, die ein Händler am Straßenrand feilbot. Er hatte den in Streifen geschnittenen goldenen Kürbis in einem Teig aus Mehl, Wasser und Eiern gewendet und anschließend im schwimmenden Fett gebacken. Die Nachspeise hatte einen knusprigen Mantel und war innen köstlich süß und cremig.

Aus einem Bus kletterte ein junger Mann, der ein T-Shirt mit der Aufschrift *Jallas Cowboys* trug. Okay, da es auch T-Shirts mit der Aufschrift *Happly-Davidson* gab (ich hatte eine ganze Reihe von ihnen gesehen), mochten die *Cowboys* durchaus *Jallas* sein, warum nicht. Der junge Mann bückte sich und hob etwas vom Boden auf, und ich sah, dass es eine Banknote im Wert von fünf Kyat war. Er schaute den Geldschein an, schüttelte den Kopf und warf ihn wieder weg. In meinem Land steckt man kleine Geldscheine oder Münzen, die man findet, nicht in die Tasche, denn es würde bedeuten, dass man zu Geld gekommen ist, was auf effektive Weise verhindert, dass einem reiche Erträge in den Schoß fallen. Ein kleines Glück kann ein großes derselben Art hinfällig machen.

Da wir Lashio erst um 15 Uhr erreichten, war es zu spät, um noch am selben Tag weiter nach Mandalay zu fahren. Ich löste ein Busticket für den nächsten Tag.

Küche in einer kleinen Teestube

Der Manager des *Home Full* gönnte mir tatsächlich ein halbes Lächeln, als ich eintrat. Ein weiteres Mal erhielt ich Zimmer 203 zugeteilt. Nachdem ich ein erfrischendes Bad genommen, mich schamponiert und meine Wäsche gewaschen hatte, ging ich zum Speiselokal nebenan und entschied mich für eine Mahlzeit, die aus Reis, eingelegten Bambusschösslingen und gekochtem Schweinefleisch bestand. Anschließend kehrte ich in mein Zimmer zurück und schlief ein wie ein Stein.

Als ich um 22 Uhr erwachte, stand ich auf und prüfte, ob die Tür richtig abgeschlossen war, und erst jetzt bemerkte ich, dass jemand einen Spalt mit Papierfetzen überklebt hatte, die sich während meines vorherigen Aufenthaltes noch nicht dort befunden hatten. Das Papier war mit winzigen Schriftzügen beschrieben, und nur mithilfe meiner Taschenlampe konnte ich mühevoll die Worte entziffern: »Es gibt schmutzige Hunde, die nicht die geziemende sittsame menschliche Achtung für die gesamte Weiblichkeit besitzen, zu der ihre eigenen Mütter, Frauen, Schwestern und Töchter gehören. Seid deshalb gewarnt, sorgfältig auf eure Sicherheit zu achten, Schwestern. Ich klebe diese Papierfetzen im wohlwollenden Bestreben über diesen Spalt, dass andere hilflose weibliche Reisende nicht von schamlosen Spannern beäugt werden.«

Ich ging zurück ins Bett und dachte, dass jeder potentielle Spanner ohnehin nur meine zum Trocknen aufgehängte Wäsche sehen würde, doch ich war dankbar für die Achtsamkeit meiner unbekannten reisenden »Schwester«. Von einem Spanner beäugt zu werden, zählt in meinem sanften Land als sexuelle Belästigung der übelsten Art.

Achtzehnter Tag

Ein Nachtzug und Männer ohne Macho-Allüren

Als ich um 2.30 Uhr erwachte, waren die Lichter noch gelöscht. Ich döste bis 4.30 Uhr vor mich hin, denn erst um diese Zeit hörte ich, dass die anderen Zimmer allmählich zum Leben erwachten. Menschen schlurften zum Klo und zur Waschstelle, wo sie sich in unterschiedlichen Tonhöhen und Intervallen räusperten. Um 5.30 Uhr saß ich im Bus, der über und über mit Papierschachteln vollgepfropft war. Ich hatte nicht die geringste Vorstellung, was sie enthielten.

Mein Sitzplatz befand sich direkt neben der mit Brettern vernagelten Hintertür, sodass mir viel Beinfreiheit blieb. Ich rekelte mich zurück in den Sitz und legte in wenig damenhafter Weise die Beine in gespreizter Haltung über meine Tasche und anderes Gepäck, denn nachdem meine Reise nun so weit fortgeschritten war, sehnte ich mich nach ein wenig Bequemlichkeit.

Auf den Sitzen neben mir saß jenseits des Gangs ein junges Paar, das vollkommen mit sich selbst beschäftigt war. Das Mädchen war nicht hübsch, doch es hatte ein lebendiges charmantes Gesicht und eine lieblich trällernde Stimme. Der Mann war hoch gewachsen, breitschultrig und dunkelhäutig. Er machte einen finsteren Eindruck, doch über seine scharfen schwarzen Augen legte sich stets ein neblig verschwommener Schimmer der Versonnenheit, wenn er seine Frau anschaute. Durch meine unverfrorene Angewohnheit, schamlos zu horchen und freund-

Abschied von Mandalay

liche Fragen zu stellen, hatte ich rasch in Erfahrung gebracht, dass sie seit drei Jahren miteinander verheiratet waren und sich nun gerade aufmachten, in eine andere Stadt zu ziehen, um dort eine bessere Arbeit zu suchen, denn sie besaßen nicht viel Geld. Doch sie wirkten vollkommen glücklich und schienen nicht die geringsten Sorgen zu haben.

Nach einer langsamen Fahrt hielten wir um 7.30 Uhr in einem kleinen Ort, um zu frühstücken. Während sich andere Passagiere zu einer üppigen Mahlzeit niederließen, kaufte ich mir lediglich einige Kekse und eine Dose Orangensaft.

Nach einer ausgiebigen Mittagspause erreichten wir gegen zwölf Uhr die zerstörte Brücke über den Gote-kwin, deren Reparatur nahezu abgeschlossen war. Der Bus rollte langsam hinüber, während wir den Weg zu Fuß zurücklegten. Da nur eine Spur freigegeben war, mussten die Fahrzeuge wechselweise im Konvoi hinüberfahren, so dass uns eine Stunde Wartezeit beschieden war.

Auch diesmal legten wir eine Pause an der Teestube in May-myo ein, die den leckeren cremigen Kuchen verkaufte. Ich konnte mein Verlangen nicht zähmen und kaufte eine große Schachtel mit Teigwaren sowie eine andere Schachtel mit »Vogelnestern« – so nennen wir die filigranen Stränge einer zucker-süßen milchigen Substanz, die sich wie elfenbeinfarbene Haare voneinander lösen lassen.

Ich kauerte mich in den Bus und bot dem Paar an meiner Seite etwas von der Süßigkeit an, doch beide starrten die »Vogelnester« eindringlich an und lehnten mein Angebot höflich ab. Sie hatten offensichtlich nicht die geringste Vorstellung davon, um was es sich handelte und wie sie es essen sollten.

Um sechs Uhr war ich wieder bei meinen Verwandten in Mandalay. Ich sah aus wie etwas, was Whisky sehr wahrscheinlich sofort aus der Abfallkippe gezogen hätte. Meine Tante duftete süßlich nach *Thanakha* und lächelte sanft, als ich mich zu ihren Füßen niederließ, um ihr von meinen Erlebnissen zu berichten. Sie fand es äußerst amüsant, dass ich durch einen Fluss hatte waten müssen und wie sehr mich meine Augen betrogen hatten, als ich glaubte, eine Pyjamahose aus Flanell zu sehen.

Als ich mich gegen ihre Knie lehnte und jammerte, dass ich am liebsten noch am selben Abend nach Yangon weiterfahren würde, dachte sie eine Minute nach.

»Ruft Maung Soe zu mir«, sagte sie schließlich zu Ni Ni und ihrem Ehemann, die sich im Aufbruch befanden, weil sie ihre Söhne im Kloster besuchen wollten.

Es stellte sich heraus, dass Maung Soe der Bruder ihrer Schwiegertochter Yin Yin Mya war, den ich auf der Hinreise nicht gesehen hatte und der über dieses Versäumnis bestürzt war. Tante sprach einige wenige Worte zu ihm, und er nickte und machte sich sofort davon.

Ich fühlte mich angesichts des Organisationstalents meiner Tante zuversichtlich genug, um zu baden, mir die Haare zu waschen und in Vorbereitung auf die Bus- oder Zugfahrt – was immer es sein würde – etwas zu essen. Und tatsächlich, nach nur 45 Minuten kam Maung Soe wie ein Wirbelwind auf seinem Fahrrad angeprescht und brachte mir ein Zugticket. Da ich wusste, dass es nahezu unmöglich war, so schnell und kurzfristig ein Zug- oder Busticket zu bekommen, zollte ich ihm ein gehöriges Maß Bewunderung.

»Mit dem Nachtzug«, sagte er, »um 20.30 Uhr.«

Ein Mann weniger Worte, aber tüchtig – und ganz offensichtlich einer der Lieblinge meiner Tante.

Auch auf mich machte er einen außerordentlich guten Eindruck, und deshalb hoffte ich unverzüglich, dass er keine Prügel von seiner Schwester beziehen würde, die mich so sehr ins Herz geschlossen hatte, dass sie es niemals zugelassen hätte, mich so ohne Weiteres sofort wieder ziehen zu lassen. Meine Tante aber kannte mich gut genug, um zu wissen: Wenn ich sagte, dass ich aufbrechen wollte, dann war es so, und dann musste ich es tun. Sie hatte nicht nur einen starken Willen, sondern war auch äußerst einfühlsam.

Ich rief meinen Sohn und meinen Freund an, die mich bereits in Yangon wähnten, denn dem ursprünglichen Plan zufolge hätte ich an diesem Abend zurückkehren müssen. Beide wussten schließlich nicht, dass ich mich von der Pilgergruppe getrennt hatte, denn ich hatte es für klüger gehalten, es ihnen vorläufig nicht mitzuteilen.

»Wo bist du eigentlich wirklich?«, forschte mein Freund argwöhnisch, doch nach wiederholten Zusicherungen, dass ich noch immer in Mandalay war, aber am nächsten Morgen mit dem Zug in Yangon eintreffen würde, versprach er mir, dass sein Laufbursche Friday Zayar mich am Bahnhof abholen würde. Ich hängte den Hörer in die Gabel, bevor ihm einfiel zu fragen, was mit dem Bus geschehen sei.

Die Zugfahrt war angenehm, denn schließlich fahren Züge nicht durch Schlaglöcher, und sie sitzen fest auf Schienen. Sie schlängeln sich nicht durch Dickichte, nein Sir, und sie legen auch keine langen Mittagspausen ein.

Bei den nur fünf Minuten dauernden Aufenthalten an Bahnhöfen waren stets Händler (darunter viele Kinder) auf den Beinen, die rührig darum bemüht waren, Speisen und Getränke zu verkaufen. Ich bat ein Kind, mir eine Rolle Pfefferminz zu besorgen, und drückte ihm für die Mühe fünf Kyat in die Hand. Der Junge klammerte sich an mein Fenster und fragte höflich: »Willst du auch Milch, Tantchen? Willst du Brot? Oder hart gekochte Eier? Tee? Kaffee? Ovomaltine? Reis? Abgefülltes Mineralwasser? Hühnchen?« Ich gab nach und beauftragte ihn, vier weich gekochte Eier zu besorgen, von denen ich ihm zwei in die Hand drückte. Er kicherte glücklich, als er die beiden Eier bekam.

Der Nachtzug ist ein äußerst geschäftiges Transportmittel. Verkäufer bestiegen den Zug und streiften fortwährend durch die Abteile. Einer von ihnen lieh gegen eine geringe Gebühr Comics, Romane und Zeitschriften aus. Ein anderer verkaufte heißen Tee, den er aus einem dampfenden Kessel eingoss, der mit einem alten, jedoch sauberen *Longyi* umschlungen war, damit das Getränk heiß blieb. Wiederum ein anderer bot Letthoke an, den mit Nudeln oder Reis angereicherten Salat; die diversen Zutaten dafür schleppte er in zwei großen Körben mit sich herum. Ich dachte daran zurück, dass ich das Gericht an jenem ersten frühen Morgen in Pyay gegessen hatte, und deshalb konnte ich auch jetzt nicht widerstehen.

»Wegwerfteller, wie international üblich«, verkündete der Mann stolz. »Die Portion aufessen und den Teller einfach wegwerfen.« Er benutzte das traditionelle Geschirr für Reisen und Kost auf dem Lande: Bananenblätter.

Ich hatte einen Sitzplatz direkt neben der Tür, in die sich

andauernd irgendwelche Verkäufer zwängten, um mit den Zugwächtern zu verhandeln. Sie sprachen einander mit »Älterer Bruder« und »Jüngerer Bruder« an, wie es in meinem Land zwischen Freunden und Fremden üblich ist.

Vermutlich bekamen die Zugwächter kleine Zuwendungen zugesteckt, damit sie die Händler an Bord ließen, doch wie es bei einem so gearteten »Tauschhandel« üblich ist, kam es zu keinen Unmutsbekundungen oder Beeinträchtigungen der Beziehungen. Sie schwatzten freundschaftlich miteinander und erzählten sich von Verkäufen, hübschen Mädchen, an die sie sich nicht heranwagten, oder der Unpässlichkeit ihrer Mutter.

Kaum ein junger Mann in meinem Land agiert hartnäckig oder gar aufdringlich, um zu beweisen, dass er ein Macho ist. Von Geburt an sind bei uns Männer die gesellschaftlich akzeptierten höheren Wesen, und vielleicht haben sie deshalb nicht das Bedürfnis, dies zusätzlich unter Beweis zu stellen. Die meisten myanmarischen Frauen nähren ihre Illusionen – doch wie auch immer, dies scheint eine ebenso gut funktionierende Methode zu sein, Biester unter Kontrolle zu halten, wie jede andere. Lasst ihnen ihre Illusionen, damit sie glücklich sind.

Einst umgarnte mich eine freundliche und äußerst ungläubig wirkende amerikanische Lady, die mir aufgeregt erzählte, dass sie wirklich – aber auch wirklich – myanmarische Burschen im Teenageralter gesehen hatte, die sich liebevoll zu kleinen Kindern verhalten hätten. »Sie haben den Knirpsen zugelächelt, und sie haben sie sogar auf den Arm genommen!«, sagte sie verwundert. Anscheinend waren unsere jungen Burschen noch nicht blasiert genug, um Kinder als Besudelung zu empfinden und ihr machohaftes Gemüt unter Beweis zu stellen, indem sie auf sie eindreschen.

In Pyinmana, Ayes Heimatstadt, stieg eine stämmige Dame zu. Sie wirkte teilnahmslos, doch der Mann, der sie zum Zug brachte, machte einen fürchterlich besorgten Eindruck. »Und schimpfe ihn bitte nicht aus, ja«, sagte er wiederholt, »das würde es nur noch schlimmer machen. Er ist nur in schlechte

Gesellschaft geraten. Versuche ihn zu bewegen, wieder nach Hause zu kommen.« Es handelte sich offensichtlich um einen Familienzwist, und nun wurde Mutter geschickt, um die Dinge zu schlichten.

Als mir plötzlich das in stetem Rhythmus wiederkehrende Klickediklack der Räder in den Ohren klang, fühlte ich mich verloren, und ich wusste nicht, ob ich wegfuhr oder ankam. Die gesamte Reise hatte mein Innerstes nach außen gekehrt. Ich hatte das Gefühl, als sei ich mit verbundenen Augen in ein Blindekuhspiel geraten, das mich konfuser gemacht hatte als jemals zuvor – und das frühere Maß an Konfusion war schon groß genug. Die ganze Nacht hindurch, in der ich sanft vom Schlingern des Zuges geschaukelt wurde, dachte ich an die Freunde, die ich während der Reise kennengelernt hatte und die ich niemals wiedersehen würde. Die Freunde, die ich zu Beginn meiner Reise zurückgelassen hatte, erschienen mir irgendwie weiter entfernt. Ich war mir nicht sicher, wer am Ende noch dastehen würde.

Als der Zug früh am nächsten Morgen in Yangons Hauptbahnhof rollte, lehnte ich mich aus dem Fenster, um nach Familienangehörigen Ausschau zu halten, doch mein Blick blieb an einem seltsam anmutenden Paar haften, das auf dem Bahnsteig stand: Es waren Touristen. Er schien Kaukasier zu sein, und ihre Gesichtszüge ließen vage auf eine asiatische Herkunft schließen. Beide waren schwer mit Taschen und Rucksäcken beladen. Ihre Kleidung und ihre identischen Frisuren erregten nicht nur meine Aufmerksamkeit, sondern auch diejenige anderer Personen in ihrer Nähe. Sie trugen lange schwirrende Roben aus verblichenem Gelb über flatternden Hosen derselben Färbung, und ihr glanzloses rotes Haar war auf ihren Köpfen zu hohen gekräuselten Schöpfen zusammengebunden. Um den Hals trugen sie mehrere Schnüre aus Holzperlen, unter denen sich jeweils auch ein großer Rosenkranz mit den 108 Perlen des Buddhismus befand. Sie schienen in ihren vierziger Lebensjahren zu sein. Zwei junge Männer deuteten mit den Fingerspitzen auf sie und flüsterten sich etwas zu, während sie ein ersticktes Kichern unterdrückten. Die Frau drehte sich um und rief ihnen etwas zu, woraufhin sie in prustendes Gelächter ausbrachen. Das auffällige Paar befand sich offenbar im Aufbruch zu einer individuellen Pilgerreise.

Weit hinter der Menge sah ich meinen hoch gewachsenen Sohn, der mit besorgt geschürzten Lippen und hervorquellenden Augen seine Blicke über den Zug streifen ließ, während er sich bereits unter Einsatz der Ellenbogen durch die Menschenmassen zu drängeln begann. Ein gutes Stück von ihm entfernt entdeckte ich Zayar, der in seiner üblichen Gangart über den Bahnsteig stolzierte, und dicht auf den Fersen folgte ihm mein Freund, der in gewohnt gequälter Weise die Blicke derjenigen erwiderte, die seinen Bart anstarrten.

Meine Pilgerfahrt war zu Ende.

Worterklärungen

Anawrahta Berühmter König von Bagan, regierte von 1044 bis 1977

Ayawaddy Irrawaddy, auch: Ayeyarvadi. Bedeutendster Fluss Myanmars

Bamar Myanmars größte ethnische Gruppe, die Burmesen

Bamarisch Sprache der Bamar

Banyan(baum) Würgefeige, *Ficus bengalensis*

Bogyoke Aung San General und Staatsmann, 1915–1947, wurde im Juli 1947 bei einem Attentat ermordet

Champac Asiatischer Baum aus der Familie der Magnolien mit gelben oder orangenen Blüten, der ein wohlriechendes Öl spendet, *Michelia champaca*

Dawei (Tavoy) Hafenstadt in der Division Tanintharyi (Tenasserim) im Süden Myanmars

Durian Unangenehm riechende, jedoch köstlich schmeckende Frucht des Indischen Zibetbaums, *Durio zibethinus*. In Südostasien weit verbreitet

Guave Aus Amerika stammende, heute über die gesamten Tropen verbreitete Frucht des Baumes *Psidium guajava* aus der Familie der *Mytraceae*

Hsipaw Ehemaliges Zentrum eines eigenständigen Shan-Staates

Hti »Schirm«, verzierter oberster Teil einer Pagode

Kachin Ethnie im rauen Bergland des östlichen und zentralen Staates Kachin sowie in Teilen des Staates Shan

Kapok Fruchtwolle des Kapokbaums, *Ceiba pentandra*

Kappiya Laiendiener des Abtes

Kimchi Koreanisches Nationalgericht. Klein geschnittener Chinakohl und Rettich werden mit roten und grünen Paprikaschoten, Knoblauch, Gurken, Ingwer, Soja, Anchovisoße und anderen Zutaten in meterhohen dicken Steinguttöpfen eingepökelt

Kroton Gattung der Wolfsmilchgewächse, die über die gesamten Tropen verbreitet ist und zu der einige wichtige medizinische Pflanzen gehören

Ks. Abkürzung für Kyat

Kyansittha König von Bagan, regierte von 1084 bis 1113

Kyat Myanmarische Währung

Kyaut-chin Natürlich vorkommender Kali-Alaun

Lady's Fingers Hibiscus esculentus, ein beliebtes Gemüse

Lomotil Mittel gegen Durchfallerkrankungen

Longyi Von beiden Geschlechtern getragenes Tuch, das um die Hüften gewickelt wird

Mahyong Beliebtes Spiel der Chinesen

Mao Zedong Chinesischer Staatsmann, 1893–1976

Martaban Seitenarm der Bucht von Bengalen in Myanmar

Mon Frühes myanmarisches Königreich

Mudra Sanskrit für »Siegel, Zeichen«. Handhaltung in der buddhistischen Ikonografie mit bestimmten Ausdrucksgehalten

Myanmar Heutige Bezeichnung für Burma

Myanmarisch Sprache Myanmars, früher: Burmesisch

Myeik (Mergui) Hafenstadt im Süden Myanmars, Ausgangspunkt zu den Inseln des Mergui-Archipels

Naga Mythische Schlange

Narapatisithu König von Bagan, regierte von 1174 bis 1211

Nat Geisterwesen, die Menschen schützen oder strafen

Natkadaw Spiritistisches Medium

Nirwana Sanskrit für das »Erlöschen«. Buddhistisches Ziel der Erlösung aus der Abfolge der Wiedergeburten

Pali Frühe mittelindische Sprache des Buddhismus, religiöse Literatursprache

Pasoe Hüfttuch für Männer

Paria »Unberührbarer«, Angehöriger der niedrigsten Klasse des indischen Kastensystems

Pesto Ungekochte Sauce aus frischem Basilikum, essbaren Kiefersamen, Knoblauch, Olivenöl und Käse

Pwe Volkstümliches Fest mit Musik und Tanz

Pya Kleine Währungseinheit. Der Kyat ist in 100 Pya untergliedert

Pyu Volksgruppe, die zusammen mit ihrer Sprache auf ungeklärte Weise aus der Geschichte verschwand

Rahkine Staat im Westen Myanmars, früher: Arakan

Sadhu Hinduistischer Asket, der seine Wünsche unterdrückt, um wahre Einsicht in die Essenz der Wirklichkeit zu erlangen, welche besagt, dass alle Menschen und Geschöpfe eins sind

Sarong Kleidungsstück aus Baumwolle, das um die Hüften gewickelt wird

Shan Staat und Ethnie im Osten Myanmars

Singhalesisch Zur Kultur der buddhistischen Volksgruppe Sri Lankas gehörend

Sutra Sanskrit für »Faden«. Altindischer Lehrtext, der in knappem Stil das religiöse Wissen überliefert und ohne Kommentar oft nur dem Eingeweihten (Brahmanen) verständlich ist

Tamarinde Baum mit gefiedertem Laub, hübschen Blüten und essbaren Hülsenfrüchten, *Tamarindus indica*

Taninthayi (Tennessarim) Südlichste Verwaltungsregion (»Division«) Myanmars

Thanakha Sandelholzgelbe Paste aus Holzrinde, die mit ein wenig Wasser zerrieben wird und burmesischen Frauen als Kosmetik und Sonnenschutzmittel dient

Thaton Ehemaliges mächtiges Zentrum eines Mon-Königreichs, das sich bis nach Thailand, vielleicht sogar Kambodscha erstreckte

Tofu Sojabohnenkäse

Yangon Hauptstadt von Myanmar, frühere Schreibweise: Rangoon

Yuan Die Währung Chinas

Rüdiger Siebert
Mythos Mekong
Leben und Sterben am großen Fluss

Horlemann Verlag, 2011
ISBN: 978-3-89502-312-5
256 Seiten, gebunden,
mit zahlreichen Fotos, Grafiken, Abbildungen

Der Mekong ist die Lebensader Südostasiens, Grenzfluss und Verbindungselement zwischen Birma, Thailand, Laos, Kambodscha und Vietnam.

Auf viele Europäer übt er seit Jahrhunderten eine große Faszination aus. So auch auf Rüdiger Siebert, den der Fluss mit seiner Schönheit, aber auch wegen seiner Gefährdung durch ökologische Eingriffe der Anrainerstaaten in den Bann zog. 2007 und 2008 bereiste der Autor von insgesamt mehr als 30 Büchern den Fluss erneut gemeinsam mit seiner Frau Margarete, bis die Reise am 6. Januar 2009 abrupt durch seinen unerwarteten Tod im kambodschanischen Städtchen Stung Treng endete.

In dreizehn Kapiteln erzählt Rüdiger Siebert von Europäern, die als Forscher oder Eroberer an den Mekong kamen und dort ihre Spuren hinterließen, schildert Begegnungen mit den Menschen, die heute am Fluss leben, und solchen, die sich mit den Umweltproblemen des Flusses befassen und eine weitere Zerstörung der Landschaft und des sozialen Gefüges, beispielsweise durch den Bau von Staudämmen, verhindern wollen. Die Mündung des Mekong, das breite Delta, erreichte er nicht mehr. Seine Tagebuch-Eintragungen im Anhang des Buches lassen die Reise miterleben und mitempfinden.